黃季剛著

黃侃論學雜著

文史哲出版社印行

國家圖書館出版品預行編目資料

黃侃論學雜著 / 黃季剛著. -- 台一版 -- 臺北市：文史哲, 民 103.03
387 頁; 21 公分（文史集刊；14）
ISBN 978-986-314-173-0（平裝）

1.漢語 2.文集

802.07 103004271

文 史 集 刊 14

黃 侃 論 學 雜 著

著 者：黃 季 剛
出 版 者：文 史 哲 出 版 社
http:// www.lapen.com.tw
e-mail：lapen@ms74.hinet.net
登記證字號：行政院新聞局版臺業字五三三七號
發 行 人：彭 正 雄
發 行 所：文 史 哲 出 版 社
印 刷 者：文 史 哲 出 版 社
臺北市羅斯福路一段七十二巷四號
郵政劃撥帳號：一六一八〇一七五
電話 886-2-23511028・傳真 886-2-23965656

實價新臺幣五〇〇元

中華民國一〇三年（2014）三月台一版

ISBN 978-986-314-173-0 81014

章太炎先生序

季剛既歿七月，其弟子思慕者，爲刻其遺著十九通*；大率成卷者三四，其餘單篇尺札爲多，未及編次者不與焉。季剛自幼能辨音韻，壯則治《說文》、《爾雅》，往往卓躒出人慮外；及按之故籍，成證確然，未嘗從意以爲奇巧，此學者所周知也。說經獨本漢唐傳、注、正義，讀之數周；然不欲輕著書，以爲敦古不暇，無勞於自造。清世說制度者，若金氏《求古錄》，辨義訓者，若王氏《經義述聞》，陳義精審，能道人所不能道，季剛猶不好也。或病其執守泰篤者。余以爲昔明、清間說經者，人自爲師，無所取正；元和惠氏出，獨以漢儒爲歸，雖迂滯不可通者，猶順之不改；非惠氏之戇，不如是，不足以斷倚魁之說也。自清末訖今幾四十歲，學者好爲傀異，又過於明、清間。故季剛所守，視惠氏彌篤焉；獨取注疏，所謂猶愈於野者也。若夫文字之學，以十口相授，非依據前聞不可得；清儒妄爲彝器釋文，自用其私，以與字書相競，其謬與馬頭長、人持十無異。宿學如瑞安孫氏，猶云「李斯作小篆，廢古籀，爲文字大厄，伏生、毛公、張蒼已不能精究古文；《說文》以秦篆爲正，所錄古文，蓋摭拾漆書及款識爲之；籀文則出於史篇，倉沮舊文雖雜廁其間，而叵復識別」。觀其意，直謂自知黃帝時書者！一言不智，索隱行怪乃如是。季剛爲四難破之，學者亦殆於悟矣。十九通者，余不能盡覩，觀其一節，亦足以知大體。願諸弟子守其師說，有所恢彍，以就其業，毋揵徑窘步爲也。

公元一九三六年四月，章炳麟序。

黃侃論學雜著目次

前言

黃侃(一八八六——一九三五),字季剛,晚年自號量守居士,湖北蘄春人,是章炳麟以後的著名的音韻訓詁學家之一;同時他在文學理論和哲學方面,也持有一些獨特的見解。

黃侃的青年時代,正當清王朝面臨總崩潰的時候,他曾抱有舊民主主義革命思想,參加過實際的政治活動。清政府要緝捕他,就到日本去避難。恰好這時章炳麟正在日本擧辦國學講習會,他就加入學習,做了章氏的弟子。辛亥革命後回國,逐漸離開了政治活動,專事教學,歷任武昌高等師範、北京大學、東北大學、中央大學、金陵大學等校教授,前後二十多年。

他的論學著作,生前發表的很少。死後,前中央大學出版的《文藝叢刊》特爲編印《黃季剛先生遺著專號》,收錄的有十九種。這裏編印的《黃侃論學雜著》,就是從原印的十九種當中,抽出《文心雕龍札記》一種作爲單行,並刪去《馮桂芬說文略注考正書目》一種,共爲十七種。因爲其中絕大部分是關於語言文字學的,尤其是音韻方面的論著佔着半數;所以就依據「小學」分類上的「形體」、「音韻」、「訓詁」三門來編次;屬於「小學」以外的,列在最後;總稱爲《黃侃論學雜著》。

現在,我們就把這十七種論著的主要內容簡單地介紹一下,然後再來對他的學術成就作一些說明和估價：

《說文略說》　說明《說文》的性質及其內容：首先，依據《說文序》中「庖犧作卦」、「倉頡作書」等語，來闡明文字的起源和「文」與「字」製造的先後問題。其次，又依據《說文序》中所說「六書」定義及「改易殊體」、「孳乳寖多」等語，來講文字的類例以及「變易」和「孳乳」的兩大規律。「變易」是指字形雖異而實爲同字；如《說文》所錄「重文」以及後代因讀音小變而別造異文之類。「孳乳」是指形義俱變而「語原」實同；凡「孳乳」之字，其間「語原」的關係，有容易識別的，也有難以識別的。第三，關於六書和字體的關係問題，認爲全部漢字中，卽使不是《說文》的正體，甚至是訛變的字，也都不出於「六書」的範圍。第四，講字書編製的源流，謂字書體裁可以分爲九種。第五，論到《說文》自身的依據問題，謂「《說文》之爲書，蓋無一字、無一解不有所依據，卽令與他書違悖，亦必有其故」（見本書二四頁）。孫詒讓《名原序》裏主張根據金石、甲骨古文來補正許書，顧炎武《日知錄》裏對許書說解有所疑難，黃侃一一加以反駁，並且申明《說文》中的「六書」、「字體」、「說解」，都有所依據。最後，列舉東漢到唐宋之間研究《說文》的學者，以指明今本《說文》的淵源所自。

《說文說解常用字》　滙錄《說文》各正字下「說解」中常用的字，按着筆畫排次，並一一注明卷數，以供研究許書「字體」時的參考。

《音略》　這是黃侃音韻學說的一種綱領式的著作：首先敍列「略例」，指出他的學說淵源所自；他繼承了顧炎武、江永、戴震、錢大昕、段玉裁、孔廣森、王念孫、嚴可均、陳澧以至章炳麟這些音韻學家的成就，而這些人當中對他的學說影響最大的，除了他的本師章炳麟之外，應該算是戴震和陳澧兩家。其次，敍列「今聲」爲四十一類，就是依據陳澧《切韻考》的四十類，又將其中的「明、微」分開，共得四十一類；更參照江永《音學辨微》的辨七音法，說明這四十一類的發音法。第三，敍列「古聲」爲十九類，謂確定古聲十九類，是由區別今聲四十一類中的「本聲」和「變聲」而來。第四，解說「今韻」，參照江永、陳澧的研究成果來分析《廣韻》的韻類，謂「《廣韻》雖二百有六，若按諸韻理，尚宜再分。……日取江、陳之說紬繹之，因得明今韻之分類」（七七頁）。又把分析出來的「今韻」韻類總括爲二十三攝。第五，解說「古韻」，依據章氏的二十三部，再加上戴震所列出的入聲，定古韻「陰聲」八部、「陽聲」十部、「入聲」十部，共二十八部，並且一一說明其讀音。最後，解說「反切」的方法。

《聲韻略說》這篇是指示研究聲韻的途徑和方法的：第一，說明研究聲韻的重要性，又指明研究的途徑就在《說文》和《廣韻》兩書當中。第二，論字音的起源，是由於表情感、擬物形、象物聲等。第三，論古今聲韻的異同及其變化的由來，謂古、今聲韻條例有其共同性，也有其差異性，聲韻的變遷是由於時代的不同，也是由於地域的不同。第四，謂根據《說文》中「形聲」、「重文」、「訓釋」等，可以考明古代的正音和變音。第五，謂根據《詩經》中的「韻字」、「連字」、「對字」等，也可以考明古代的正音和變音。第六，講反切以前證明讀音的方法，有「形聲」、「連字」、「韻文」、「異文」、「聲訓」、「合聲」、「舉讀」等。最後，關於反切的起源問題，依據顏之推、陸德明及張守節三人之說，斷定反切起於孫炎；對其他異說，一一加以批駁。

《聲韻通例》　說明聲韻學的術語以及古今音變、聲韻通轉和反切的規律。所附《與人論治小學書》，討論了五個問題：第一，關於研究《說文》的方法，謂先須分別「六書」，再搞通各字的今音和古音，這樣就可以知道「本字、通假字」、「本義、引申義」的分別。第二，關於研究音韻的途徑，謂研究音韻學，必定要以《廣韻》爲宗。《廣韻》四十一聲類中，有「本聲」和「變聲」；二百六韻中，凡是只包含有「古本聲」的，認爲是「古本音」，參雜有「今變聲」的，認爲是「今變音」。不但有古今音的分別，而且聲音通轉、旁轉、對轉的規律，也都具備於《廣韻》當中。通了《廣韻》，再比合《說文》，參證《詩經》，這樣就可以瞭解古音了。第三，關於詩賦的用韻，謂作韻文應取《廣韻》當中古音和今音相同的來用韻。第四，關於音韻與訓詁的關係，謂王念孫《廣雅疏證》、郝懿行《爾雅義疏》等，都是「以音理貫穿義詁」（一六二頁），其中有「音同」、「音近」、「音轉」等例。第五，關於章炳麟《文始》一書的內容，謂《文始》是「總集字學、音學之大成」（一六四頁）的著作。

《詩音上作平證》　舉出《詩經》韻字中上聲和平聲相押之例，認爲上聲，古皆作平，以證明古音只有平、入之分。

《說文聲母字重音鈔》　凡是《說文》形聲的聲旁字（稱爲形聲「聲母」），有兩種以上的讀法的（稱爲異讀「重音」），一一注明其反切及「又音」，按着原來的部首排列出來，以爲考求古今音變時的參證。

《廣韻的聲勢及對轉表》　分析《廣韻》各部的韻母，把它們分爲陰聲、入聲、陽聲三大類型，又依據韻母的性質列爲對轉表，並一一注明其開合洪細，共爲九類、二十六攝、七十二對轉、三百三十九小類。

《談添盇帖分四部說》　認爲談、盇兩部也是「古本韻」，應當把它們跟添、帖區分開來；舉出《說文》形聲「聲母」，《詩經》和他書用韻、疊韻、聲訓、音讀，來證明這四部應當區分；又根據韻部對比的關係和古音相通的事實，來斷定覃、談、添、合、盇、帖六部就是痕、寒、先、沒、曷、屑六部的收脣音。《廣韻》從眞到先的十四韻，顧炎武合成一部，江永分爲兩部，段玉裁分爲三部；入聲也因之分爲三部；這些就是痕、寒、先、沒、曷、屑六部。至於《廣韻》從侵至凡的九韻，顧炎武合成一部，江永分爲兩部；入聲也隨着分爲兩部；從此沒有一個古音學家主張再加分析的。在這篇裏，黃侃却主張覃、談、添、合、盇、帖，平入共分六部；這是值得古音研究者注意的。

《反切解釋上編》　列表說明《廣韻》四百四十多個反切上字的古今讀音，有《廣韻》切語上字分配四十一聲類表，四十一聲類讀法表，切語上字讀法表，字母聲類古聲類分合表等。

《求本字捷術》　指出依據「音同」、「音近」、「音轉」三例，作爲從「假借字」考求「本字」的途徑。

《爾雅略說》　這篇說明《爾雅》一書的性質和研究的途徑：第一，解釋《爾雅》書名。第二，關於《爾雅》的作者問題，斷定鄭玄「孔子門人所作」之說爲不誤。第三，指出《爾雅》和羣經古籍的關係以及歷來經師備習《爾雅》的事實。第四，敍錄歷代注釋《爾雅》的書，從漢代諸家到郭璞的注，再從郭璞到陸德明的音義和邢昺的義疏，以及宋人的《爾雅》之學。第五，敍錄清代諸家的《爾雅》之學，並一一評論其得失；由於清代《說文》和古音之學大盛，所以有邵晉涵《爾雅正義》、郝懿行《爾雅義疏》那樣超軼前代的著作。第六，指明《說文》和古音學書，應作爲研究《爾雅》的工具和基礎，並說明古音學內容的大概。

《春秋名字解詁補誼》　古人名和字，多相關聯，而故訓往往難曉。本篇就王引之《春秋名字解詁》及俞樾《補誼》，再加以訂補；王、俞書中闕疑未說或未能確定的，有二十多條，一一加以解釋。如魯公子買，字子叢，以爲「買、密」聲轉得通，而引襄三十一年《左傳》：「莒密州字買朱鉏」爲證；因謂「密」有聚義，「叢」於《說文》亦訓聚，故「密、叢」對舉。

《蘄春語》　依據《說文》、《廣韻》等書來解釋蘄春一帶的方言俗語，其方法和體例，與章炳麟《新方言》相同。

《講尙書條例》　指出關於《尙書》今、古文爭論中應當加以清理的幾個重要問題，以及研究《尙書》時應當注意的「文字」、「義理」、「史事」、「制度」等方面。

《禮學略說》　只有上篇，說明研究《儀禮》《周禮》《禮記》等書的途徑和方法，主要有下列幾點：第一，禮學之所以不容易研究，是由於「古書殘缺」、「古制茫昧」、「古文簡奧」、「異說紛紜」；因此研究時必須把「明文」和「師說」，「經義」和「事證」相互稽考。第二，指明禮學，應以鄭玄的《三禮》注爲宗；並敍論鄭玄以後至於唐、宋、元、明各代禮學之書；又說「清代禮家輩出，日趨精密」(四五二頁)。第三，指出研究禮書的步驟：首先要「辨字讀」、「析章句」，次則「審名義」、「求條例」、「括綱要」。第四，說明禮學的內容，有「禮意」(各種禮節的意義)，「禮具」(各種禮節有關的名物)，「禮文」(關於禮節繁簡的度數)。第五，後代對於禮書所產生的疑難，一一加以辨正。

《漢唐玄學論》 這篇是講中古時期玄學的源流和派別的。 謂我國中古時期談論玄理的，起於西漢末，漸盛於東漢，極盛於魏晉，至唐而衰歇。 其中論點：推舉王充《論衡》在玄理上的貢獻； 表彰《列子》、僞《古文尚書》、《孔叢子》三種僞書的價值； 謂范縝《神滅論》，原出於《禮記・祭義》「魂魄卽形神」之說； 謂魏晉六朝的經生，多「持佛理以解儒書」（四八六頁）； 謂我國玄學，「多論人生，而少談宇宙」（四八八頁）； 這些都是研究我國哲學史者所當注意的。

從這十七種論著的主要內容上看來，就可以知道黃侃的論學主張，有下列的幾個特點：

首先，在治學方法上，他繼承了三百年來「漢學家」的傳統，以「小學」爲「經學」的基礎，這就是說，把語言文字學作爲研究我國歷史文化的基本工具。 所以他說，研究《尚書》、《三禮》等，首先要「考文字」、「辨字讀」、「析章句」。至於研究語言文字學的時候，又首先要講求音韻。顧炎武《答李之德書》裏說過：「讀九經，自考文始； 考文，自知音始； 以至諸子百家之書，亦莫不皆然。」黃侃却更進一步，從「形」、「音」、「義」這三種要素產生的先後關係上來確定這三方面研究的先後程序。他說：「小學分形、音、義三部。……案三者雖分，其實同依一體。……三者之中，又以聲爲最先，義次之，形爲最後」（九三頁）。所以他一生治學，首先致力於音韻，建立了自己的一個古音學體系。 這是黃侃的學術成就的特點之一。

其次，關於怎樣來研究語言文字學的問題，黃侃主張以《說文》和《廣韻》兩書爲基礎。 他認爲不但研究文字，而且研究古音，都應當以《說文》爲根據。 他說：「近世講《說文》者，多卽以求古音，於是造字時之音理，稍稍可說」（一〇六頁）。他又主張根據《說文》和古音研究來讀《爾雅》，把《說文》和古音研究作爲「治《爾雅》之資糧」（三九六頁）。至於研究《說文》的方法，他主張：「研治《說文》，先以分別六書爲急」（一四五頁）。又說：「更以《廣韻》校其音讀」；因爲「古今音異，必能正讀今音，乃可得古音之條理」（一四七頁）。這裏所謂「古音」，是專指周漢古音；所謂「今音」，是指《廣韻》等書裏所反映出來的讀音。黃侃認爲從《說文》、《詩經》等書來研究古音，不但要用《廣韻》來做衡量的標準，而且認爲周漢古音就包羅在《廣韻》一書裏。他說：「古本音卽在《廣韻》二百六部中；《廣韻》所收，乃包舉周漢至陳隋之音，非別有所謂古本音也」（一四九頁）。所以他主張「以《說文》爲主，而求製字時之聲音；以《廣韻》爲主，而考三代迄於六朝之音變」（九四頁）。這樣以《說文》和《廣韻》兩書作爲我國語言文字學的基礎，是黃侃的學術成就的特點之二。

最後，黃侃自己標明「音學之進步」，有兩個方面：第一方面，他吸取陳澧研究的成果，根據《廣韻》來貫通「古音」和「今音」；第二方面，又根據《說文》和古音的研究，來貫通「字原」和「語原」。這裏所謂「字原」，是指文字製作原始的形體；所謂「語原」，是指「音、義相關」，各種事物得名的由來。他說：

「往者，古韻、今韻、等韻之學，各有專家，而苦無條貫。自番禺陳氏出，而後《廣韻》之理明；《廣韻》明，而後古韻明；今古之音盡明，而後等韻之糾紛始解。此音學之進步，一也。

「聲義同條之理，淸儒多能明之，而未有應用以完全解說造字之理者。侃以愚陋，蓋嘗陳說於我本師；本師釆焉以造《文始》，於是轉注、假借之義大明；令諸夏之文，少則九千，多或數萬，皆可繩穿條貫，得其統紀。此音學之進步，二也」（九四頁）。這裏所說從《廣韻》來貫通古韻、今韻及等韻之學，從《說文》和古音的研究來闡發「聲、義通條之理」，因而貫通「字原」和「語原」，這兩個方面的進步，正是黃侃在音韻訓詁學上，可以認爲超出前人、具有自己獨立見解的所在。這是他的學術成就的特點之三。

要之，黃侃論學的主張，雖然似覺過於守舊，篤守「師說」，重視「家法」，可是從上面所列他的學術成就的幾個特點看來，他還是具有自己獨立的見解的，尤其在古音學方面，他繼承前人研究的成果（六二頁），而加以融會貫通，建立了自己的一個古音學體系，卓然成一家言。所以有人稱黃侃是三百年間古音學研究的一位殿後人

說文略說

論文字初起之時代

文字起原，在《說文序》中，已有二說　其一說，即世所共傳言倉頡造字，又推其本於八卦結繩。《說文序》云　「古者，庖犧氏之王天下也，仰則觀象於天，俯則觀法於地，視鳥獸之文與地之宜，近取諸身，遠取諸物，於是始作《易》八卦以垂憲象。及神農氏結繩爲治而統其事，庶業其緐，飾僞萌生。黃帝之史倉頡，見鳥獸蹏迒之迹，知分理之可相別異也，初造書契。」許君以倉頡爲黃帝史，本於《世本》，司馬遷、班固、韋誕、宋忠，皆同此說。按八卦爲有限之符號，文字則爲無限之符號，以八卦爲文字起原，似也。至於結繩之用，較之八卦，又稍靈活，究不足以應變。能應變者，端推文字。故自來言文字之起原者，皆用許君之論。

關於倉頡之異說。《書》疏引愼到曰　倉頡在庖犧前。張揖本之，言倉頡爲帝王，生於禪通之紀。崔瑗、曹植、蔡邕、索靖，皆以爲古之王者。如此說，則造書者堝爲倉頡，而非黃帝之臣。所以必爲此說者，蓋疑文字不應至黃帝時始起也。《說文序》下文又云：「封於泰山者，七十有二代，靡有同焉。」此言出於《管子》，《管子》云：「七十二代，識其十二」；十二之首，乃爲無懷。夫無懷下距黃帝，已爲遠矣，況又在無懷以前乎。」信如此說，則文字之興，遙遙在庖犧之上，所以愼到有倉頡在伏羲前之論也。

按文字之生，必以寖漸，約定俗成，衆所公仞，然後行之而無閡。竊意邃古之初，已有文字，時代綿邈，屢經變更；壤地伾離，復難齊一。至黃帝代炎，始一方夏；史官制定文字，亦如周之有史籀，秦之有李斯。然則倉頡作書云者，宜同鯀作城郭之例；非必前之所無，忽然剏造，乃名爲作也。《周禮．大行人》：王之所以撫邦國諸侯者，九歲屬瞽史，諭書名；依鄭君說，名卽字也。據此，隆周之治，同書文字，職在史官；是亦循黃帝以來之舊而已。

《荀子》云：「好書者衆矣，而倉頡獨傳者，壹也。」今本此說，以爲文字遠起於古初，而倉頡仍無嫌於作字；庶幾和會乖違，得其實相者歟。

論文字製造之先後

今日研討文字製造之次序，所依據者，自《說文》外，惟有《周禮》故書、《儀禮》古文、魏《三體石經》。自餘《石鼓》之類，時代難明；鍾鼎之文，師說曠絕；止可略而不論。

《說文序》云：「倉頡之初作書，蓋依類象形，此象形兼指事而言，故《說文》於指事字，每曰象其事之形。故謂之文；其後形聲相益，卽謂之字；文者，物象之本，字者，言孳乳而寖多也。以迄五帝三王之世，改易殊體，封于泰山者，七十有二代，靡有同焉。」據此文，則造字之始，必先具諸文，然後諸字始得因之以立。所云初、後，疑皆指倉頡一人之身。故《韓非》言倉頡作字，自營爲厶，背厶爲公；王育說禿字云：倉頡出，見禿人伏禾中，因以製字；明倉頡非不作字也。文字成立先後，既不可紊，卽使出於倉頡一人，亦自無嫌。蓋提挈綱維，止在初文數百；自是以降，要皆由初文變易孳乳而來也。

由文入字，中間必經過半字之一級。半字者，一曰，合體，合體指事，如叉，如㕚；合體象形，如果，如朵。二曰，渻變，渻者，如凡，如朩；變者，如七，如匕，如乏，如夭，如矢，如尢。三曰，兼聲，如氏，如𠙴。四曰，複重，如二、三，積於一；艸、茻，積於屮；収，从丩、又；北，从人、匕。此種半字，卽爲會意、形聲之原。再後，乃有純乎會意、形聲之字出。其奇侅者，會意、形聲已成字矣，或又加以一文，猶留上古初造字時之痕迹。如龍之爲字，从肉，童省聲；固形聲字矣，而𦚏爲象形。牽之爲字，从牛，玄聲；又形聲字矣，而冂象牛縻。此二文，或象形，或指事，又非前之半字比；今爲定其名，曰雜體。

以上所說，造字次序：一曰文，二曰半字，三曰字，四曰雜體。就大體言，二可附於一中，四亦三之支別。然則文、字二名，可以統攝諸字無所遺也。

就文而論，亦非造自一時。何以明之？屮之與耑，水之與川，聲有對轉，而語無殊；丨之與囟，日之與入，義有微殊，而聲未變；此如造自一時，何由重複？是則轉注之例，已行於諸文之間久矣。一𢆯也，既以爲玄之古文，又以爲糸之古文；一丨也，既以爲上行之進，又以爲下行之退；同文異用，叚借之例又行矣。今若推其本原，往往集數十初文而聯爲一貫，用以得文字之太初；斯誠考文者一愉快事也。

論六書起原及次第

六書之總名，始見《周官·保氏》。說其細目，始於劉歆。《漢書·藝文志》卽本子駿《輯略》。或遂謂六書之名，至周始有。然觀劉云：「六書者，造字之本」，是倉頡時已有矣。依類象形而謂之文，文者，物象之本；及孳乳爲字，亦非突爾而成。故文之中，包有半字、合體、渻變、複重諸例，即是會意之萌芽；氏、⿵几丩諸文，亦是形聲之始。綜文之數，不過數百，而變易、孳乳，大氐同原，更加省併，則其根柢亦甚有限，故知轉注已有矣。始制文字而百官治，萬民察，若非兼該衆義，則文不足用，文不足用，尚何察與治之有？故知叚借之法，行於太初；依其理以造形聲之字，而叚借之用益大。是故形聲之字，其偏旁之聲，有義可言者，近於會意；即無義可言者，亦莫不由於叚借。然則六書爲造字之本，使無是者，焉能籠圈一切，消息盈虛哉？

《說文》列六書之名，略與劉、鄭異。鄭衆《周禮保氏》注。劉云：《周官・保氏》，掌養國子，教之六書，謂象形、象事、象意、象聲、轉注、叚借，造字之本也。鄭云：六書：象形、會意、轉注、處事、叚借、諧聲也。許之名目次第，則爲指事、象形、形聲、會意、轉注、叚借。今皆依許義用之。何者？指事之字，當在最先。生民之初，官形感觸，以發詞言感歎居前，由之以爲形容物態之語；既得其實，乃圖言語之便，爲之立名。是故象形之字，必不得先於指事。今且就許氏所舉日、月二字論之：日之爲字，許云：从口一；此爲借體字，借體者，借他字之體以成此字之形；說者不知許意，或改，或疑，皆爲無當。進求日字之義，云：實也，太陽之精不虧。實之爲字，本从至來，室，从至聲，而云室，實也，可證。至、止同義，是日字猶當以止爲根也。月字爲象形固矣，然亦依日之形而闕之，其造字當又在日之後。且其義爲闕，闕本从夬來，夬又受義於乂，是月字猶當以乂爲根也。師說日月之文，古文同於入兀內外，今別作解。蓋指事，視而可識，察而可見；事不可指，借形以表之。是故象形之字乃所以濟指事之窮。其字拘於物名，而其義乃不獨僅指其物之實，叚借之義已行於其間也。至指事，劉爲象事，鄭爲處事；形聲，劉爲象聲，鄭爲諧聲；會意，劉爲象意；雖大意不違，究以許所立名爲分明而易曉，故相承用之焉。

論變易孳乳二大例上

《說文序》曰：「以迄五帝、三王之世，改易殊體」；此變易之明文也。變易之例，約分爲三：一曰，字形小變；二曰，字形大變，而猶知其爲同；三曰，字形既變，或同聲，或聲轉，然皆兩字，驟視之不知爲同。

一者，如上，古文作丄，指事也；篆則爲𠄟，此但依據古文，偶加筆畫，實無意義。中，古文亦作𠁧，中本古文，據古文偏旁知之。其中一曲，亦豪無所表也。《說文》所載，隸，重文有篆文隸，从古文之體。弟，古文作𠂂。从古文韋省，丿聲；而篆文即从古文之象。民，古文作𢀩，象形者也；而篆文即从古文之象。酉，古文作丣，从卯、从一，閉門象也，而篆文即象古文酉之形。此等變移筆畫，而別爲一字。後來隸、草變更，與正字宛若二文，皆此例之行者也。

二者，如冰與凝，後世以爲二字者也，而《說文》以爲同；求與裘，後世以爲二字者也，而《說文》以爲同；杭與抗，後世以爲二字者也，而《說文》以爲同；云與雲，後世以爲二字者也，而《說文》以爲同。不但此也，祀之與禩，一文也，使《說文》不以爲重文，未嘗不可爲二字也；瓊與琁，一文也，使《說文》不以爲重文，未嘗不可爲二字也。凡《說文》所云重文，多此一類。後世俗別字之多，又此例之行者也。

三者，天之訓爲顛，則古者直以天爲首，在大字中則天爲最高，在人身中則首爲最高，此所以一言天而可表二物也。然與天同語者，有囟，聲稍變矣，由囟與天而有顛。此之造字，純乎變易也。顛語轉而有頂，有題，義又無大殊也。假使用一字數音之例，而云天又音囟，音顛，音頂，音題，又有何不可？是故囟、顛、頂、題，皆天之變易字也。而《說文》不言其同，吾儕驟視亦莫悟其同也。丂，古文以爲于字，于者，象氣之舒于，此可知于即丂之變易矣。然從于出者，有乎，語之餘也；有兮，象气越于也；有余，語之舒也；有粂，二余也；有粤，亏也。自亏以下，《說文》列爲數字，而聲或尚同，或已轉；使推其本原，固一字也。後世造字，因聲小變而別造一文，又此例之行者也。

論變易孳乳二大例下

《說文序》曰：「其後形聲相益，卽謂之字；字者，言孳乳而寖多也。」是孳乳之明文。然此中有三類：一曰，所孳之字，聲與本字同，或形由本字得，一見而可識者也；二曰，所孳之字，雖聲形皆變，然由訓詁展轉尋求，尚可得其徑路者也；三曰，後出諸文，必爲孳乳，然其詞言之柢，難於尋求者也。

一者，如由人而有仁，仁訓親也；然《說文》又有儿字，卽古文奇字人，而訓仁人；是仁之語本於人也。由馬而有武，武之字，《說文》但引《左傳》「止戈爲武」說之；止戈者，能禁他人之暴而兵不用；此非大武不能。然馬下說解云：武也，是武之字本於馬也。由水而有準，準，平也；水之性平，故準從水來。由雷而有類，種類相似也；雷之聲同，故類从雷來。此孳乳之字聲與本字同者也。

如由句而有鉤，曲也；有笱，曲竹捕魚笱也。由臤而有緊，纏絲急也；有堅，剛也。由丩而有茻，艸之相丩；有糾，繩三合也；由𠂢而有衇，血理之分衺行體中者；有覛，衺視也。又如一叉聲也，其所孳之字，如搔、瑵、蚤、騷、慅，聲同，而形亦受之，未嘗改易偏旁也。一𡈼聲也，其所孳之字，如莛、莖、挺、梃、筳、桯、桱、珽、脛、頸、經、徑、廷、庭、頲、侹、娙、勁、呈、逞、侱，聲同，其所受之形亦皆从𡈼，不必別取偏旁也。此孳乳之字形由本字得也。

二者，如諄云：告曉之孰也；諄與孰聲轉，而皆从𦎫聲。是以知諄之語亦由𦎫來也。皮云：剝取獸革者謂之皮；𣎳下則云：分枲莖皮也；是二義相近，是以知皮之語當由𣎳來也。安之字，从女在宀下，而晏、侒、宴，悉與同義；檢孔字之訓云：乙至而得子，嘉美之也；乙、燕同物而聲轉，是以知安之字由燕來也。容之字訓盛，而古與欲通用，《莊子·天下篇》：「語心之容」，即語心之欲也；欲从谷聲，而得谷義，是以知容之語亦由谷來也。凡此類字，展轉推求，而蹤跡自在。亦有一義而二原，同字而別解者，果得其緦理，求之亦非甚難也。

三者，名物諸文，如《說文》玉部、艸部中字，《爾雅·釋草》以下諸篇，不明其得名之由，則從何孳乳不可說。後世字書，俗別字多，苟其關於訓詁，大概可以从省併。惟名詞之字，不易推得本原，亦由名物之孳乳，自來解者甚少耳。

論俗書滋多之故

鄭君《周禮》注云：「資字，以齊、次爲聲，从貝變易。」《說文》以齎、資異字，鄭以爲同字。如此言，是古字重複，皆由變易。變易之始，或不相知而變，各據音而加偏旁是也。或相蒙而變，籀不同於古，篆不同於籀，同字而異書，是也。《說文》重文，大氐爲二例所攝；其間又有或體，如祀或从異作禩，是也。有後人改作，如對，漢文改作對，疊，王莽改作疊，是也。有今俗字，如灋，今作法；函，俗作肣，是也。自《說文》以來，隸書改變，皆循故例，故俗書亦增多。即以《說文序》言之，著於竹帛之著，篆止作箸；亘復見遠流之亘，篆止當作不可。是許君論字，已不能盡汰俗書。至呂忱《字林》，江式所云：附託許慎《說文》，文得正隸，不差篆意者也；而其書所載字，至萬二千八百餘，已多於《說文》數千。案其異體，如《說文》之珌，《字林》作琿；《說文》之齭，《字林》作齼；《說文》之蜡，《字林》作䄍；《說文》之謚，《字林》作諡。又如《說文》之楁，《字林》變其形而作楶；《說文》之稾，《字林》變其形而作槁。

此皆篆有正文，隸从改作。由晉迄清，又逾千歲，字書屢出，字數遞增；要其大半，皆爲變易。俗書滋多，此其一也。

文字孳乳，大氐義有小變，爲製一文。有由別而之通者，从丫而有角，是也；有由通而之別者，从鳥而有隹，是也；有所施異，因造一名者，从乂而有杈，是也；有義稍狹，因造一名者，因句而有鉤，是也。蟬、蛻一語，而蟬言其體，蛻是其皃；几、凥一根，而几爲總名，凥爲別物；在上曰頸，在下曰脛，形同也，而因處異，造二文；冕服有市，玄端有韠，物同也，而因制異，造二文。此則轉注所施，隨意賦形，由少趨多，自然之勢。此中，有古已造而今从同，《說文》本字，往往不見經傳，即此理。有古本同而今別造，是故《說文》以後，孳乳轉多。以《字林》而言，其所載之字，如禰，《說文》應通用昵，今以爲親廟，別造一文；㸴，《說文》應通用呴，今以爲牛鳴，別造一文；遶，《說文》應通用繞，今以爲圍，別造一文；註，《說文》應通用注，今以爲解，別造一文。此等字在今日有不能廢者。陸德明云：「六文、八體，各有其義，形聲、會意，甯拘一揆；豈必飛禽即須安鳥，水族便應著魚，蟲屬要作虫旁，草類皆从兩屮？如此之類，實不可依，今並校量，不从流俗。」陸氏之言，施之經典，自是正義；而俗書遞增偏旁，亦未嘗不合孳乳之理。近世造字，如化學諸名，深合造字之理，其可怪笑者，不可援以爲例。俗書滋多，此其二也。

論六書條例爲中國一切字所同循不僅施於說文

漢世俗書漸衆，故其釋字形亦不本於古。以泉、貨爲白水、眞人，以卯金刀爲劉，以日月爲易，以千里草爲董，以乙力土爲地，以白下羊爲皋，此皆在《說文序》所舉諸生廷尉謬說之外。以造字正義衡之，固爲謬妄，察其離析之法，亦自合於解字之理。是諸字者，亦此曹意中之會意字也。自是以後，文武爲斌，不可爲叵，樊然淆亂，日有所增，而皆不能違六書之例。惟孫休爲子立名，及梁四公子名，其字無从下筆，自餘皆可以六書說之。往張揖有《難字》、《錯誤字》諸書，今悉亡佚。今且就徐鉉校《說文》後附二十八字，所謂俗書譌謬不合六書之體者，說之，而六書之例行於其中，已可見矣。

亹，徐氏以爲不知所从，無以下筆。此字从文省，从釁聲，亹，隸變釁字也，此俗形聲字。个，徐氏以爲不見義，無以下筆。此字即介字隸變，變易字也。暮，徐氏云：本作莫。以六書論之，莫已从日，暮又加日，誠爲眈贅；然唁又加口；某已从木，楳又加木；囷已从禾，稇又加禾。經典《說文》並有此例。熟，徐氏云：本作孰。此於从丮，𦎫聲外，更加一形爲兩形一聲字；《說文》丮部：巩，重文𢀜，或加手，即是其例。捧，徐氏云：本作奉。此與暮同說。遨，徐氏云：本作敖。來爲行來之來，而古文有逨，漢書有徠，即是其例。徘徊，徐氏云：本作裴回。此雙聲字，應訓爲般還，一聲相變。然溕泧即摩莎，而《說文》有專字；蹢躅即彳亍，而《說文》分四文，裴回更製徘徊，亦不違孳乳之理。 迴，徐氏云：本作回。 案一，有重文弌；工，有重文𢒄；冂，有古文冋，或體坰；初文更加偏旁，非無此例。 腰，徐氏云：本只作要。 案亯，本从人象屋形，或作廩，則又加广、加禾。《說文》非無此例。 嗚，徐氏云：本只作烏。 案嗚呼連語，而其本字只應用乎；呼，外息也，無嘑叫義，必求本字，但宜作嘑耳。今乎既變爲嘑，烏又何不可加口之有哉？ 慾，徐氏云：此後人加心。 與熟同例。 揀，徐氏云：本只作柬。 與上同例。 俸，徐氏云：本只作奉。 奉祿別爲俸，猶畐滿變爲富耳，彼亦可加，此何獨誤。 鞦韆，徐氏云：非皮革所爲，非車馬之用，不合从革。 案鞦韆之索，容以革爲，故孳乳加以革旁。若云漢世始起，不應製字，無以解於鄯篆，鄯乃霍光所定漢俗篆也。 影，徐氏云：不當从彡。 案影，始見葛洪《字苑》，曾爲顔之推所譏。然形景連言，古今常語，形既从彡，景亦蒙之加彡。 斌，徐氏云：本作彬。 案彬乃份古文，訓文質備也。此字始見魏明帝初公卿奏文武爲斌，謹製樂名章斌之舞。然武虎爲虣，見《周禮》，與此會意正同。 悅，徐氏云：經典只作說。 此如誖，或作悖。 藝，徐氏云：本只作埶。 此又加芸；如耨或从芸之例。 著，徐氏云：本作箸。 漢隸艸、竹不分，此變易之例。 墅。與暮同說。 蕢。與廩同說。 蹟，徐氏云：當通用嘖。 案《說文》當作嫧，隸从匝者，嘖或體讀，艸書之變易。 黌，徐氏云：無學部。 案此蓐等字爲部首之例。 黈，徐氏云：無纊部。 案可从黃。 矗，徐氏云：無直部。 案可依三等字爲部首之例。 [illegible]，徐氏云：當用嚘。 此用譚長說，嘷作獋之例。 池，徐氏云：當用沱。 隸書，它、也偏旁多變易。

論字體之分類

昔顔元孫《干祿字書》以爲文字大較有俗、通、正三體。《五經文字》、《九經字樣》兼載篆、隸、正、通，間舉訛謬。後來《佩觿》、《復古編》、《字鑑》之類，皆能依據正書，以訂俗誤。清世畢沅作《經典文字辨證》，自言五例如次：

一曰，正。皆《說文》所有。

二曰，省。筆蹟稍省於《說文》；𪏽爲香，髃爲腢，是也。

三曰，通。變而不戾於《說文》；秌爲秋，鶄爲鶮，是也。又勢不能符於籀篆，不得不从隸楷；亝爲齊，壷爲壺，是也。

四曰，別。經典之字爲《說文》所無者；然紨、讍，別而有據，蓫、[illegible]，別而難依，亦有兩例。

五曰，俗。流俗所制，不本前聞，或乖聲義。

今依畢氏之言，更加研索，取證劉歆、許愼之言，得分古今爲二類八目，如次：

第一類　《說文》正字

一、正。《漢書》稱：《凡將》、《急就》、《元尙》，皆《倉頡》中正字。《說文》敍篆文，合古籀，遂爲正文之淵棷。今所謂正，並以《說文》正文爲主。

二、同。《說文》言五帝三王之世，改易殊體；又六國時，文字異形。今《說文》所載重文，皆此物也。

三、通。咊、龢、盉，各有本義，而皆可通用咊；勰、協、恊，各有本義，而皆可通用協。此出於轉注。

四、借。難易之字，不作戁，而作難；厚薄之字，不作洦，而作薄。此出於叚借。

第二類　《說文》後出字

五、訛。《說文》所舉㒸、什、虫、岢四字是。後世則如𡒄作𦗔，荅作答是。

六、變。《說文》所舉篆、籀、省、改諸文是。後世則如淖爲潮，莜爲蓧是。

七、後。《說文》犧下云：賈侍中說，此非古。後世則如从弟有悌，从赴有訃是。

八、別。《說文》所舉今字俗字，後世則如祝作呪，瑲作鏘是。

論字書編制遞變一

自始制文字以迄於今，字書體裁，凡經幾變。權而論之，分爲九種：一曰，六書之教；二曰，附之詁訓；三曰，編爲章句；四曰，分別部居；五曰，以韻編字；六曰，以聲編字；七曰，計畫編字；八曰，分類編字；九曰，專明一類。

一者，《周禮・保氏》：「教國子，先以六書。」《內則》：「十年出就外傅，學書計與請肄簡。」注：簡謂所書篇數也。分言，則學書別有教術，而其書今不可攷見矣。《韓非子》云：倉頡作字，自營爲厶，背厶爲公。此疑即教六書之成語。

二者，爾雅觀古，足以辯言。欲識古言，勢須識字。故《爾雅》所以正名，《方言》亦稱別字；此謂以訓詁存文字，究非專論文字之書。

三者，《三倉》、《急就》，由章句以組成；由此上推《籀篇》，以教學僮，必爲韻語，若《弟子職》之倫；是以得載人名，《說文》奭下云：此燕召公名，讀若郝，《史篇》名醜。得有借字；鼎，籀文以爲貞字，即其證也。其書十五篇，建武時，亡六篇，許君所見尚有九篇。《說文序》既云：「合以古、籀」，則此九篇必全行收入。而今計之，亦屬寥寥，疑其文多亦不能逾《倉頡》。至後世以韻語編字之書，實無不祖《倉頡》者。《說文序》引《倉頡》：「幼子承詔」，《爾雅》郭注引《倉頡》：「考妣延年」，《顏氏家訓》引《倉頡篇》：「漢兼天下，海內并廁，豨黥韓覆，畔討殘滅。」此漢人順續《倉頡》之文，疑出《訓纂》。是其文皆四字也。《周禮》鄭注引《倉頡·鞄瓷篇》，又引《柯欘篇》，是幷有子目也。元吾邱衍謂《倉頡》十五篇，即《說文》目錄五百四十字，謬甚。其後司馬相如《凡將篇》，史游《急就篇》，間以三言、四言、七言成句。《急就》之文，泛施日用，尤便於閭里書師。蓋取《倉頡》正字，書以草書，於當世之用最切，而後來書家亦愛書之，所以獨傳也。自《三倉》以下，三倉者：《倉頡》、《訓纂》、《滂喜》，與《倉頡》、《爰歷》、《博學》異。《埤倉》、《廣倉》，既因其名，慮同其體。崔瑗《飛龍》，靈帝《皇羲》，蔡邕《勸學》、《聖皇》、《女史》，朱育《幼學》，無名氏《黃初》，項峻《始學》，陸機《吳章》，陸暐《悟蒙》，皆此類。而周興嗣《千字文》，獨存於今時。《千字文》取王羲之書千字而次其韻，所以稱工。宋人謂爲詞理無可取，謬也。又蕭子範亦有《千字文》。及《五百字文》，沿襲《千字文》之名者，世亦不常用。然則此類次韻教字之書，僅《急就》、《千字》二種存耳。詳兒童記誦，本以諧於脣吻爲宜，故古人教字，多用此種體製。然於字之解析，未之有聞；若所依是正體，尚可不至訛謬，所依俗體，必至妄說，如《說文序》所謂者。此所以必待《說文》出，而後有眞正字書也。

論字書編制遞變二

四者，分部之字書，斷從《說文》爲始。其序曰：「分別部居，不相雜廁也。」段君曰：「謂分別爲五百四十部也。周之字書，漢時存者，《史籀》十五篇，其體式大約同後代《三倉》。許所引《史篇》三：姚下，匋下，奭下，略如後代《倉頡傳》、《倉頡故》。秦之《倉頡》、《爰歷》、《博學》，合爲《倉頡篇》者，每章十五句，每句四字。《訓纂》、《滂喜》同之。《凡將篇》每句七字。《急就》同之。案《急就》又有三言、四言。其體例皆雜取需用之字，以文理編成有韻之句，與後世《千字文》無異，所謂雜廁也。識字者，略識其字，而其形或譌；其音義皆有所未諦。雖有揚雄之《倉頡訓纂》，杜林之《倉頡訓纂》、《倉頡故》，而散而釋之，隨字敷演，不得字形之本始、字音字義之所以然。許君以爲音生於義，義箸於形；聖人之造字，有義以有音，有音以有形；學者之識字，必審形以知音，審音以知義。聖人造字，實自象形始。（段君意：指事亦所以象形，故云造字自象形始。）故合所有之字，分別其部爲五百四十。每部各建一首，而同首者，則曰：凡某之屬，皆从某。於是形立，而音義易明。凡字必有所屬之首，五百四十字可以統釋天下古今之字。此前古未有之書，許君之所獨剏。顏黃門曰：其書隱栝有條例，剖析窮根原；不信其說，則冥冥不知一點一畫有何意焉。（案黃門又曰：許愼檢以六文，貫以部分，使不得誤，誤則覺之。）此最爲知許君者矣。」

案段君此說，發明許書之所以爲獨至，至精至塙，無待更贅一詞矣。

許書列部之次弟，據其自序，謂據形系聯；徐鍇因之以作部敍。大氐以形相近爲次，如一、丄、示、三、王、玉、玨相次是也。亦有以義爲次者，如齒、牙相次是也。亦有無所蒙者，冓之後次以幺，予之後次以放，是也。必以爲皆有意，斯誣矣。

許書列字之次弟，大氐先名後事。如玉部，自璙以下，皆玉名也；自璧以下，皆玉器也；自瑳以下，皆玉事也；自瑀以下，皆附於玉者也；殿之以靈，用玉者也。其中又或以聲音爲次，如示部：禛、禎、祇、禔相近；祉、福、祐、祺相近；祭、祀、祡相近；祝、𥛃相近。

又或以義同異爲次，如祈、禱同訓求，則最相近；禍訓害，祟訓禍，訓相聯則最相近。大氏次字之法，不外此三者矣。自《說文》而後，《字林》、《古今字詁》、《古今字訓》、《開元文字音義》、《玉篇》，雖與《說文》字體部數、部次、字數、字次各有異同；究之皆分部編字之書，《說文》之流裔也。

論字書編制遞變三

五者，以韻編字之書，復分三類：

其一，體爲韻書，而意兼在存字。此如今之《廣韻》，本於陸氏《切韻》。《切韻》之作，意在審音，及郭知玄以下，人有增益，至於孫愐，遂加至二萬六千一百餘。《集韻》字數五萬三千五百廿五，新增二萬七千三百三十一字。兩書皆兼登正、隸，時舉譌俗，雖以韻排列，其實字書也。

其二，就韻書之體而列字，如小徐《說文篆韻譜》之類。此類在今日尚有承用之者，在已明韻部之人，繙檢略不勞費；在未明韻部者，檢之適足增煩，亦未爲盡善也。

其三，部首字依《說文》次序，部中字則依始東終乏之次，如宋世《類篇》是也。《類篇》之爲書，本因仍《集韻》；其部首仍就十四篇舊目，而部中之字，依見於《集韻》爲先後。其序曰：「字書之於天下，可以爲多矣，然而从其有聲也，而待之以《集韻》，天下之字以聲相從者無不得也；從其有形也，而待之以《類篇》，天下之字以形相從者，無不得也。」今按其書，一、丄、示、三、王之次，一如《說文》；而一部之字，首丕，次元，次天，與《說文》不同；則以丕在脂韻，居元、先二韻之前故也。在未有編畫字書以前，此法頗爲簡便；以視《玉篇》等書，列字先後豪無程準者，又遠勝之矣。

六者，以《龍龕手鑑》、《四聲篇海》、《五音集韻》三書爲例。

《龍龕手鑑》，遼僧行均撰。僧智光字法炬爲之序，序作於統和十五年丁酉。（契丹聖宗年號，即宋太宗至道三年。）其書凡部首之字，以平、上、去、入爲序；各部之字，復用四聲列之。後李燾作《五音韻譜》，實用其例而小變之。案此與《類篇》之例大同，惟《類篇》部首字仍依《說文》原次，不用四聲排列耳。

《四聲篇海》，金韓孝彥著。其書以《玉篇》五百四十二部依三十六字母次之，更增三十餘部，同母之部，則依四聲爲先後；同部之字，則依筆畫爲先後；此實計畫編字之權輿也。

《五音集韻》，孝彥子道昭著。取《玉篇》、《類篇》等書之字，改併部次，別以五音，系以三十六字母，以百六十韻貫之。雖韻書，亦兼字書者也。

論字書編制遞變四

七者，計畫編字之書，復分兩類：其一，計點畫之形編之；其二，計點畫之數編之。

計畫形爲字書次序者，首宋李從周《字通》。《四庫提要》曰：「是書以《說文》校隸書之偏旁，凡分八十九部，爲字六百有一；其分部不用《說文》門類，而分以隸書之點畫；既乖古法，又既據隸書分部，乃仍以篆文大書，隸書夾注，於體例亦頗不叶。且如水字、火字，既入兩點類，而下三點類又出水字、火字；旁三點類，示字類，又再出水字；下四點內，又出火字、水字。如此之類，凡一百二十三條，破碎凡雜，殊無端緒。至於千字，收於上兩點類，獨从篆而不从隸，既自亂其例。亘字，收於中日字類；臣字、巨字、匠字，收於目字類；東字，收於里字類；併隸書亦不相合。」

案李氏此書，亦略祖《說文》據形系聯之意，惟名目繁碎，又於檢閱非便，故後人竟無效之者。近年海上字書，其檢字法分點起、撇起、直起、橫起等類，在書僮繙帑，頗稱平易；殆因李書而悟得其術者歟？未可以其書不行而詆訾之也。

計畫數爲字書次序者，濫觴於《四聲篇海》，然其書部首仍不以畫數爲先後。其舉部首字、部中字，悉以畫數編列者，在明，則數《字彙》、《正字通》；在清，則數《康熙字典》，迄今爲字書中最易檢尋之書。

梅鼎祚《字彙序》曰：「字學爲書以傳者，無慮數十家。《說文》、《玉篇》皆立耑於一，畢終於亥，是後或次以四聲，或辨以六書，權以母子，類族別生，固未有顓言數類者。《篇海》從母以辨音，亦嘗從數以析類，惜乎其本末橫決，繙拾棘艱也。吾從弟誕生（膺祚字。）之《字彙》，其耑其終，悉以數多寡，其法自一畫至十七畫，列二百十四部，統三萬三千百七十九字。」《四庫提要》曰：「張自烈《正字通》視《字彙》攷據稍博，然徵引繁蕪，頗多舛駁。」案清世字典，實依據此二書。觀仁帝諭曰：增《字彙》之闕遺，刪《正字通》之繁冗。《四庫提要》曰：「《字彙》疏舛，《正字通》尤爲蕪雜。康熙四十九年，乃諭陳廷敬等，刪繁補漏，辨疑訂譌，勒爲此書；仍兩家舊目，以十二辰紀十二集；部首之字，以畫之多寡爲序；部中字亦然。」據此二文，《字典》本於明人書明甚。今《字典》獨以官書盛行，梅、張二君幾於名氏翳如，誠可嘆也。

論字書編制遞變五

八者，分類編字之書，且舉《六書故》、《六書統》二書爲例。

《四庫提要》曰：「《六書通》，元戴侗撰。大旨主於以六書明字義，謂字義明則貫通羣籍，理無不明。凡分九部：一曰，數；二曰，天文；三曰，地理；四曰，人；五曰，動物；六曰，植物；七曰，工事；八曰，雜；九曰，疑。盡變《說文》之部分，實自侗始。其文皆从鐘鼎，其注既用隸書，又皆改從篆體，非今、非古，頗礙施行。」案此書分列四百七十九目，各以其所謂字母統字子，而究不便檢尋。吾邱衍《學古編》嘗之，以爲六書到此爲一厄。後之治小學者，於其所據故籍，偶有徵引；其自下己意者，搴采蓋甚稀云。

楊桓《六書統》自序曰：「以凡文字之有統而爲六書也，因名之曰《六書統》：一曰，象形；其別十。二曰，會意；其別十六。三曰，指事；其別九。四曰，轉注；其別十八。五曰，形聲；其別十八。六曰，叚借。其別十四。其序：先古文大篆，次鐘鼎文，次小篆。其象形、會意、轉注、形聲四例，大致本於戴侗；餘兩例，則桓以己意鉤稽。」《四庫提要》詆爲支離破碎，非過論也。

九者，此類之書，大別爲三種：一曰，存古字；二曰，資常用；三曰，正譌失。

存古字之書　《古今字》見宋書　《古今官書》衛敬仲　《古文奇字》郭顯卿　《汗簡》郭忠恕　《古文四聲韻》夏竦　《漢隸字源》婁機

資常用之書　《通俗文》服虔　《續通俗文》李虔　《雜字解詁》周氏　《常用字訓》殷仲堪　《訓俗文字略》顏之推　《詁幼》顏延之　《雜字指》郭顯卿　《俗語雜字》王劭　《俗語難字》李少通　《單行字》李彤　《字偶》李彤　《異字》朱育　《難字》張揖　《要用字苑》葛洪

正譌失之書　《誤錯字》張揖　《要用字對誤》鄒誕生　《字辨》李鉉，專刪正六藝經注中謬字。　《五經文字》張參　《九經字樣》唐玄度　《干祿字書》顏元孫　《佩觿》郭忠恕　《復古編》張有　《字鑑》李文仲

此類之書，雖不能囊括文字之全，而就一塗以指示，最便於學者。惜第一類書，存者多難據信；第二類書，全付湮沈。惟三類書尚多，可資參攷耳。

論說文所依據上

先正有言：「言不空生，論不虛作」，況於剖判文字之書乎！文字者，經藝之本，王政之始，前人所以垂後，後人所以識古。假使人用己私，衺辭巧說，其何以解謬誤，曉學者哉？《說文》之爲書，蓋無一字、無一解不有所依據，即令與它書違悖，亦必有其故。其說解不見

它書者，由它書既不盡用本字，則本義亦無由楬明也。近世人或目《說文》爲專載小篆，而古文、大篆，未爲完備；或稱《說文》說解穿鑿勦說之失；皆不識《說文》之眞義者也。今且略載兩家之說如左，次加駁議；駁議已，乃取《說文》所依據臚陳之：前一家之說，遠本於酈道元《水經注》。

孫詒讓《名原序》曰：「今《說文》九千文，則以秦篆爲正；其所錄古文，蓋捃拾漆書經典及鼎彝款識爲之；籀文則出於《史篇》，要皆周以後文字也。倉、沮舊文，雖雜廁其間，而叵復識別。况自黃帝以迄於秦，更歷八代，積年數千；王者之興，必有所因於故名，亦必有所作於新名；新故相襲，變易孳益，巧曆不能計，又孰從而稽覈之乎？自宋以來，彝器文間出，攷釋家或據以補正許書之譌闕；邇年又有龜甲文出土，尤簡渻奇詭。」又云：「李斯之作小篆，廢古籀，尤爲文字之大厄，蓋秦、漢間諸儒，傳讀經典，已不能精究古文。《書》、《詩》傳自伏生、毛公，《左氏春秋》上於張蒼；大毛公當六國時，前於李斯；伏固秦博士，張則柱下史，咸逮見李斯者；三君所傳，尚不無舛駁。斯之學識，度未能過三君；而乃奮肊制作，徇俗蔑古，其違失倉、史之指，甯足責耶？」

顧炎武《日知錄》曰：「秦、宋、辥，皆國名也；秦，从禾，以地宜禾，亦已迂矣；宋，从木爲居；辥，从辛爲辠；此何理也？《費誓》之費，改爲棐，訓爲惡米；武王之旆，改爲坺，訓爲畓土；威爲姑；也爲女陰；殹爲擊聲；困爲故廬；普爲日無色；此何理也？貉之爲言惡也；視犬之字如畫狗；狗，叩也，豈孔子之言乎？訓有，則曰不宜有也；訓郭，則舉齊之郭氏；不幾於勦說而失其本恉乎？居，爲法古；用，爲卜中；以及童、襄、弔、辱、臾、罰、勞、宰、冥、荆諸解，不幾於穿鑿而遠於理情乎？若夫參之訓，天文之不合者也；毫之訓，地理之不合者也；書中所引樂浪事數十條，而他經籍反多闕略；此采摭之失其當者也。」

論說文所依據中

《說文》雖以小篆爲正，實兼晐史皇以降之書。試以字數明之：李斯《倉頡》、趙高《爰歷》、胡母敬《博學》，漢時合爲一篇，斷六十字以爲一章，凡五十五章；是小篆總數廑得三千三百字耳。《說文》之數，正篆則溢九千，重文亦踰千數，較之秦篆，三倍而強；是知正文之中，不少古籀。今孫氏漫云：《說文》九千文則以秦篆爲正；此其不攷，一也。小篆之文，並非李斯別出新意，有所制作，如孫休、武曌之爲也。《說文序》曰：「六國之時，文字異形，秦幷天下，丞相李斯乃奏同之，罷其不與秦文合者。」夫云「罷其不與秦文合者」，則必留其與秦文合者矣；此所留者，秦固有之文，非斯所手造也。今以《說文》古籀旁證，有同於《說文》所載古籀者，亦有同於《說文》正篆者；是則正篆本於古籀，較然明白矣。古文諸字，雖未必盡出軒轅，除公、厶、禿諸字，造自倉頡，明文可見者；獨體諸文，勢不得造於後世。孫氏乃云《說文》所載古籀要皆周以後文字；此其不攷，二也。《說文》之於古文，則受之賈逵；而稱《易》孟氏以及《論語》、《孝經》皆古文；於籀文，則本之王育；於山川所得鼎彝，則云其銘卽前代之古文，皆自相似；所謂皆自相似者，必彼此參互而定之，又證之於壁經《左傳》也。序又曰：「必遵修舊文而不穿鑿。」又曰：「非其不知而不問，人用己私，是非無正，巧說衺辭，使天下學者疑。」又曰：「博采通人，至於小大，信而有證。」又曰：「聞疑載疑。」許冲上《說文》書曰：「博問通人，攷之於逵。」據此諸文，是《說文》於篆書外，所載古籀、鼎籀，無一臆說。今自宋以來，彝器踊盛；近日甲骨諸文，出自泉壤；雖其物未必皆贋，而說者紛紜，無師以正。漢世說經者，於《古文尙書》十六篇，《逸禮》三十九篇，以無師說，稱之曰逸。輓近古器，慮亦同茲。卽偶有一二明白可信者，尙當在愼取之列。孫氏遽取此等後出之文，欲以陵駕許書之上；此其不攷，三也。李斯用小篆，而未嘗廢古文；故秦書八體有大篆，古文在大篆中也。卽令廢由李斯，伏生、毛公、張蒼未必遂用李斯，忘其師授。今云「秦、漢間諸儒傳讀經典，已不能精究古文」，是直視伏生輩皆老而善忘之師丹矣。且李斯作小篆，皆取《史籀》大篆，或頗省改者。省改之迹，明見《說文》，自餘無變焉。今云李斯「奮肊制作」；此其不攷，四也。右駁孫說。

顧寧人之說，前有孫淵如駁之。錄之如下：

孫淵如與段若膺書

僕少讀《水經注》，稱許氏字說，專釋于篆，而不本古文；怪酈道元讀書鹵莽，並《說文序》中所云「今敍篆文，合以古籀」之言，都未寓目。及見顧炎武《日知錄》，指駁《說文》，又可撫掌。今舉其一二：如駁《說文》郭字云：齊之郭氏，善善不能進，惡惡不能退，是以亡國。此出《新序》。案《新序》本《韓詩外傳》。蓋郭字，國名，因述其國之事，用劉向說也。又駁《說文》弔字云：人持弓，會毆禽。此出《吳越春秋》陳音之言。《吳越春秋》：陳音謂越王曰：「弩生於弓，弓生於彈，彈起古之孝子。古者人民樸質，飢食鳥獸，渴飲霧露，死則裹以白茅，投於中野。孝子不忍見父母爲禽獸所食，故作彈以守之，絕鳥獸之害。故歌曰：斷竹續竹，飛土逐肉。」案許君所云，古之葬者厚衣之以薪，从人持弓會毆禽，即本陳音此說，而推明弔所以从人弓意。皆非許叔重臆說，顧氏未能遠考。又臾字，爲束縛捽抴，則即《漢書》「瘐死獄中」本字，無足異者。案《爾雅》：瘉，病也，及《詩》之「交相爲瘉」，亦以此爲本字；《說文》瘉訓病瘳，不訓病也。瘐亦與瘉通，《詩》「憂心愈愈」，《釋訓》作瘐瘐，《漢書·宣帝紀》師古注：瘐或作瘉。至詆《說文》

參爲商星，爲不合天文，亳爲京兆杜陵亭，爲不合地理，則顧氏尤疏陋。據《說文》參、商爲句，以注字連篆字讀之，下云，星也，蓋言參、商俱星名。《說文》此例甚多，如「偓佺，仙人也」之類，得讀偓斷句，而以佺仙人解之乎？案說解連篆，固有此例。然釋參毋庸連商爲言。段氏以商當作晉，許氏記憶之誤。案當作唐星，商唐隸書形近而誤。《左傳》「遷實沈於大夏，主參，唐人是因」，此參所以爲唐星也。若亳爲京兆杜陵亭，出《秦本紀》。寧公二年，遣兵伐蕩社；三年，與亳戰。皇甫謐云：「亳王號湯，西夷之國。」《括地志》：「案其國在三原、始平之界。」《說文》指謂此亳，非《尚書》亳殷之亳。彼亳，古作薄字，在偃師；惟杜陵之亳，以亭名，而字从高省，此則許叔重說文字必用本義之苦心。顧氏知亳殷之亳，不省亳王之亳；可謂不善讀書，以不狂爲狂矣。案《史記·六國表》：「湯起於亳」，《集解》徐廣曰：「京兆杜縣有亳亭。」《史記》以湯起於亳，與禹興西羌，周始豐鎬竝言，則史公意，固以關中之亳爲卽契湯之亳。《書序》云：「湯始居亳，從先王居」，明亳本契所封也。許君釋亳，以京兆杜陵亭當之，意同史公以亳爲契湯之亳也。《說文》言地，必舉其本地，而不問後來變遷之名。故鄭下云：「京兆縣，周厲王子友所封；宗周之滅，鄭徙溱洧之上，今新鄭是也。」今釋亳以京兆杜陵爲主，而不問後來之亳，猶此例也。段玉裁說：言亭者，以其字从高；然亭制起於秦，亳之名，不因於亭；以解字爲書，固有不得不涉於皮傅者。案亭从高，而从高者不必皆有亭義，許以爲从高省者，非謂其由亭得義也。案亳有大義，與溥、薄聲同。故《尚書大傳》載夏人歌曰：「盍歸於亳」，亳亦大矣。亳之从高省，由此也。豈以區區一亭而从高乎？

論說文所依據下

（一）六書之依據

《說文序》云：「周禮：八歲入小學，保氏教國子，先以六書。」又云：「尉律：又以八體試之。」許冲上書云：「自周禮、漢律，皆當學六書，貫通其意」；據許冲言，則漢時試書，必須解說文字之指意。故石建自責書馬四足不足一，馬援糾印文皋字爲四羊，可知漢世士人，類能言文字下筆之意。《說文》一書，凡言象、言从者，皆解析文字；其言闕，或但言如此者，皆但知其爲何字，而不知其下筆之理者也。惟其所言者，皆有所依據。凡字於六書屬何類，許君必有所據而言之，決非任意指爲象形或指事、會意、形聲也。今且鈔解釋字形之文，在《說文》之前者，次錄《三倉》訓詁《倉頡訓故》杜林撰，《三倉訓故》張揖、郭璞撰，今合而錄之。中言字體所从者；次錄鄭康成經注言字形者，以證《說文》言从某、象某之文，必有所宗，初無杜撰也。

《說文》引：王 董仲舒曰：古之造文者，三畫而連其中，謂之王。三者天地人也，而參通之者王也。孔子曰：一貫三爲王。 士 孔子曰：推十合一爲士。 𣂚 从斤斷艸，譚長說。 公 《韓非》曰：背厶爲公。 乏 《春秋傳》：反正爲乏。 尟 从是少，賈侍中說。 對 漢文帝去其口以从士。 爲 王育曰：爪，象形也。 貞 一曰：鼎省聲，京房所說。 用 从卜，从中，衛宏說。 羊 孔子曰：牛羊之字，以形舉也。 𠦒 象形，官溥說。 糞 官溥說：似米而非米者，矢字。 平 从于，从八；八，分也，爰禮說。 盈 从皿，以食囚也，官溥說。 東 官溥說：从日在木中。 帀 从反之而帀也，周盛說。 曡 揚雄說：从晶，从宜。亡新改从三田。 牖 譚長以爲甫上日也，非戶也，牖所以見日。 黍 孔子曰：黍可爲酒，禾入水也。 黺 从黹，从粉省，衛宏說。 儿 孔子曰：在人下，故詰屈。 禿 王育說：倉頡出見禿人伏禾中，因以制字。 県 賈侍中說：此斷首倒縣県字。 厶 韓非說：倉頡作字，自營爲厶。 易 祕書說：日月爲易，象陰陽也。 犬 孔子曰：視犬之字，如畫狗也。 耿 杜林說：从光，聖省。 女 象形，王育說。 武 楚莊王曰：夫武，定功、戢兵，故止戈爲武。 无 王育說：天屈西北爲无。 匃 逯安說：亡人爲匃。 螙 蠹或从木，象蟲在木中形，譚長說。 蠱 《春秋傳》曰：皿蟲爲蠱，晦淫之所生也。 畜 淮南子曰：玄田爲畜。

轞輡或从霝，司馬相如說。　軎从車，象形，杜林說。　吕賈侍中說：象形。　醫毆，惡姿也，醫之性然，得酒而使，从酉，王育說。　亥《春秋傳》曰：亥有二首六身。

《三倉》訓詁：珏雙玉爲珏，故字从兩玉。　爨字从臼持缶，甑也，冂爲竈口，収以推柴內火。　圂字从口，豕在其中也。　貿字从貝、卯。　壘揚雄說：卽《說文》所引。　印字从爪卩也。　厶自營爲厶。　耐字本从彡，杜林改从寸也；杜林以爲法度之字皆从寸，後改如是。　駛字从馬，史聲。　冶與冰同意，故字从仌。　耿杜林說，卽《說文》所引。　母其中有兩點，象人乳形，豎通者卽音無。　匃字體从人，从亡，言人亡財物，則行求匃也。　繭字从虫，从糸，芇聲。

鄭注三禮：豐其爲字从豆，曲聲。　槷从木，埶省聲。　資其字以齊、次爲聲，从貝變易。　線杜子春云：綜當爲糸旁泉。　紂古緇，以才爲聲。

(二)字體之依據

《序》曰：「倉頡之初作書，蓋依類象形，故謂之文；其後形聲相益，卽謂之字。」又曰：「以迄五帝三王之世，改易殊體。」又曰：「宣王太史籀箸大篆十五篇，與古文或異。」又曰：「孔子書《六經》，左丘明述《春秋傳》，皆以古文。」又曰：七國「文字異形」。又曰：李斯《倉頡》等三篇，「皆取古文大篆或頗省改，所謂小篆者也。」又曰：「秦書有八體：一曰大篆，二曰小篆。」又曰：「揚雄作訓纂篇。」又曰：「倉頡已下十四篇，凡五千三百四十字。」又曰：「亡新頗改定古文，時有六書：一曰古文，孔子壁中書也；二曰奇字，卽古文而異者也；三曰篆書，卽小篆。」又曰：「北平侯張蒼獻《春秋左氏傳》。」又曰：「郡國亦往往於山川得鼎彝，其銘卽前代之古文，皆自相似。」又曰：「今敍篆文，合以古籀。」綜上所言，則《說文》以小篆爲質，不當云以小篆爲主。而益以古文，及奇字，及古文異體，及大篆異體，及篆書異體，及後所改定，及鼎彝之銘，實萃集倉頡造書以來迄於漢世文字之大成。如或有遺漏，則爲編晉未周，或見聞亦有不及耳。今如謂《說文》爲已完具，則《說文》偏旁有而正篆無者已多；如謂《說文》爲祇據小篆，而不識古文，則顯與《序》文不合。折衷立論，當云《說文》爲據六書以解釋字體之書，漢以前文字已略具於是；繼此而有發見，當以補苴罅漏，而不可妄破《說文》。斯爲平情之言歟！

略疏《說文》所載字屬於古籀篆者，如下：

古文：弌古文一。案於正篆下言古文某者，其正篆不定是小篆，正篆下言籀文某者同。丄此古文上。此以古文爲正篆之明證。㫄亦古文旁。此古字多或之證。蠙《夏書》：玭从虫賓。凡引經者多是古文，引全句者同。屮古文或以爲艸字。此明古文通借；籀文通借同。疋古文以爲《詩》大疋字，亦以爲足字。此明古文一字兩用。褎或从衣，从㑒，下引《虞書》。此證言或者，往往爲古文。㪫《周書》以爲討。此與古文以爲討同。𦍋古文羌如此。此但知爲某字，而不知其所从。琯古者玉琯，从玉，官聲。此不言或而知爲古文。⿰貝爲或曰，此古貨字。此引或說以有疑。⿰足巽上言逸篇，下言或。此亦明爲古文異體。仺奇字倉。詈古文詈下，从网。此不立正篆，而附見於說解；餘籀篆附見說解者準此。皋秦以皋似皇字，改爲罪。此不言古文，而可從知其爲古文。羛墨翟書義。此不言爲古文，而出自先秦書，亦可準古文之例。祡引《虞書》曰：「至於岱宗祡。」《說文序》明言其稱《易》孟氏等，皆古文也；是其引經，皆出古文；故「至於岱宗」四字，皆作古文觀之。弌古文一。案古文一弋爲合體指事字；然由此證知弋亦古文。

凡正篆不言古籀文，而偏旁見於古籀文中者，準此。

籀文：雱籀文旁，此籀文之首見於《說文》者。艸部：蒜篆後有一行云：左文五十三，大篆从茻。據此，是芥下諸字皆有一从茻之大篆。莑籀文蓬省。案已有大篆蓬，又有此莑，是籀文亦多或。爰籀文以爲車轅字。此明籀文通借。奭燕召公名，《史篇》名醜。案此稱《史篇》；然揚子雲曰：《史篇》莫善於《倉頡》，作《訓纂》；是《倉頡》亦稱《史篇》。此《史篇》未必卽《史籀》。人此籀文。此以籀文爲正篆之明證。亣籀文大，改古文。此大篆取古文省改之明證。⿱孖日籀文⿱孖日，从二子，一曰：⿱孖日卽奇字朁。此古籀文同形而音說不同。雱籀文旁。由此證知雨字、方字爲籀文；凡由偏旁而比知爲籀文者，同此例。

篆文：上篆文上。此稱篆文之首見者，又可爲篆文亦作重文之證。禩祀或从異。此不能斷其爲古、籀、篆，而但稱爲或者；然《周禮》故書已有禩字，是古文也。凡稱或者，中有古籀文，以是例之。蓫司馬相如說：蔆从遴。凡稱某說者，多非《倉頡》中字，則亦古籀也。犧賈侍中說：此非古字。既云非古字，則古籀文無之，古蓋以獻爲犧；《司尊彝》：獻尊，先鄭注：獻讀爲犧可證。對漢文帝以爲責對而爲言，多非誠對，故去其口以从士。此篆體中有漢世所改之明證。革象古文革之形。此小篆取古籀省改之明證。同此例者，有隸从古文之體；於，象古文烏省；巽，篆文巽；亯，篆文亯；弟，从古字之象；民，从古文之象；西，象古文西之形。《說文》所見小篆省改古籀者，不過此數。⿸厤瓦漢令：鬲。此明非秦篆所有；然漢令必有所承，則亦出於古籀也。奱小篆。此稱小篆之首見於篇者。乁古文及，秦刻石及如此。此明秦雖有小篆，仍自不廢古文；自餘攲字、乜字，皆同此例。⿰目戌祕書：瞋。祕書雖出漢世，必有所本，蓋古籀也。白此亦自字也。此部首重文有从之以爲形者，亦未可斷其爲古爲小篆也。𤸰或从人，上並無𤸰。此正篆文但見說解中者。骴或从肉，下並無胔篆。此重文但見正篆中者。肩俗。此篆體有俗，明見於《說文》者，蓋漢世訛文之類也。曐古口復注中。此古字爾，附見於篆下者。疊亡新以爲三日太盛，改爲三田。此亡新頗改定古文之明證。牖譚長以爲甫上日也，非戶也。此存異說於說解中。𣞤或說規模字，見無下。此與米字見冀下同例。罪秦以罪爲辠字。此明罪罟之罪，本古所有，特自秦始以爲刑罪之罪。法今文省。此稱今文之首見者，與稱俗同意，明篆中亦有今古之區分也。𢕄一曰此與騣同。此或說以爲一字而許君不從者。豳从山，从豩，邠之重，而不言或。凡或體不言或者，同此例。

右略疏《說文》字體言所出者，獨無一條稱某彝之文。詳其由來，蓋有二焉：一則古時鼎彝所出本少，見於史者，獨有美陽、仲山父二鼎而已。當時拓墨之法未興，許君未必能遍見，故《說文》中絕無注出某彝器者。二則《敍》云：鼎彝之銘「卽前代之古文，皆自相似」；《說文》中所云古文者，必有鼎彝與壁中之相類似者；既以孔氏古文爲主，則鼎彝可略而不言。若謂《說文》竟無鐘鼎，又非也。

（三）說解之依據

《序》曰：「博采通人，至於小大，信而有徵，稽譔其說。」又曰：「其稱《易》孟氏，《書》孔氏，《詩》毛氏，《禮·周官》，《春秋》左氏，《論語》，《孝經》，皆古文也。」又曰：「其於所不知，蓋闕如也。」又曰：「聞疑載疑。」許沖上書云：「先帝詔侍中騎都尉賈逵修理舊文，臣父故南閣祭酒慎本從逵古學。」又曰：「慎博問通人，攷之於逵，作《說文解字》，六藝羣書之詁皆訓其意。」據此諸文，是《說文》中之說解與引書，皆有憑據；其有疑殆，丘蓋不言，而無一字之鑿空。故許君云：「遵守舊文而不穿鑿，……非其不知而不問，人用己私，巧說衺辭，使天下學者疑。」世顧謂《說文》之訓，多不與常訓合，遂疑許君有獨剏之見；此大非矣。今疏《說文》所引諸家說解，及六藝以外羣書，如左方：

《說文》所引諸家說解

董仲舒王、蝝。　孔子王、士、羊、烏、黍、儿、貉、犬、狗。　尹彤屮。　淮南子芸、畜、蜩、蠿。　司馬相如芎、蘺、鞇、嗙、鷀、鵝、蕖、虞、蛕、蠙、轎。

杜林蓳、荄、藍、畀、構、宋、导、怯、渭、耿、娸、㚸、婪、斷、鼂、斡、害。　劉向蔞。　譚長斯、猈、造、皀、牖、沝、蠢。　賈侍中犧、𧺝、速、蹻、頊、橋、穫、稽、穆、囧、濕、戹、豫、㝡、毒、隍、亞、㠯、酏。 傅毅磬。 張林辛。 揚雄拜、膴、胏、踏、疊、頻、擘、拜、氐、𦋺、綷、鼂、斡。 黃顥畁。 王育爲、禿、女、无、醫。 京房貞。 衛宏用、豳。 官溥華、冀、盄、東。 莊都典。 爰禮平。 周盛币。 徐巡𣓀、隍。 鄭司農柃。 甯嚴狛。 桑欽溺、濕、汶、銽。 楚莊王武。 逯安匄。 劉歆蝝。 張徹鉊。 班固隉。 歐陽喬离。 宋弘玭。 一云首見祥下。 一曰首見禋下。 舊云首見脘下。 或說首見皀下。 復說首見獄下。 或以爲首見姚下。 或云首見螭下。 博士說心下。

《說文》所引書：《六藝》不計。

《老子》盅。 《漢律》祉。 《逸周書》𧦝，又貛下《周書》。 《墨子》綳。 《五行傳》疴。 《爾雅》瑗。 逸《論語》璪。 《春秋·國語》珠。 《楚詞》萻。 《孝經說》冭。 《韓非》公。 漢令趚。 《春秋·公羊傳》𧺆。 《司馬法》狗。 《弟子職》疋。 《孟子》謜，又娸下，稱孟軻。 傳話。 《秦刻石》及。 《秦刻石·繹山文》攸。 俗語隸。 祕書䀉。 《史篇》奭。 天老鳳。 《師曠》鷲。 《魯郊禮》鶾。 漢律、令簞。 軍法乘。 伊尹櫨。 《魯詩說》鼏。 呂不韋侁。 《韓詩傳》鬾。 《甘氏星經》媊。 揚雄賦氏。 樂浪挈令絨。 《山海經》劦。

論自漢迄宋爲說文之學者

《說文》書成未久，鄭康成注經即援以爲證。《周禮·攷工記·冶氏》注引許叔重《說文解字》云：「鋝，鍰也」；《儀禮·既夕禮》注引許叔重說：「有輻曰輪，無輻曰輇。」次則應劭《風俗通義》、晉灼《漢書》注，亦間有稱引。然其研治此書與否，未有明文。自孟生、李喜以降，迄於安石《字說》未作以前，中間傳習《說文》，有文可據者，略如左方所列：

漢則有孟生、李喜。

許沖上書：「慎作《說文解字》凡十五卷，慎前以詔書校書東觀，教小黃門孟生、李喜等，以文字未定，未奏上。」

又許君弟子有尹珍、見《後漢書·西南夷傳》。高彪，見《外黃令高彪碑》。其受《說文》與否，無文可知。

漢、魏之際有邯鄲淳。

《魏書·江式傳》：上表曰：「陳留邯鄲淳，博古開藝，特善《倉、雅》；許氏《字指》，即《說文》。八體六書，精究閑理。」

吳則有嚴峻。

《吳志》：「嚴峻少耽學，善《詩》、《書》、《三禮》，又好《說文》。」

晉則有呂忱，

江式表云：「晉世義陽王典祠，令任城呂忱表上《字林》六卷，尋其況趣，附託許愼《說文》；而按偶章句，隱別古籀奇惑之字，文得正隸，不差篆意也。」

《五經文字》序例：「後有呂忱，又集《說文》之所漏略，著《字林》五篇以補之。」

李燾《說文韻譜》序：「晉東萊縣令呂忱繼作《字林》五卷，以補叔重所闕遺者，於叔重部敍初無移徙。忱書甚簡，顧爲他說揉亂；且傳寫訛脫，學者鮮通。今往往附見《說文》，蓋莫知自誰氏始。」

任大椿《字林攷逸》序：「《唐六典》載：書學博士，以石經、《說文》、《字林》教士。《字林》之學，閱魏、晉、陳、隋，至唐極盛，故張懷瓘以爲《說文》之亞。今字書傳世者，莫古於《說文》、《玉篇》，而《字林》實承許氏之緒，開《玉篇》之先。」

江應元，江瓊。

江式表云：「臣六世祖瓊家世陳留，往晉之初，與從父兄應元，俱受學於衞凱。古篆之法，《倉》《雅》《方言》《說文》之誼，當時並收善譽。祖避地河西，數世傳習，斯業所以不壂也。」

又有《說文音隱》，作者不知誰氏。

《隋書·經籍志》：《說文音隱》四卷，在庾儼默《演說文》之前。

桂馥云：「《宋書》謝靈運《山居賦》自注云：鰋音優，鯉音禮，鮒音附，鱮音敘，鱒音寸袞反，鯇音睆，鰱音連，鯿音毖仙反，魴音房，鮪音痏，魦音沙，鱖音居綴反，鱨音上羊反，鯔音比之反，鱣音竹仚反，皆《說文》、《字林》音。馥據此，知《音隱》在宋以前。」

畢沅有《說文解字舊音》。其序曰：「唐以前傳注家多稱《說文解字音》，《隋書·經籍志》有《說文音隱》，疑卽是也。是編，《隋志》次在呂忱之下，但云有四卷，而不詳譔著姓名及時代。攷《詩》：有鷕雉鳴，鷕，沈重音：耀皎反。此云：以水；鷕，本音以水，水字三寫成小，遂爲以小，以小轉爲耀皎。可見沈時已譌讀同幺。又忱音鷕爲於水，於水與以水適合。則是編爲忱以前人所作無疑。許君之書，今所存者，有徐鉉等校定音，並《唐韻》也；有徐鍇《繫傳》音，朱翺所加也；有《五音韻譜》音，則鍇所加也；然皆唐以後所改更。是編所輯雖寡，要爲探本之誼。」

南朝則有庾儼默，

《隋志》：「梁有《演說文》一卷，庾儼默注，亡。」梁有者，謂梁「七錄」有也。

顧野王。

李燾《五音韻譜》序曰：「陳左將軍顧野王更因《說文》造《玉篇》三十卷。梁大同末，獻之。其部敍既有所升降損益，其文又增多於叔重。唐上元末，處士孫強復修野王《玉篇》，愈增多其文。今行於俗間者，強所修也。叔重專爲篆學，而野王雜以隸書，用世既久，故篆學愈微。野王雖曰推本叔重，而追逐世好，非復叔重之舊。自強以下，固無譏焉。」

北朝則有江文威，

江式表云：「世祖太延中，臣亡祖文威，杖策歸國，奉獻五世傳掌之書，古篆八體之法。」

江式，

江式表云：「汝南許慎，嗟時人之好奇，嘆俗儒之穿鑿，故撰《說文解字》十五篇；首一終亥，各有部屬，包括《六藝》羣書之詁，評釋百氏諸子之訓；天地山川草木鳥獸昆蟲雜物奇怪珍異王制禮儀世間人事，莫不畢載。可謂類聚羣分，雜而不越，文質彬彬，最可得而論也。」

又云：「臣敢藉六世之資，奉遵祖考之訓，輒求撰集古來文字，以許愼《說文》爲主；爰采孔氏《尙書》、《五經》音注、《籀篇》、《爾雅》、《三倉》、《凡將》、《方言》、《通俗文祖文宗》、《埤倉》、《廣雅》、《古今字詁》、《三字石經》、《字林》、《韻集》諸賦文字，有六書之誼者，皆以次類編聯；文無複重，糾爲一部。其古籀奇惑俗隸諸體，咸使班於篆下，各有區別。詁訓叚借之義，僉隨文而解。音讀楚夏之聲，並逐字而注。其所不知者，則闕如也。」

《北史·江式傳》：「式書成，號曰《古今文字》，凡四十卷；大體依許氏《說文》爲本，上篆下隸。」

李鉉，

《北史·李鉉傳》：「以去聖久遠，文字多有乖謬，於講授之暇，遂覽《說文》、《倉》、《雅》，删正《六藝》經注中謬字，名曰《字辨》。」

趙文深，

《周書·趙文深傳》：「太祖以隸書紕謬，命文深與黎季明、沈遐等依《說文》及《字林》刊定六體，成一萬餘言；行於世。」

按此皆六朝人研習《說文》，有明文可攷者。餘如衞恆《四體書勢》云：「許愼撰《說文》，用篆書爲正，以爲體例，最可得而論」；是衞恆亦最譽《說文》。又梁江總有《借劉太常說文詩》。有云：「三寫徧鑽研，六書多補益」；此則總持亦篤好《說文》者也。

顏之推。

《顏氏家訓·書證篇》：「客有難主人曰：今之經典，子皆謂非；（按謂非本字也。）《說文》所明，子皆云是；然則許愼勝孔子乎？主人撫掌大笑，應之曰：今之經典，子以爲皆孔子手迹耶？客曰：今之《說文》，皆許愼手迹耶？答曰：許愼檢以六文，貫以部分，使不得誤，誤則覺之。孔子存其義，而不論其文也；先儒尙得改文從意，何況書寫流傳耶？必如《左傳》止戈爲武，反正爲乏，皿蟲爲蠱，亥有二首六身之類，後人自不得輒改也。安敢以《說文》校其是非哉？」

又曰：「大抵服其爲書隱括有條例，剖析窮根源。鄭玄注書，往往引其爲證。若不信其說，則冥冥不知一點一畫有何意焉。」

又曰：「吾昔初看《說文》，蚩薄世字，从正則懼人不識，隨俗則意嫌其非，略是不得下筆也。所見漸廣，更知通變，救前之執，將欲半焉。若文章著述，猶擇微相影響者行之；

官曹文書，世間尺牘，幸不違俗也。案彌亙字，从二間舟；《詩》云：亙之秠秬，是也。今之隸書，轉舟爲日；而何法盛《中興書》乃以舟在二間爲舟航字，謬也。《春秋說》以人十四心爲德，《詩說》以二在天下爲酉，《漢書》以貨泉爲白水眞人，《新論》以金昆爲銀，《國志》以天上有口爲吳，《晉書》以黃頭小人爲恭，《宋書》以召刀爲劭，《參同契》以人負告爲造：如此之類，一作例蓋數術謬語，假借依附，雜以戲笑耳。如猶轉貢字爲項，以叱爲七，安可用據一作此定文字音讀乎？潘、陸諸子，離合詩賦，栻卜破字經，及鮑昭謎字，皆取會流俗，不足以形聲論之也。」

唐則有玄宗皇帝，

玄宗《開元文字音義》序：「古文字惟《說文》、《字林》最有品式，因備所遺缺，首定隸書，次存篆字。」案《字林》以隸爲主，此云存篆字，則專錄《說文》也。

張九齡賀狀云：「表隸以訓今，存篆以證古；衆釋大備，取證於前修；片言旁通，去嫌於翻字。」

李陽冰，

李燾曰：「大歷間，李陽冰獨以篆學得名，時稱中興；更刊定《說文》，仍祖叔重。然頗出私意，詆訶許氏，學者恨之。」

林罕《字原偏傍小說》序曰：「罕今所篆者，則取李陽冰《重定說文》。」

徐鉉進《說文》表曰：「唐大曆中，李陽冰篆迹殊絕，獨冠古今；於是刊定《說文》，修正筆法，學者師慕，篆籀中興。然頗排斥許氏，自爲臆說。」

徐鍇《說文繫傳·袪妄篇》曰：「《說文》之學，久矣！其說有不可得而詳者，通識君子，所宜詳而論之。楚夏殊音，方俗異語；六書之內，形聲居多；其會意之字，學者不了，鄙近傳寫，多妄加聲字。篤論之士，所宜隱括；而李陽冰隨而譏之，以爲己力，不亦誣乎？」

案陽冰書不傳，散見於二徐書中者，尙數十條。今錄其最奇佹者如下：

弋，質也；天地既分，人生其間，形質已成，故一二三皆从弋。毒，从屮毋出；句地之盛从土，土可制毒，非取毒聲；毒，烏代反。斲、折各異，斲，自折；折，人手折之。侖，从亼冊；亼，古集字。品，象衆管如冊之形，而置竅爾。叚，从𡰥；𡰥，予也；匸，器也；又，手也；手持器，爲求之於人，人予之也。皮，从又持皮。叀，墨斗中形，象車軸頭叀墨之形；上畫平引，不从屮也。厶，不公也；重厶爲幺，會意，非象形。竹，謂之艸，非也。主，凵象膏澤之气，土象土木爲臺，气生火之義，會意。昳，倉頡作字，無形象者，則取音以爲之訓；矢引則爲矤，其類往往而有之，矣字是也。木，象木之形；木者，五行之一，豈取象於艸乎？日，古文正圜，象日形，其中一點象烏，非口一；蓋篆籀方其外，引其點爾。尗，父之弟爲尗，从上小，言其尊行居上而已小也。𠂤字，从卩而生；一重爲卩，二爲𠂤，三爲𠂤。豸，从肉力。狀，象形之中，犬字象似文之尤者，故狀从犬。州，三ㄐ爲州。龍，右旁反𠦝弱，象夭矯飛騫形。非，兩手相背也。𡍮，从卯，卯時人不臥。午，五月筍成，竹之𠦝枝出地。

張參，唐玄度。

林罕《字原偏傍小說》序云：「大曆中，司業張參作《五經文字》三卷，凡一百六十部。其序略云：自非經典文義之所在，雖切於時，略不集錄，以明爲經，不爲字也。」開成中，唐玄度以《五經文字》有所不載，復作《新加九經字樣》一卷，凡七十六部。其序略云：「有偏傍上下本所無者，纂爲雜辨部以統之。然九經所有之字，即加訓切。況是隸書，莫如篆意；其字注解，或云《說文》者，即前來兩《說文》也；或云《石經》者，即蔡邕於國學所立《石經》也；或云隸省者，即隸減也。」

案前來兩《說文》，一卽上文所云：「太尉祭酒許愼，取字形類，作偏傍條例十五卷，名之曰《說文》，頗有遺漏者也」；一卽上文所云：「唐將作少監李陽冰，許氏《說文》，復加刊正，作三十卷，今之所行者是也。」據此，是少溫以後，兩本並行，唐本《說文》所以不可盡信也。

孫淵如刊《說文》序曰：「張參、唐玄度不通六書，所引不爲典要。」侃案：如林罕言，則張、唐所取《說文》，兼雜許、李，不通六書之咎；非必當人自負，疑皆陽冰累之也。王筠《說文釋例》云：「《五經文字》、《九經字樣》兩書所引《說文》，近人以其爲唐本也，往往信之，以改今本。然不可信者居多，謹分別說之：其可信者，《五經文字》之𡨄、𥨍、冪、虋、案不可信。帑、案不可信。繼、仝、案不可信。我、繭、跨。案不可信。其不可信者，犨、龔、柴、寂、辥、夊、夂、襾、旁、盍。《九經字樣》之可信者，焜、案不可信。闢、案不可信。畏。案不可信。其不可信者，亲、桼、扑、筐、禮、忼、蛇、絢、轠、舌、高、兗、晨、參、鼎、要、夙、緐。大抵唐、宋人所引《說文》，或彼此不同，或一書而屢引不同，可知其時別本甚多，不歸一律。直由魏、晉以後，傳述《說文》者，不知爲說經之鈐鍵，而視爲雜湊之字書；故有許君不收之字，而以意增之者；不解許君之說，而以意改之，或以《字林》改之者。是以《爾雅疏》所引朮字說，陋謬不通，亦謂出自《說文》。然則張氏、唐氏所引，猶之此也，豈盡關其讀書粗疏乎？」侃案：蓑友猶未知張、唐之疏謬皆本於陽冰，遽加詆譙，遂令張、唐蒙冤於千載；若知皆陽冰所爲，則二徐之功可明，而張、唐之責可貸矣。

五季則有林罕，

罕有《字原偏傍小說》三卷。其序曰：「罕今所篆者，則取李陽冰重定《說文》；所隸者，則取《開元文字》。今以《說文》浩大，備載羣言，卷軸繁多，卒難尋究；是以翦截浮詞，撮其機要，於偏傍五百四十一字，各隨字訓釋；名之曰《林氏字原偏傍小說》。」鼂公武《郡齋讀書志》曰：「唐林罕譔。凡五百四十一字，以《說文》部居，隨字出文，以定偏傍。其說頗與許慎不同，而互有得失。邵必緣進《禮記石經》，陛對，仁宗顧問：罕之書如何？必曰：雖有所長，而微好怪。《說文》歸字，從堆，從止，從帚，案當云：从自，从止，从婦省。以堆爲聲；罕云：從追，於聲爲近；此長於許氏矣。案追亦从自聲，何必改作，罕、必均謬也。《說文》：哭，从吅，从獄省，案當云：獄省聲。罕乃云：象犬嘷，此怪也。有石刻在成都，公武嘗從數友就觀之，其解字殊可駭笑者，不疑好怪之論誠然。」

徐鍇。

《說文》至今日，猶得見眞本之功，斷推二徐。而楚金書先成，其書有《通釋》三十篇，釋《說文》本文十五篇。《部敘》二篇，釋《說文》部次之意。《通論》三篇，釋常見要字，推其造字之意。《袪妄》一篇，糾正李陽冰。《類聚》一篇，取《說文》字義同類者釋之。《錯綜》一篇，體倣《繫辭》，最爲無謂。《疑義》一篇，記《說文》逸字，及與小篆有異諸體。《系述》一篇。是其自敘。今本《通釋》，闕弟二十五卷，即十三篇。宋鈔本以大徐書補之。其全書，則宋人如尤袤、王應麟已云其斷爛難讀。又楚金所釋，微傷於繁冗；故盧抱經與翁覃溪書，譏其牽強證引，改竄經典舊文以從己；又譏其引書，多不契勘，甚且人人所誦習者，而亦舛互相仍；又其分疏音義，多可疑，其引經史，亦多失其本意。其掊擊楚金，可謂至矣。然今世所傳《說文》，僅二徐本，足以校大徐者，亦惟小徐。如大徐本：福，祐也；小徐作備也，祜爲上諱，必爲訛字。𦥯字下，大徐云闕，小徐本云，家本無注，楚金疑爲許冲之言。此皆有益校勘。又形聲、讀若，多於大徐數百。如開卷元字，大徐本云，从兀，小徐引俗本有聲字；瑞，大徐本云，从耑，小徐引俗本有聲字。此類皆經大徐疑以爲聲不通，而妄去之。小徐雖未嘗不疑，見《袪妄篇》。而猶不敢輕刪；此則有益於吾輩研究古聲韻者，甚大也。

宋則有徐鉉，句中正，葛湍，王惟恭等。

宋雍熙中，徐鉉受詔與句中正、葛湍、王惟恭等校定《說文》，今所行三十卷本是也。其表略云：許慎作《說文解字》。「而隸書行之已久，……加以行、草、八分紛然間出，反以篆、籀爲奇怪之迹，不復經心。至於六籍舊文，相承傳寫，多求便俗，漸失本原；《爾雅》所載艸、木、魚、鳥之名，肆意增益，不可觀矣。諸儒傳釋，亦非精究小學之徒，莫能矯正。李陽冰刊定《說文》，……頗排斥許氏，自爲臆說，夫以師心之見，破先儒之祖述，豈聖人之意乎？……篆書堙替，爲日已久；凡傳寫《說文》者，皆非其人；故錯亂遺脫，不可盡究。今以集書正副本及羣臣家藏者，備加詳考。有許愼注義、序例中所載，而諸部不見者，審知漏落，悉從補錄。復有經典相承傳寫，及時俗要用，而《說文》不載者，承詔皆附益之；以廣篆籀之路，亦皆形聲相從，不違六書之義者。其間《說文》具有正體，而時俗譌變者，則具於注中。其有義理乖舛，違戾六書者，並序列於後；俾夫學者無或致疑。大抵此書務援古以正今，不徇今而違古。……又許愼注解，詞簡義奥，不可周知；陽冰之後，諸儒箋述，有可取者，亦從附益。猶有未盡，則臣等粗爲訓釋，以成一家之書。《說文》之時，未有翻切，後人附益，互有異同；今並以孫愐《唐韻》音切爲定。」

錢大昕曰：「《說文》傳寫已久，多錯亂遺脫。今所存者，獨徐鉉等校定之本。鉉等雖工篆書，至於形聲相從之例，不能悉通，妄以意說。如《說文》：代、絰、配、卦、嘆、篋、隸、轘、熇、犟、能、兌、弼、訴、贛、移、虔、駮、㕧、輅、路、韉諸字下，徐皆致疑。其他增入會意之訓，大半穿鑿附會。王荊公《字說》，蓋濫觴於此。」

孫星衍曰：「漢人之書多散佚，獨《說文》有完帙。蓋以歷代刻印得存，而傳寫脫誤亦所不免。大氐一曰已下，義多假借，後人去之，或節省其文，或失其要義，或引字移易，或妄改其文；俱由增修者不通古義。賴有唐人、北宋書傳引據，可以是正文字。今世多深于《說文》之學者，蒙以爲漢人完帙僅存此書，次第尚可循求。倘加校訂，不合亂其舊次，增加俗字。唐人引據，多誤以《字林》爲《說文》；張參、唐玄度不通六書，所引不爲典要；並不宜取以更改正文。後有同志，或鑒於斯。」

說文說解常用字

隸複篆者，二字、三字聯爲一名者，象字、从字以下之文，及引經讀若之文，皆不計。唯據說義之詞。一曰義所用字，亦錄焉。

一畫

一一上丨十四下

二畫

人二八刀十九七一上力三上又卜入四上匕丂五上几六下乃马七上丁九下

三畫

上也下已大山川子三寸小口弋士女一上曰才久及亡二下丩土叉三上工弓三下宀于四上幺刃千亏五上廾亼五下夕七上巾七下卪九上丸九下丈凡十下孔十二上

四畫

太分天化王之囟以文引內夫少水日月止曰不反五中仁方孔尺公火气一上木井刈斗一下犬父牛毛介弔二上从隨字注互升切戶匹心手三上爪友殳六仇牛爻三下子四上予四下比瓦尤五上巴丹五下

斤上六　亢下六　允上七　帀下七　尹氏仄什仆上八　欠下八　厄上九　壬丮下九　开上十一　无㳄下十一　攴上十二　卬上十三　勻上十四

五畫

乎出主石司古外可玉半弁白甲生皮布田禾母令甘冬平目未本瓜且下一　必四去上二　乍回加市
示牙下二　皿犯、北央世代用召巧司失斥奴上三　矢弗卯正下三　氐左右民穴上四　玄付汁孕扔刊下四　矛上五
申丘末兄下五　弘囚札上六　功下六　旦禾幼上七　仕下七　仙尻上八　氾上十一　巨下十一　戉上十二　先甾印下十三　句史上十四
戊下十四

六畫

地成至吉安、祀死合先多肉㒸行有而再自光朽好似圭色充耳兆如列次西丱百在朿名羊江
卉血冰芳艾衣下一　件朴全舌夷曲吸吐妄吒危屵上二　延老臼企下二　幷年早汎共州扣羽竹上三　汗瓜
劣聿戌汲刑交下三　匡仰牟亦伊汚卵上四　叒戌刓耒伐牝下四　米曳匄上五　池缶下五　回上六　后汝下六　休上七
字守舟吕屰网下七　伉仿因伍扱考上八　吁下八　伏上九　扞下九　伒灰上十　役匠忩下十　邙汙汏汛上十一　任㕁
弛下十二　糸上十三　虫下十三

七畫

初見助戒門告求旱辰•社忌折技赤囩君車兵抒弄系囪巫杠皃上一　形豆芓辛忘作李束亨牡杜

豕秀貝沇更下一 別言余足完牢角尾吼泣宋吹我含吟吞走低步狂却上二 均邑迅住下二 材志快臣
肖壯何男身攻上三 防孚杖改廷敀收弟灼下三 坐但鬲伯孝上四 伸叔坑里判把巵下四 佮局上五 攸皀吳
玐芒灸下五 杅杞杇极上六 邦利甸扶谷狄沁邪汾汪沙妘姒圻下六 旰決阱上七 抉坎刜下七 佛妙何克
佚妗徂災私上八 禿吮下八 妍百上九 巡序豸下九 良吠豣沃上十 吾困佞下十 汶刪岐沛沈沂沒底夾冷上十一
忮投上十二 妊姆兑妗妒匣下十二 芈庇上十三 卵阪阬址刧下十三 冶上十四 阨泡泛下十四

八畫

始於物治者底所事受享宗命近雨具姓其明服往居知釆虎長佩金弦昀青政或使奉枝果林
芞芙宜味兎帚庚狗茇昌芙芪房表附刷芥茐厰拔下一 兩兒泣咀呼定岠呻戾咆促泥卒直易上二
來迎武卑取下二 阿蚪東和叕爭妾承玩弩拊炊空上三 沸拖法制逴乖枒屈朋刺放坼効下三 畀肥枚
周依卓刿隹牧羌乳上四 罔咎肩股府屄肴析刮刻抵兕下四 卦牀亟肉盂上五 即芬芳供舍況拘帖下五
柹枏杶枋枌松杪夜茉杭料枙斧的上六 枉炎厔京官河叔邵沛孟昊下六 尙姓狎注披宜昔協季上七
宛固疝庖枕帛帗帙下七 性非奇佽侍拙佳刳上八 併佽泄昆下八 岳到忽上九 岱邳岸匡建狐下九 狌炙
苣上十 兔併邪幸怓忿怯下十 宕波沮羌沾泗沱泜坻陂沬杼泔例上十一 祈下十一 叵拈拓拉上十二 姑妻
芟拙匋下十二 抽育上十三 沓委穹上十四 自坡阻季坺下十四

九畫

垂神祜䄆爲附祖後食祠春品祝風疫星殃故奏牲美勇相若首冒冠信英胡厚香苗枲枲韭染
馬拜苺毒卷苦苓茅盆莞南萜烏秋朐芽柱茗茂垂耑茇陊屋苫屏重亭莘一下 徐前柔很咽急皆
苛怒恨哀勁度剌宣二上 是逑迫待律逑指二下 約促施思咨軍音宮革版持昧三上 耎室柄恆拭拾界
飛帥面迮臿侮侵敂研三下 眂省眄盾臥洛甾背幽烏畐四上 殆胎柩疫枯胝俗胄挺挑昵剄契便四下
爰矜負竿苑帝拊虐五上 客郊垣屑要五下 枸柏限柙斫枷怫柯柷削枼六上 計恃羿封姜城陌牁洧
郝六下 虺紀宋禹秭七上 珍姦洞祏突咼疥胝罜冕七下 威昂庭並俠傳保㚇怱衽袂衿垢眉八上 科按九上
狩癸泉珊拏彖九下 皇奔狡咳畏炭㒵炮祓哂十上 彼怠十下 泂洵郅郁津洿盈洝洒砂十一上 虹哆十一下
閃拱桐柬扺括係拏十二上 姬紂十二下 扁紆胆禺十三上 瓴埽十三下 型相柲酋十四上 突炳恤抴十四下

十畫

高時致祥眞夏除師恐氣害朔㘥陛剡起桓侯秩珠海逡問桂茬根臭浮茿桃留蚍蚸席缺直扇
茈茹苦莱莖桑益耕病茨胞茱衰芻飢荒柳茸倒冥一下 畜特息牷純骨秦晉笑疾悟閉訊容烏能
留二上 迨逐逃追迹徑差跛二下 穿捕致書訓徒恚勉訏流討恥怨三上 韋索釜盉粉殺紛指矩家借
記振剛素鬼剝毀三下 旁財涓眣眙俱翅倉射羔牂羖隼砥弱剖哺四上 捐脂剔胸胻消劙破砭畝稅

侻下四 堂梃奚降旅訖哮嗌涂上五 秬酒飢倨紐下五 條栗冢栟栩桐栭枅粱帳案桍柴栝捋柧桎荆上六
垸殷原郡茫下六 埃施兼函荆倚秧租秙上七 配瓜託凍脈耗紞冢罡帬被衰下七 宴倡俾務菲袍袖袥
展祖上八 剡笄乔下八 泰草脊校唐虒陵脩豹狠下九 胯乘孫健貉狾烝夷烓延上十 莽朗悁悔悑辱下十
虒浪浸浚貢陘涑浲涌窋郢浙上十一 蚌狨耆下十一 紘拳捫絜搋捉搞挹挨捈上十二 酌格悍逆瓶下十二
茜核畢蚚蚍蚊敖上十三 烈臬畔桓下十三 軓紡上十四 陗倪陋逆邑菱下十四

十一畫

惟造祭祟豚設雪盛裖祴視理專釭執終帶陰通旌莖鹿麻麥荷莞商魚寄宿婁從莎莪彗陵細
旋乾梅斬堊荼推陳下一 衆逐庶悉牻脣閑頂牽張敕啗液野閉唬開密深窒悟欲動惜異閔陷窑
教訟淺側雀基上二 處恭習逢徙衺脛參跀符國下二 訥孰常敕救候羞婦眼罪責望尉累匏竟接翊
械爽上三 勒鬲涫涼褎連率掃姝春軛下三 眦眵偏脥捎猛淮扈婬規泰廁蛇崑崙鼔皐截專探敗產
啖脯掊隿屠下四 笢笘萬粗笥栝笭棒笠笞巢郭康陶彪上五 粒晝貪崇巤下五 棟梓桵梠莢桷梳斛帷
梱棁船梡梏掩上六 貨陸副庸銜馮淸涿姬曼淯琅琊莒下六 晨莫晞晦章翌惕移間掘上七 庡速貧族
痍帳兜罟笱釣部赦笮紳帳紩下七 聊倚偕假奢頃措敍彩帴組毫上八 欷下八 莊都宰寇上九 陬娶崩
崟陼絆梠下九 唯偃貶御上十 敏啁下十 崏涪揵淇雩鄹混䏰浼渚埤涉涸淅渼茜淥上十一 袤鹵聆訪將

排捽掇梩上十二 婗婚婢偰婉婣訬偋婁偶匿埴弼下十二 犅紺絨戚紲緻紬紼紹上十三 蛞畦下十三 堵
庳上十四 陑陝斂崖冤淫殹甜下十四

十二畫

無象圖善提徨詞疏温舒揚智絜圈琬朝犂琮冕華奞黑答雲菌粟菜菊莡堇菅萑黃渝盜喙陽
莿須梨萎萌葟萋菸禽酢菹補喪菲復發下一 然曾幾畫極圈滋喘喜尊謗飯訶喔趁等渡進超距
越徧上二 循登就窘順竢街跌堅甃尌跋跛寒㝐結下二 報猶証痛詐欺絕悲絲給鼓捷竦棊瓠舜上三
量軸掖毳絡煮湯飪逮椎楺短颩綺詆椌敜捶下三 童鈍晞寐翕惑握猒翔棺喬稀雄勞割逸鳳飲
盜焦鳩渴皃上四 游惛景戢腓殖殍創裂腊裁減揮鄉下四 筳棼筥敍筶黍筊絮貫巽貳彪虛壺上五 桴
餅躰買桼辜下五 棗棠椐椁菆棣楮隅楝郵棧棚筐階棓博棱椑上六 覃棨富貸貰貿貴庾鄂惠犍下六
皓晚期旐幅詔敦紫稌稛稈程傳上七 勝椒揆窖評粢跛奠詈惻幝觚萊下七 最尋傲堯偉愉隋菲
準上八 詟詠惄唾項下八 豚䑠訹上九 湔雁嵎荑筆娫下九 馳确㝐晳皴上十 觚掌稍愊賀惶下十 焞渠涓隆
淵孱湘費嫣湡湝湛喂湨上十一 脂下十一 番扉揗援搗上十二 壻媞鈞㕑瓿下十二 詘湅稍翆絓絞蛭毒強
腴跌筍蛩茯上十三 蛛棲塀筋下十三 凿淳插銑戔軨軺報軥上十四 隊隄隈鄐幅揆酌㴉下十四

十三畫

十四畫

蜬境鄠趙下六 旗熊瘻蜩蝻鼎漸銓稷熬上七 蒜寬寤窬厭瘍瘧瘉銖漁寡毀罵領裳幔幕嶚弊幣棡
際下七 僭嫺遜遞寠褗上八 彰肅奪上九 維綱銅摘竭貍睡蜥下九 嗾蜼網上十 嫚駔慨數褊駑下十 塾灑漾
澗漆漏溉滴漚滎盡銀上十一 零翥下十一 隟疏樞摧閱槭槿摹戟摺鞅敲上十二 嫗嫪魁匱鮩瑳下十二 綺
緒徽敹綬褕線彄緁易蜩蝀上十三 隙墊滯隔塹塵壢墓甥下十三 鉼綦銚槍銖鋋瑣鋈上十四 障擿䤈下十四

十五畫

履潔廟數縣縈樂餘德銳魯璋諸節篋塡墊舞穀實駭憂蔆漢暮蓼蔓養廣編瘞下一 晉犛噍㱃誰
寫詻遮嘆緣窮僵窳頡上二 賣齒踝踐趣踤踞調下二 論諍慮審餔慸誹嬈徵徹賦愨樊上三 輨鞍琦賤
戮撫下三 暫蔽稷鴝翬鴡輩鴐鋪蔞鴞鴟上四 撮賓澌髮瘢膗蔡下四 箭箸膚篇箠箴箹耦稽上五 稻麵
澆嘰熱餓漿稼截縕磔下五 輪遨榑樣劉監輞標摩樀槾匱樓上六 慶增賜質厲鄭潁鄧潧沓下六 麈幢
鋒盤嘾魅稾億適潰糕糗麩上七 練墜瞑毆劇罷慧塗幟賓韎箴幡下七 儀儋緩僻醉僵儥褓寑緶黎
撚上八 慕頷下八 戲髮鄙上九 廡廚糟蔭廦墮磑豬蝘下九 駣廄獟蝬熠熟墨上十 廢儇憭憎憯下十 膝潛震
潘上十一 銷甥霓蝦紛下十一 輜墉撓撣上十二 緊嬌誘撟甌下十二 緵締幟緘緧彈縕緝蝮蝨蝎蝤蝓上十三
蝗閶墣下十三 膠瑩鈲鋝翦撐輜瞰輢輨範輓上十四 磊隩虢毚犨褭醇牆下十四

十六畫

謕燒燓燎親蕝營礫謂遺譯鰓橈璠瑾斂圜蕈蕪蕾頭藻冀蕪積擇蕘器下一　辨壁徼彊橫謀諾導

歐噴歎激獨踶遲擧機上二　遷踰遼衞噬踵踴下二　錐謁諷曉諭燕諫諸靜謫訣駭譌諡縣鋸上三　衡縛

頸甑轂下三　瞥盧緻瞋瞭翰奮瘦鴻頜鵃鴟駮雕蹂雔上四　據骹頷頰膳下四　篝篪麓甌澡凝上五　築餟

錢鍵橐下五　橘橙檟輮散樹樞闌橛錤樸緯樸橋橦亭上六　廩豫辥鄰下六　闇錯牖穊瓾穅穄穀檠上七　廖

遂下七　學熾鬊穆隨穀鞏豎縑選上八　窺歔下八　橈墳上九　猳下九　駿縞虩濁上十　縊闊賴下十　黔館遵黕霑

澱上十一　頻澮遶激霖鮎鮀鮏下十一　撻擿上十二　諟懈縻罃下十二　縈螘蠊上十三　螟擁下十三　錫錠罄錮劑輮

輻壇輸蕃上十四　險墼醞餟下十四

十七畫

禮霜燧聲壁環龍鮮禦薔輿縻薢爵薍熕牆薊薉薄薦薪糞總下一　鮮蹇謌麋趨蹈蹋上二　還縱避

斂隱糜獵壖下二　繩謗膽戲上三　斀縷韇膺鍑鍵擊繆錘臂繇龜下三　翳戴闉翼翺鴟鴿雖遽犢蹏嚳濯

龠鵝上四　戰諱贅醢蠅鞞下四　簡繼簣簁糠騎鍪上五　鬭縫擣下五　櫛櫂櫚糊鞠檐藙薵鎡甓錄上六　縮償

謝盞嶽濟鮦融下六　虧鄝闓獲穗螭黏糝上七　瘤幬鍪邀橡襄下七　醜褔隸點上八　騑獳謌下八　頤聰鹹鬆

縹上九　儲蹏下九　縶鼢蟄燬燥燭上十　薄下十　灘濡澂繅盪轂上十一　霂應頸鮥鯍鮪鮦下十一　擠擢上十二　嬥下十二

縛雖繁鍼罍績擘蟥螯螽螻蠕謠上十三　藁蝨磽下十三　鍾鍱鍤鍥壓翮轄上十四　谿齧下十四

十八畫

癘禱歸興瓊叢鼇職鷄藋雛蕭覆雜藉斷鎬下一 聶蹠竈躍識上二 䰛擷下二 繚謬擾謫上三 鞮鞥墒下三
臨鵙雛雝雙鵲蟲騎上四 髀醬鎌穢舊觴下四 闕簪蟣奠魏簦簣鞭齋豐上五 韓餱糧瀋蕹下五 聯繙繒
聲權上六 轉魏顓下六 壘纍穡覆上七 縈題竅禪幭織下七 裏點蟠上八 屩鎧瞻闕顏嘎下八 鬈上九 藁磬豵貙下九
臍嬰燿上十 懟濾懿懲下十 巂黟瀆濫霤瀾上十一 鼈鯉鰻羲下十一 繑上十二 鮍下十二 繞襜繟鞣蟥蟜蟬蟟上十三
鎔鏄鎧上十四 醪醽下十四

十九畫

類贊讀醫羅櫟藏薺藥黨藩邊藍蘆豬獸羹櫟下一 騋謹辭譁上二 難斷蹴蹶蹲下二 歠識讀譖譊上三
繡繁繫鶩鶩繹願麗靡下三 鏟繳穎鶌鶡上四 礙覈顛蟹鏤鯶繫纑下四 簿簾鏡騶簫籔上五 蘷櫜下五 檻
櫝上六 廬隴懷下六 穫耩上七 犛黼下七 穤贈上八 壞歠下八 顚鬍鬊璽上九 鏃下九 麒獺夔上十 瀙瀨濃上十一 鯕下十一
藝下十二 繭鬆蠆上十三 蟲巃下十三 御鏠轅上十四 墟下十四

二十畫

寶藻難藿蘇蘁馨觸麠趯上二 斅齛下二 議譟競鐘警上三 騶鶩覺下三 鶻雒上四 爛膊鬻饗下四 籥饒鐙蘖
饑饋嚳魖下五 欄櫨檮籑牘上六 譯寶贏下六 犧籍纏下七 譬上八 鬍鬆繼上九 鐵贇下九 麛竇上十 瀿蘭鐔上十一

二十一畫

二十二畫

二十三畫

二十四畫

二十五畫

二十六畫

觀蘸讙上二 髗躡鬭闠下三 鬱下四 饟下五 孿蠻驢上六 韈上八 顱齺鬢上九 礹下九 鱯下十一 髕下十四

二十七畫

醫鑴鑼韉上十四

二十八畫

鬱驩上十二 鑾上十四

二十九畫

鑿上六 韉鸛「驪上十」

三十畫

「戇」爨上八 爨上十 鸞上十四

三十二畫

鱻下十一

三十三畫

麤

音略

一、略例　二、今聲　三、古聲　四、今韻　五、古韻　六、反切

一、略例

今聲據字母三十六，不合《廣韻》；今依陳澧說，附以己意，定爲四十一古聲無舌上、輕脣，錢大昕所證明；無半舌日，及舌上娘，本師章氏所證明；定爲十九，侃之說也。前無所因，然基於陳澧之所考，始得有此。

古聲既變爲今聲，則古韻不得不變爲今韻，以此二物相挾而變；故自來談字母者，以不通古韻之故，往往不悟發聲之由來；談古韻者，以不憭古聲之故，其分合又無的證。清世兼通古、今聲韻者，惟有錢大昕，餘皆有所偏闕。此所以待今日之補苴也。

四聲，古無去聲，段君所說；今更知古無上聲，惟有平入而已。

陰陽對轉，戴君所啓發，孔廣森亦遵用之，而不能配合《廣韻》。又陽聲配入，如東、董、送、屋。自來無誤；而陰聲配入，如之、止、志、職。自《切韻指掌圖》以來多誤，雖江永不免。今用戴君之理，列爲今音七十二類對轉表，此亦古所無也。

古音通轉之理，前人多立對轉、旁轉之名；今謂對轉於音理實有，其餘名目皆可不立；以雙聲疊韻二理，可賅括而無餘也。

凡所祖述諸家，約舉之如左：

宋鄭庠，明顧炎武，清江永、戴震、錢大昕、段玉裁、孔廣森、王念孫、嚴可均、陳澧，及我親教大師章氏。余幸生諸老先生之後，開其蔽矇，而獲得音學之定理。施於政學，或足以釋疑定紛。其有潤色，以俟當來後世知音君子。

二、今聲

僧守溫三十六字母如左：

見、溪、羣、疑、（牙音）端、透、定、泥、（舌頭音）知、徹、澄、娘、（舌上音）邦、滂、並、明、（重脣音）非、敷、奉、微、（輕脣音）精、清、從、心、邪、（齒頭音）照、穿、牀、審、禪、（正齒音）影、喻、曉、匣、（喉音）來、（半舌音）日。（半齒音）

依陳君所考，照、穿、牀、審、喻，應各分二類；而明、微合爲一類。（據《廣韻》反切上一字考得之。）侃以爲明、微應分二類，實得聲類四十一。以喉、牙、舌、齒、脣自然之次，表之如左，並附發音之法：

今聲四十一類表（據《廣韻》）

類	聲類	清濁	開齊合撮	例字	發送收
喉音	影	清	開齊合撮	埃	發
喉音	喻	濁	齊撮	怡即影濁	發
喉音	（爲）	濁	齊撮	矣上作平	發
喉音	曉	清	開齊合撮	咍	送
喉音	匣	濁	開齊合撮	孩即曉濁	送
牙音	見	清	開齊合撮	該	發
牙音	溪	清	開齊合撮	開	送
牙音	羣	濁	齊撮	其即溪濁	送
牙音	疑	濁	開齊合撮	皚	收

舌音

	端	透	定	泥	日	照	穿	(神)	審	禪
	舌頭				半齒	舌齒間音				
	清	清	濁	濁	濁	清	清	濁	清	濁
	開合齊撮	開合齊撮	開合齊撮	開合齊撮	齊撮	齊撮	齊撮	齊撮	齊撮	齊撮
	懛	胎	苔(即透濁)	能	而	之	蚩	示(去作平即穿濁)	詩	時(即審濁)
	發	送	送	收	收	發	送	送	送	送

	來	知	徹	澄	娘
	半舌	舌上			
	濁	清	清	濁	濁
	開合齊撮	開合齊撮	開合齊撮	開合齊撮	開合齊撮
	來	䶩	扠	膺(上作平即徹濁)	掜
	收	發	送	送	收

齒音

齒頭				
精	清	從	心	邪
清	清	濁	清	濁
開齊合撮	開齊合撮	開齊合撮	開齊合撮	齊撮
哉	猜	才（即清濁）	腮	詞（即心濁）
發	送	送	送	送

正齒				
（莊）	（初）		牀	（疏）
清	清		濁	清
開齊合撮	開齊合撮		開齊合撮	開齊合撮
齋	差		柴（即初濁）	諰
發	送		送	送

脣音

重脣			
邦	滂	並	明
清	清	濁	濁
合撮	合撮	合撮	合撮
擺	姤	排（即滂濁）	埋
發	送	送	收

輕脣			
非	敷	奉	微
清	清	濁	濁
撮	撮	撮	撮
非	妃	肥（即敷濁）	微
發	送	送	收

內有括弧如（　）者，今所定。發、送、收，示部位之高低；清、濁，表勢力之大小，用力輕爲清聲，用力重爲濁聲。大概發聲，有清而無濁；收聲，有濁而無清，但收音必助以鼻音。

今聲發音法

《音學辨微》江永著。有辨七音法。茲綜合錄之如左：江說下附江字。

喉音　音出中宮。侃案：此不了然，當云：音出喉節，正當喉節爲「影」「喻」「爲」；（喻、爲卽影之濁音。）「曉」「匣」稍加送氣耳，諭之自知。後仿此。

牙音　氣觸牡牙。牡當是壯字之誤。然亦不了然，當云：由盡頭一牙發聲，「見」是也；「溪」「羣」稍加送氣而分清、濁；「疑」卽此部位而加用鼻之力；非鼻已收之音。

舌音　據近所分，有五種：

舌頭音　舌端擊齶。此又小誤，當云：舌端伸直直抵齒間，「端」是也；「透」「定」稍加送氣而分清、濁；「泥」卽此部位而用鼻之力以收之。

舌上音　舌上抵齶。此當云：舌頭彎曲如弓形向裏，非抵齶也，「知」是也；「徹」「澄」稍加送氣而分清、濁；「娘」卽由此部位收以鼻之力。

半舌音　原注泥字之餘，舌稍擊齶。按泥餘是也；半舌者，半舌上，半喉音也；然古音實卽舌頭加鼻之力而助以喉音。

半齒音　原注娘字之餘，齒上輕微。按此禪字之餘，非娘餘也；半齒者，半用舌上，半舌齒間音，亦用鼻之力收之。

舌齒間音　江所未解。今云：舌端抵兩齒間而發音，音主在舌不在齒，然借齒以成音，「照」是也；「穿」「神」「審」「禪」皆稍加送氣而分清、濁；無收聲。

齒音

齒頭音　音在齒尖。當云：音在上齒之尖，「精」是也；「清」「從」「心」「邪」皆稍加送氣而分清、濁；無收聲。

正齒音　音在齒上。按當云：音在上齒根近齗處，舌尖抵此而成音，無須乎下齒，此與齒頭音之大別；「莊」是也；「初」「牀」「疏」稍加送氣而分清、濁；無收聲。

脣音

重脣音　兩脣相搏。江:「邦」是也;「滂」「並」稍加送氣而分清、濁;「明」則收以鼻之力。

輕脣音　音穿脣縫。江:「非」是也;「敷」「奉」稍加送氣而分清、濁;「微」則收以鼻之力。

官音正誤　官音者,今所謂普通之音也。其誤尙爾,則方音可知。

影無誤。　喻無誤。　爲無誤。　曉無誤。　匣無誤。　見無誤。　溪此字官音或讀爲曉母,然全母無誤。　羣此音上、去讀爲見之濁,誤;南音讀爲溪之濁,不誤。　疑北音或讀同喻;南方土音不誤。

端無誤。　透無誤。　定北音上、去讀爲端之濁,誤;南方讀爲透之濁,不誤。　泥或讀从喻母,或讀从娘母,皆誤。　來無誤。

知或讀從莊母,誤。　徹或讀從初母,誤。　澄或讀從牀母,誤。北音上、去聲讀從彼之知之濁,誤;南音讀從此之徹之濁,大體不誤。　娘或讀從喻母,誤;或讀從泥母,亦誤。

日或溷入禪母,誤。　照或溷知母,或溷莊母,皆誤。　穿或溷徹母,或溷初母,皆誤。　神或溷禪母,或溷牀母,皆誤;其上去聲北音溷彼之照之濁,誤;南方溷此之穿之濁,大體不誤。　審或溷疏母,誤。

禪或溷神母,誤。

精或溷見母,誤。　清或溷溪母,誤。　從其上、去聲,北音讀爲彼之精之濁,誤;南音讀爲此之清之濁,不誤。　心或溷曉母,誤。　邪無誤。

莊或溷精母,或溷知母,皆誤。　初或溷清母,或溷徹母,皆誤。　牀或溷從母,或溷澄母,皆誤;又上、去聲,北音讀爲彼之莊之濁,誤;南音讀爲此之初之濁,大體不誤。

疏或溷入審母,誤。

邦不誤。　滂不誤。　並北音上、去聲讀爲邦濁,誤;南音讀爲滂濁,不誤。　明不誤。

非（不誤。）　敷（多讀從非母，誤。）　奉（讀之不了，似非濁，又似敷濁，大誤。）　微（多溷喻母，大誤。）

三、古聲

古聲數之定，乃今日事。前者錢竹汀知古無輕脣，古無舌上；吾師章氏知古音娘、日二紐歸泥。侃得陳氏之書，始先明今字母照、穿數紐之有誤；既已分析，因而進求古聲，本之音理，稽之故籍之通假，無絲毫不合，遂定爲十九。吾師初不謂然，後乃見信；其所著《菿漢微言》，論古聲類，亦改從侃說矣。今列十九之名如左方：

喉音

影　此本聲。（凡本聲古、今無變，譬如今日字讀影母，古音亦必讀影紐也。）

每類各舉本韻字一，變韻字一，示例。（本韻、變韻之說，後詳之。）

阿（烏何切。）　烏，影類字，古同；此在本韻，故古音與今全同。

猗（於離切。）　於，影類字，古同；此屬變韻，故古聲與今同，而韻不同；若以猗字从奇聲求之，古音亦在歌韻，猗仍讀如阿；猗那或作阿儺，即其證也。

喻　此影之變聲，今音讀喻者，古音皆讀影。（凡見反切改讀古音；若變聲，則上一字當改本聲類字；若本聲，則上一字不須改。）

移（弋支切。）　弋，喻類字，古音當改影類；屬變韻，故此字古與今聲韻並不同；若以移字从多聲求之，古音亦在歌韻，讀若阿；黟，亦从多聲，而讀於脂切，即其證也。

爲　此亦影之變聲。

爲遠支切。 此支字，借開口切合口，非常法；遠，爲類字，古音當改影類；屬變韻，以古詩用韻求之，爲，當在歌韻，讀如倭；逶之重文作蟡，即其證也。

曉 本聲

訶虎何切。 古今同。

羲許羈切。 聲同韻變，古亦當讀如訶；羲，从義聲，即其證。

匣 本聲

寒胡安切。 古今同。

閑戶閒切。 聲同韻異，古亦讀如寒；以古詩用韻求之，得悉。

右喉音，古音三類。

牙音

見 本聲。

歌古俄切。 古今同。

畸古宜切。 聲同韻變，古亦讀如歌；畸，从奇聲。

溪 本聲。

看苦寒切。 古今同。

褰 去虔切。 聲同韻變，古亦讀如看；褰，从寒省聲。

羣 此溪之變聲。 今音讀羣者，求古音皆當改入溪類。

蘄 渠支切。 渠變聲，支變韻，古當讀苦痕切；蘄當从斤得聲，又蘄之義，與芹亦通。

疑 本聲。

俄 五何切。 古今同。

宜 魚羈切。 聲同韻變；以宜从多省求之，知古亦讀如俄；俄，从我聲，讀五禾切；儀亦从我得聲，而讀魚羈；儀即宜同切字也，以此互證，宜之當讀俄益明。

右牙音，古音三類。

舌音

端 本聲。

單 都寒切。 古今同。

驒 都年切。 聲同韻變，古音亦讀如單。

知 此端之變聲。

邅 張連切。 聲韻俱變，古音當讀如亶平聲，亦即讀如單。

照 此亦端之變聲。

旃諸延切。聲韻俱變，古音當讀如丹，卽如單。

透　本聲。

嘽他干切。古今同。

靦他典切。聲同韻異，古音亦讀如嘽；靦，重䩄，故知在此韻。

徹　此透之變聲。

於丑善切。聲韻俱變；古音讀如嘽；於，从㫃聲，故知在此韻。

穿　此亦透之變聲。

闡昌善切。聲韻俱變，古亦讀如嘽。

審　此亦透之變聲。

羴式連切。聲韻俱變，古亦當讀如嘽；羴，重羶，故知在此韻。

定　本聲。

沱徒何切。古今同。

地徒四切。聲同韻變，古亦讀如沱；以《楚詞·天問》用韻知之。

澄　此定之變聲。

馳 直離切。 聲韻俱變，古亦讀如沱。

神 此亦定之變聲。

蛇 食遮切。 此卽它之重文，聲韻俱變，古亦讀如沱。

禪 此亦定之變聲。

垂 是爲切。 聲韻俱變，古音當讀惰平聲。

泥 本聲。

奴 乃都切。 古今同。

變韻無泥母 除上去聲。

娘 此泥之變聲。

挐 女余切。 聲韻俱變，古亦讀如奴。

日 此亦泥之變聲。

如 人諸切。 聲韻俱變，古亦讀如奴。

來 本聲。

羅 魯何切。 古今同。

囉呂支切。　聲同韻變；即羅之後出字，則古只有羅音也。

右舌音，古音五類。

齒音

精　本聲。

租則吾切。　古今同。

且子余切。　聲同韻變，古亦讀如租。

莊　此精之變聲。

菹側余切。　聲韻俱變，古亦讀如租。

清　本聲。

麤倉胡切。　古今同。

鴡七余切。　聲同韻變，古亦讀如麤。

初　此清之變聲。

初楚吾切。　聲韻俱變，古亦讀如麤；初且一義，亦一聲也。（且，又七也切，古音亦倉胡切。）

從　本聲。

徂昨胡切。古今同。

咀慈呂切。聲同韻變，古亦讀如徂。

牀　此從之變聲。

鉏士魚切。聲韻俱變，古亦讀如徂。

心　本聲。

蘇素孤切。古今同。

胥相居切。聲同韻變，古亦讀如蘇。

邪　此心之變聲。

徐似余切。聲韻俱變，古亦讀如蘇。

疏　此亦心之變聲。

疋所菹切。聲韻俱變，古亦讀如蘇。

右齒音，古音四類。

脣音

邦　本聲。

逋博孤切。古今同。

靶必駕切。聲同韻異，古亦讀如逋。

非　此邦之變聲。

甫方矩切。聲韻並異，古亦讀如逋。

滂　本聲。

鋪普胡切。古今同。

帊普駕切。聲同韻異，古亦讀如鋪。

敷　此滂之變聲。

敷芳無切。聲韻並異，古亦讀如鋪。

並　本聲。

蒲蒲乎切。古今同。

杷蒲巴切。聲同韻異，古亦讀如蒲。

奉　此並之變聲。

扶防無切。聲韻並異，古亦讀如蒲。

明　本聲。

謨莫胡切。　古今同。

蟆莫遐切。　聲同韻異，古亦讀如謨。

微　此明之變聲。

無武扶切。　聲韻並異，古亦讀如謨。

右脣音，古音四類。

四、今韻

今韻分析，宜據《廣韻》爲主。自《禮部韻略》而下，其分合取便考試；雖本唐人同用、獨用之例，而恣情合併，致聲韻之條由此泯棼，既不爲典要，則置之可也。《廣韻》雖二百有六，若按諸韻理，尚宜再分。《切韻指掌》之流，於平、上、去三聲分析，初不爲謬；而於入聲分配獨能分配陽聲，如東、董、送、屋。其以入聲分配陰聲，如之、止、志、職。不幸十有八謬。江氏《四聲切韻》，分合之律，並無定衡；其弟子戴氏東原，猶且因之以明異平同入之理。觀戴之所就，信已優於其師；而於聲類轉不若江之晰，亦短長相覆也。余以頑昧，少好斯業；竊居海上，日取江、陳之說紬繹之，因得明今韻之分類。其後吾友吳興錢夏，因之以成韻攝表，差有綱維，非同臆論。今卽依錢表，附以說明云耳：

錢夏韻攝表

攝	呼			韻母
(一)藹攝	開	泰一	夬一(卦)加括弧者，爲今通用韻(佩文韻)。	藹
	齊	廢一(隊)	祭一(霽)	緆
	合	泰二	夬二(卦)	噲
	撮	廢二(隊)	祭二(霽)	穢
(二)阿攝	開	歌哿箇(歌)	麻一馬一禡一(麻)	阿
	齊	戈(歌)	麻二馬二禡二(麻)	邪
	合	戈二(歌)	麻三馬三禡三(麻)	倭
	撮	戈三(歌)	馬四(馬)	肥
(三)依攝	開	○		依
	齊	齊一薺一霽一(齊)	支一紙一寘一(支)	
		脂一旨一至一(支)	之 止 志 (支)	
		微一尾一未一(微)		

合　灰賄隊（灰）　　隈
撮　齊二薺二霽二（齊）　支二紙二寘二（支）
　　脂二旨二至二（支）　微二尾二未二（微）　　威

（四）烏攝
開　○
齊　○
合　模姥暮（虞）　　烏
撮　魚語御（魚）　虞麌遇（虞）　　於

（五）謳攝
開　侯一厚一候一（尤）　　謳
齊　尤一有一宥一（尤）　幽一黝一幼一（尤）　　幽
合　侯二厚二候二（尤）　　裒（無喉音字，假借脣音字以表之，下同。）
撮　尤二有二宥二（尤）　幽二幼二（尤）　　彪

（六）爊攝
開　豪一皓一號一（豪）　　爊
　　肴一巧一效一（肴）
齊　蕭篠嘯（蕭）　宵一小一笑一（蕭）　　幺

合　豪二皓二號二（豪）　肴二巧二效二（肴）　襃 用脣音，下同。

撮　宵二小二笑二（蕭）　飆

（七）哀攝　開　咍一海一代（灰）　佳一蟹一卦一（佳）　哀

皆一駭一怪一（佳）

齊　○

合　咍二海二（灰）　佳二蟹二卦二（佳）　皆二怪二（佳）　蛙

撮　○

以上陰聲七攝（即純粹用喉音收韻者）。

（八）安攝 即阿攝之加鼻收韻。

開　寒旱翰（寒）刪一潸一諫一（刪）山一產一襉一（刪）　安

齊　先一銑一霰一（先）元一阮一願一（元）仙一獮一線一（先）　煙

合　桓緩換（寒）刪二潸二諫二（刪）山二產二襉二（刪）　彎

撮　先二銑二霰二（先）元二阮二願二（元）仙二獮二線二（先）　淵

（九）恩攝 即依攝之加鼻收韻。

開　痕很恨（元）臻 [illegible] 此韻惟此一字，是臻字之上聲。（眞）　恩

齊　眞一軫一震一（眞）殷隱焮（文）　因

合　魂混慁（元）　溫

撮　眞二軫二震二（眞）諄準稕（眞）文吻問（文）　熅

（十）鴦攝　即烏攝之加鼻帶齶收韻。

開　唐一蕩一宕一（陽）　鴦

齊　陽一養一漾一（陽）　央

合　唐二蕩二宕二（陽）江講絳（江）　汪

撮　陽二養二漾二（陽）　王 借用

（十一）翁攝　即謳攝之加鼻帶齶收韻。

開　〇

齊　〇

合　東一董送一（東）　翁

撮　東二送二（東）鍾腫用（冬）　邕

(十二)碚攝 即㷄攝之加鼻帶齶收韻。

開 ○

齊 ○

合 冬(湩)唯此一字，是冬韻之上聲。宋(冬) (碚)

撮 ○

(十三)罌攝 即哀攝之加鼻帶齶收韻。

開 登一等一嶝一(蒸)庚一梗一敬一(庚)

耕一耿一諍一(庚) (罌)

齊 青一迥一徑一(青)庚二梗二敬二(庚)

清一靜一勁一(庚)蒸一拯證一(蒸) (嬰)

合 登二等二嶝二(蒸)庚三梗三敬三(庚)

耕二耿二諍二(庚) (泓)

撮 青二迥二徑二(青)庚四梗四敬四(庚)

清二靜二勁二(庚)蒸二證二(蒸) (縈)借用

(十四)諳攝 即韽攝之加鼻音，亦即安攝之加鼻收脣音。

開 覃感勘(覃)談一敢一闞(覃)咸謙陷(咸)

銜一檻鑑一(感) ㊀諳

齊 添忝一㮇(鹽)鹽一琰一豔一(鹽)嚴儼釅一(咸)

凡一范一梵一(咸) ㊀懕

合 談二敢二(覃)銜二鑑二(咸) ㊀[illegible]

撮 忝二(鹽)鹽二琰二豔二(鹽)釅(咸)

凡二范二梵二(咸) ㊀[illegible]

(此攝，合皆是脣音。)

(十五)愔攝 即依攝之加鼻音，亦即恩攝之加鼻收脣音。

開 ○

齊 侵寢一沁(侵) ㊀愔

合 ○

撮 寑二(侵) ㊀禀 借用

以上陽聲八攝，即用喉音收韻，而加以鼻音，或更由鼻音而加以收脣音。

（十六）遏攝 即藹攝、阿攝、安攝之促音，兩攝同本；下除無陰聲者及有加收脣音者，皆同本。

開 曷（曷）黠一（黠）鎋一（黠） 曷

齊 屑一（屑）月一（月）薛一（屑） 謁

合 末（曷）黠二（黠）鎋二（黠） 斡

撮 屑二（屑）月二（月）薛二（屑） 嫳

（十七）麧攝 即依攝與恩攝之促音。

開 麧此韻只此一字。（月）櫛（質） 麧 借用

齊 質一（質）迄（物） 一

合 沒（月） 頞

撮 質二（質）術（質）物（物） 鬱

（十八）惡攝 即烏攝與鴦攝之促音。

開 鐸一（藥） 惡

齊 藥一（藥） 約

合　鐸二（藥）覺（覺）　臒

撮　藥二（藥）　嬳

（十九）屋攝　即謳攝與翁攝之促音。

開　○

齊　○

合　屋一（屋）　屋

撮　屋二（屋）燭（沃）　郁

（二十）沃攝　即爊攝與碚攝之促音。

開　○

齊　○

合　沃（沃）　沃

撮　○

（二十一）餩攝　即哀攝與甖攝之促音。

開　德一（職）陌一（陌）麥一（陌）　餩

齊　錫一（錫）陌二（陌）此二爲齊齒。昔一（陌）職一（職）　㊣益

合　德二（職）陌三（陌）此三爲合口。麥二（陌）　㊣惑

撮　錫二（錫）陌四（陌）此四爲撮脣。昔二（陌）職二（職）　㊣役

（二十二）姶攝　卽諵攝、阿攝、𪌳攝之收脣促音。

開　合（合）盍（合）洽（洽）狎（洽）　㊣姶

齊　帖（葉）葉（葉）業（洽）乏（洽）　㊣魘

合　○

撮　乏二（洽）　㊣法

（二十三）揖攝　卽依攝、恩攝、𪌳攝之收脣促音。

開　○

齊　緝一（緝）　㊣揖

合　○

撮　緝二（緝）　㊣鵖

右入聲八攝，卽喉音、鼻音共同之促音。

韻攝總圖

陰聲	藹　阿　依	烏　謳　爊　哀
陽聲	收　舌	收　齶
	安　恩	鴦　翁　碚　甖
	收　脣	
	諳　愔	
入聲	收　舌	收　齶
	遏　麧	惡　屋　沃　餩
	收　脣	
	姶　揖	

五、古韻

古韻部類，自唐以前，未嘗昧也。唐以後，始漸茫然。宋鄭庠肇分古韻爲六部，得其通轉之大界，而古韻究不若是之疏。爰逮清朝，有顧、江、戴、段諸人，畢世勤劬，各有啓悟；而戴君所得爲獨優。本師章氏論古韻二十三部，最爲憭然。余復益以戴君所明，成爲二十八部。其目如左：

古韻表

平			入	
陰	陽			
	收鼻	收脣	收鼻	收脣
歌（開合洪）阿攝開合。今韻歌戈是本音，古音無上、去，下同。				
	寒（開合洪）安攝開、合。今韻寒桓是本韻。	覃（開洪）諳攝開。今韻覃是本韻。	曷（開合洪）遏攝開、合。今韻曷、末是本韻。	合（開洪）姶攝開、合。今韻合是本韻。
灰（合洪）依攝合。今韻灰是本韻。	痕（開合洪）恩攝開、合。今韻痕、魂是本韻。		沒（合洪）麧攝合。今韻沒是本韻。	

	齊（開合細）依攝齊、撮。今韻齊是本韻。	模（合洪）烏攝合。今韻模是本韻。	侯（開合洪）謳攝開、合。今韻侯是本韻。	蕭（開合細）爊攝齊、撮。今韻蕭是本韻。
先（開合細）安攝齊、撮。今韻先是本韻。	青（開合細）甖攝齊、撮。今韻青是本韻。	唐（開合洪）鴦攝開、合。今韻唐是本韻。	東（合洪）翁攝合。今韻東是本韻。	
添（開合細）諳攝齊、撮。今韻添是本韻。				
屑（開合細）遏攝齊、撮。今韻屑是本韻。	錫（開合細）餕攝齊、撮。今韻錫是本韻。	鐸（開合洪）惡攝開、合。今韻鐸是本韻。	屋（合洪）屋攝合。今韻屋是本韻。	
帖（開細）姶攝齊、撮。今韻帖是本韻。				

豪（開合洪）爊撮開、合。今韻豪是本韻。	冬（合洪）碚攝合。今韻冬是本韻。		沃（合洪）沃攝合。今韻沃是本韻。	
咍（開合洪）哀攝開、合。今韻咍是本韻。	登（開合洪）䁝攝開、合。今韻登是本韻。		德（開合洪）餕攝開、合。今韻德是本韻。	

右今定古韻陰聲八，陽聲十，收鼻八，收脣二。入聲十，收鼻八，收脣二。凡二十八部。其所本如左：

歌顧炎武所立。灰段玉裁所立。齊鄭庠所立。模鄭所立。矦段所立。蕭江永所立。豪鄭所立。咍段所立。寒江所立。痕段所立。先鄭所立。青顧所立。

唐顧所立。東鄭所立。冬孔廣森所立。登顧所立。覃鄭所立。添江所立。曷王念孫所立。沒章氏所立。屑戴震所立。錫戴所立。鐸戴所立。屋戴所立。

沃戴所立。德戴所立。合戴所立。帖戴所立。

此二十八部之立，皆本昔人，曾未以肊見加入。至於本音讀法，自鄭氏以降或多未知；故廿八部之名，由鄙生所定也。

六、反切

反切之理，上一字定其聲理，不論其爲何韻；下一字定其韻律，不論其爲何聲。質言之：
卽上字祇取發聲，去其收韻；下字祇取收韻，去其發聲。
故上一字定淸濁，下一字定開合。
假令上字爲淸聲，而下字爲濁聲，切成之字仍淸聲，不得爲濁聲也。
假令下字爲合口，而上字爲開口，切成之字仍合口也。
今舉一例。

東，德紅切　德，淸聲；紅，濁聲；切成之字爲東，仍隨德爲淸聲，不得隨紅爲濁聲。
紅，合口；德，開口；切成之字爲東，仍合口，不得隨德爲開口。

反切上一字，與切成之字必爲雙聲，故凡雙聲者，皆可爲上一字：如東與德，雙聲也；
然東與端、與都、與當、與丁等，亦雙聲也；故東爲德紅切可，爲端紅、都紅、丁紅，亦無不可。
反切下一字，與切成之字必爲疊韻，故凡爲疊韻者，皆可爲下一字；如東與紅，疊韻也。
然東與翁、與烘、與工、與空等，亦疊韻也；故東爲德紅切可，爲德翁、德烘、德工、德空，亦無不可。錯綜言之，左列之音同其效果：

德紅	德翁	德烘	德工	德空
端紅	端翁	端烘	端工	端空
都紅	都翁	都烘	都工	都空
當紅	當翁	當烘	當工	當空
丁紅	丁翁	丁烘	丁工	丁空

右設二十五反切，皆同切東字。

據以上所列，則用多數字以表明反切上一字，與指定一字以表明反切上一字者，其理無殊；亦與造一字母以表明反切上一字者，無殊。然而至今雜用多數者，從習慣也。又據以上所列，則用多數字以表明反切下一字，與指定一字以表明反切下一字者，其理無殊；亦與造一字母以表明反切上一字者，無殊。然而至今雜用多數者，從習慣也。如依吾儕之私議，則四十一聲類，卽爲指定之反切上一字；而下一字，則於母韻中專指一字亦可。譬如德、當、都、丁，同爲端母，吾儕但指定一「端」字以表明上一字；紅、翁、工、空，同屬東韻，吾儕但指定一「翁」字以表明下一字。故東，德紅切，可改定爲端翁切，而其實無絲毫之不同。

聲韻略說

論斯學大意

小學分形、音、義三部。晁公武曰：「文字之學，凡有三：其一、體製，謂點畫有縱橫曲直之殊；其二、訓詁，謂稱謂有古今雅俗之異；其三、音韻，謂呼吸有淸濁高下之不同。」《郡齋讀書志》。案三者雖分，其實同依一體：視而可察者，形也；聞而可知者，聲也；思而可得者，義也。有其一必有其二，譬如束蘆，相依而住矣。

三者之中，又以聲爲最先，義次之，形爲最後。凡聲之起，非以表情感，卽以寫物音，說詳後論自然之音。由是而義傳焉。聲、義具而造形以表之，然後文字萌生。昔結繩之世，無字而有聲與義；書契之興，依聲義而構字形。如日、月之字，未造時，已有日月之語。更分析之，聲則日、月，義表實、闕；至造字時，乃特製日月二文以當之。因此以談，小學徒識字形，不足以究言語文字之根本，明已。

字體之變改有形，故雖篆隸草書紛云更易，而衇絡條貫尙爲易尋。惟字音變改，圓神無方；以時而言，則古今遞殊；以地而言，則楚、夏歧出。若使是非無定，人用己私，則音學竟難成立；所謂立朝夕于圓鈞之上，終古不定也。幸也，考音之書，尚有《說文》、《廣韻》二編可恃。以《說文》爲主，而求制字時之聲音；以《廣韻》爲主，而考三代迄于六朝之音變。然後參之以等韻，較之以今世之方言；證據具而理亦明，斯其爲音學之盛矣乎！

往者，古韻、今韻、等韻之學，各有專家，而苦無條貫。自番禺陳氏出，而後《廣韻》之理明；《廣韻》明，而後古韻明；今古之音盡明，而後等韻之糾紛始解。此音學之進步，一也。

聲義同條之理，清儒多能明之，而未有應用以完全解說造字之理者。侃以愚陋，蓋嘗陳說于我本師；本師采焉以造《文始》，於是轉注、假借之義大明；令諸夏之文，少則九千，多或數萬，皆可繩穿條貫，得其統紀。除名詞之字，尚有少數難知。此音學之進步，二也。

論字音之起原

字音之起原，約分二類：一曰，表情感之音；二曰，擬物形、肖物聲之音。

其用之轉變，亦有二類：一曰，從一聲轉變爲多聲，而義不相遠；二曰，依一聲以表物，而義各有因。

凡語言或文字中之感歎詞，此皆表情感之音。細求之，每聲每韻中，無不具者。以韻而言，ㄛ、（即阿字之初文。）哀、（古音隈。）烏、謳、號、唉，此爲至簡單之韻母，古今不甚差殊。此類之言，或爲感歎詞，或爲代名詞，（伊、何、安、惡，皆是也。）或爲發語辭，要皆矢口而得，不煩思索。以聲而言，則喉、牙、舌、齒、脣中，亦皆有表情之音。喉音，則吁、呼、咍、嚇之類是也；牙音，則謦、欸、哿、我之類是也；舌音，則都、咄、嘫、乃之類是也；齒音，則嗟、咨、呰、哉之類是也；脣音，則咈、否、彼、咅之類是也。是故五音之起，皆以表情；推其起原，此種聲音，大氐與笑歎呻吟歌呼之音不相遠。此即一切聲韻自然之質也。

音之擬物形者，如果，木實也，象果形，在木之上，此以音狀其長圓也。從聲以來，則有瓜，蓏也，象形。與瓜果義近，在物則有壺，有𩫖；瓜之音衍長之，則曰瓜蓏；在果亦曰果蠃，聲變爲苦蔞。蟲有果蠃，鳥亦有果鸁，其形大氐似也。苦蔞一變爲壺盧，今俗於物形長圓者，目爲壺盧形，猶古義也；壺盧之字曰瓠。由苦蔞而稍變之，曰科斗，曰活東，曰顆凍，曰款冬，所屬不同，而形皆有似者。由科斗出者，有繫縭，絲之結也，今俗以爲紇達；繫䌌作紙，則曰赫蹏，猶今高麗繭紙耳。繫䌌聲變，俗語有胍肫，大腹之貌；有骨朵，或以目花之未舒，或以目器之圓者，北人今猶呼科斗爲蝦蟆骨朵也。此類肖形之音，但據形而更不分辨其所屬。《荀子》云：「物有同狀而異所者，予之一名」；卽此理也。音之肖物聲者，節節足足，肖鳥聲也；譆譆，肖火聲也；韸韸，肖鼓聲也；㗅㗅，肖雞聲也；凄凄瀟瀟，風雨聲也；玎玎錚錚，金玉聲也。乃至豐隆以肖雷，咆哮以肖虎，鏜鞳以肖鐘，丁寧以肖鉦，砰磅訇礚以肖水之流，毗劉暴樂以肖葉之落。此皆借人音以寫物，而物名物義，往往傳焉。今試繙字書，肖聲之字，觸目皆是；間嘗輯錄以爲一編，其字之多，殆不下一千也。

音發而義从之，固矣；然使同一音卽同一義，終古不忒，則其理亦自簡而易明；無如其不爾也。是故當知音之所以變轉。

其由一音屢轉而義不甚殊者，舉例如下：

《說文》：「一，惟初太極，道立于一。」與之同聲者，有乙，乙，象春草木冤曲而出，乾从乙，訓上出。又云，「乙，物之達也」。是乙有始義；故曰「大哉乾元，萬物資始」。亦古文也。義小變爲壹，專壹也；壹，長言之曰壹壺，气不得泄也。由一變爲會意字，爲勻，少也。以一爲數，所生之字有殪，壹發而死也；有𩡧，馬一歲也，讀若弦。从壹而出，則有懿，專久而美也。从匀而出，則有酌，少少飲也；有趨，獨行也。以馬讀若弦例之，則古文之串，亦與一義相應，《說文》：「玄，幽遠也。」以乙象上出而與一同音例之，則古文之乚、引吕、幺諸義，又皆原于一也。以壹、壺象壺中气不泄例之，則古文之口，亦受義于一；口象回帀之形，正與匀从勹二，義略同矣。丨之字，訓上下通，而今音讀古本切；上下通之義，與壹、壺亦近；古本之音，又與一同在喉，明其爲一柢矣。凡此諸文，或與初文同義，或與初文旁通，或受初文小變；其聲音遷改，或在同紐，或在同類，或在同韻，或在異韻，而巠脈明白可尋；謂之偶然，不可得也。故治音學者，當知聲變而義不遠之理。

其同一聲，而義各有所因者，舉例如下：

祼、踝、課、敤、髁、夥、稞、窠、裹、顆、淉、錁、婐，皆从果聲也，而義不皆同於果。是故祼之字，由盥來；踝之字，由冎與千來；課之字，由乁來；敤義亦略同，而又別牽于攴敏；髁之字，亦由冎與千來；夥之字，同于絃，而由千來；窠同于空，而自丘來；惟裹之字，从本聲來，而又別牽于屮；顆之字，由冎來，其訓小頭也，又牽于屮；淉與錁，未詳其所由來；婐之字，訓婐妮，訓女侍，則由委來而出于禾；訓果敢，則卽由果來。此諸文者，論字形，則偏旁皆同；而論聲義，乃各有所受。宋人王子韶有右文之說，以爲字从某聲，即从其義，展轉生說，其實難通。《說文》字从何聲，即从其義者，實居多數；詳後論形聲。如知衆水同居一渠，而來源各異，則其謬自解矣。故治音學者，當知聲同而義各殊之理。

論聲韻條例古今同異上

從前論古韻者，專就《說文》形聲，及古用韻之文，以求韻部；專就古書通借字，以求聲類；而于音理或不了然。是以古韻家所作反切，往往世無此音。至於錢竹汀，音學之魁碩也，能知古無舌上，爲一大發明矣；而云古舌、齒互通，泯五聲之大介。嚴鐵橋，亦古韻之專家也，能知十六韻類展轉皆通，而絕去一切牽強之條例矣；而云《廣韻》分部多誤。至於今韻之家，不爲字母、等韻之學所拘攣，即自我作故，而爲種種怪異之論。於是今聲、古韻，永無溝合之時；而聲韻條例，竟無從建立。今爲提挈綱維計，權舉聲韻條例古今同異如左：

先言同：一、發聲之處有五：曰，喉、牙、舌、齒、脣，古今所同也。雖以鄰近之故，有時喉、牙互通，如見母字往往與匣母通。齒、舌交紐，如齊莊中正爲雙聲。而本介具在，并不蕑胡。

二、聲有清、濁，古今所同也。雖有時曉、匣共聲，（如呼从乎聲。）徹、澄同柢，（如神从申聲。）喉音幷喩于影，牙音並羣于溪，然不可遂謂古無清、濁之別。

三、韻有開、合，古今所同也。雖灰韻之聲，古只合而今有開，然不可執此遂以爲古無開、合之別。

四、韻有洪、細，古今所同也。雖東韻之聲，古只洪而今有細，然不可執此以爲古無洪、細之別。

五、韻有陰、陽，有對轉，異平同入，古今所同也。對轉之理，發明之者，爲戴氏，而孔氏遵用之；然所分配，尙多未合。卽本師《成均圖》，亦尙有待參者。然皆施于古韻耳。至於今韻，入聲配三聲，惟於陽聲合耳。（如東、董、送、屋之類。）至於陰聲，則有合有不合。（江永《四聲切韻表》所配，如之、止、志、職，其合者也；虞、麌、遇、藥，其不合者也。）今則古音廿八部，今音七十二類。對轉之理大明，其分配皆不差銖黍。

六、一字或有數音，古今所同也。有人言古代字止一音，無一字數音者；不知一字數音，其起原遠在太古。是故一丨也，有讀進、讀退之分，一囟也，有讀導、讀沾、讀誓之異；伐，有長言、短言之殊；風，有橫口、蹴脣之異；既不能禁一音之變轉，又幾能限一時之必一音哉？右略論古今相同者。

論聲韻條例古今同異下

其異者：一、五聲之變，古今有異也。古聲不過五。今聲則舌音之中，包有舌頭、舌上、半舌、半齒、舌齒間五類之音；（舌齒間音，如照、穿、神、審、禪之類；向無此名，今姑爲立此名，亦未安爾。）古聲惟有舌頭耳。半舌一類，實宜稱舌音。齒音之中，包有齒頭、正齒二類之音；古聲惟有齒頭耳。脣音之中，包有重脣、輕脣二類之音；古聲惟有重脣耳。輕脣歸重脣，舌上歸舌頭，娘、日歸泥，皆以師說證明。自餘歸併，皆基於陳氏所考，而愚加以證明者也。

二、聲類數目，古今有異也。古聲之數，十有九，曰影、曉、匣、見、溪、疑、端、透、定、泥、來、精、清、從、心、邦、滂、並、明。今聲則由影而變者，曰喻，曰爲；由溪而變者，曰羣；由端而變者，曰知，曰照；由透而變者，曰徹，曰穿，曰審；由定而變者，曰澄，曰神，曰禪；由泥而變者，曰娘，曰日；由精而變者，曰莊；由清而變者，曰初；由從而變者，曰牀；由心而變者，曰邪，曰疏；由邦而變者，曰非；由滂而變者，曰敷；由並而變者，曰奉；由明而變者，曰微。（爲、神、莊、初、疏五名，卅六字母所無，今爲立名。）凡厶聲自厶來，亦至今日，乃完全證明者也。

三、韻部多少，古今有異也。《廣韻》中諸韻，但有十九聲者，皆爲古音。（除上、去兩聲不用。）又以開、合同類者併之，得二十八部。其在陰聲，曰歌、灰、齊、模、侯、蕭、豪、咍；其在入聲，曰曷、屑、沒、錫、鐸、屋、沃、德、合、帖；其在陽聲，曰寒、先、痕、青、唐、東、冬、登、覃、添。自此以外，皆爲今音。《切韻》共分二百六部，此中更應分類，有一韻一類者，有一韻之中含有數類者。若用分類法，更加對轉法列之，實有七十二類；以較古祗十二類者，則繁變多矣。歌一，曷、寒二，灰、沒、痕三，屑、先四，齊、錫、青五，模、鐸、唐六，侯、屋、東七，蕭八，豪、沃、冬九，咍、德、登十，合、覃十一，帖、添十二。

四、四種聲勢闕完，古今有異也。古聲于開、合、齊、撮中，或止有開、合，或止有齊、撮，或止有開而無齊，有合而無撮。今聲則一韻之中，往往兼備四者，如麻韻、庚韻是也。

五、陰、陽聲多少，古今有異也。古聲但有陰聲、陽聲、入聲三類，陰、陽聲，皆平也；其後入聲少變而爲去，平聲少變而爲上，故成四聲。四聲成就甚遲，晉、宋間人詩，尙去入通押。近世段君始明古無去聲。然儒者尙多執古有四聲之說。其證明古止二聲者，亦近日事也。

聲韻古今同異之大端，已具于此，其詳說各有專篇。

論音之變遷屬于時者

段君有音韻隨時代遷移說。略云：「唐、虞而下，隋、唐而上，其中變更甚多；音韻之不同，必論其世，約而言之，唐、虞、夏、商、周、秦、漢初為一時，漢武帝後洎漢末為一時，魏、晉、宋、齊、梁、陳、隋為一時；古人之文具在，凡音轉、音變、四聲，其遷移之時代，皆可尋究。」今案：段君言音韻當論其世，是也，而所分時代，只得大齊。實說者，音韻遷流，百年前後，即生區畛；以今驗古，足信其然。惟音用圓神，蛻代之迹，不甚明了；必合數百年觀之，差別始大顯耳。

《說文序》曰：「六國之時，言語異聲」；據此片文，足徵自古語言，隨時遷異。是故有輶軒之使，采錄遠古之言。子雲《方言》之作，如其《答劉子駿書》所云：「其根柢純本于嚴君平、林閭翁孺所得輶軒之使舊奏；然後把弱翰，齎油素，以問諸方人，加以論思而燕其疑。」計漢時，去古未遠，而方音遷變，固已多矣；故其書自敍其例，有云：「敦、豐、厖、夰、幠、般、嘏、奕、戎、京、奘、將，大也，皆古今語也，初別國不相往來之言也，今或同。句。而舊書雅記故俗語，不失其方；句。舊書七字連讀，言舊書雅記中所載故時之俗語也。而後人不知，故為之作釋也。」又云：「假、狢、懷、摧、詹、戾、艐，至也，皆古雅之別語也，今則或同。」如上二文，可知古今轉移，為變甚大，以《說文》形聲偏旁論之，存，从子，才聲，此與在，一音一義也，而《詩》之存字，已入痕韻；元，从一，兀聲，此與原異音異義也，而經傳多用為同字。是音之變可明者，一也。《詩》之龍字，皆在東韻，而《楚辭》以韻遊；以音理言之，猶農有濃音。是戰國時，楚音有此，今我荊湖南北皆無此音。是音之變可明者，二也。《方言》所載楚語，今多不存，而今之楚語，多爲《方言》所稱他國之語。是音之變可明者，三也。古雖有一字數讀，然不異紐，則異韻；未有不易紐韻，而徒以音之輕重表意者。漢人則厚薄、主簿有分，簿卽薄字之變。荼毒、荼遲有分，無爲、相爲有分，相與、干與有分，奇偉、奇偶有分，旅祭、旅陳有分，卽四聲成立之漸。是音之變可明者，四也。古有平、入而已，其後而有上、去。然法言以前，無去不可入；《切韻》之後，去、入始有嚴介。宋人詞律，于去聲尤謹。是音之變可明者，五也。榷舉數條，而音從時變之義已憭。若夫諸夏雜夷狄之言，南國受雅言之緒，詳其徵佐，且俟餘篇。

論音之變遷由于地者

往者輶軒之使，巡遊萬國，采覽異言；良以列土樹疆，水土殊則，聲音異習，俗變則名言分；雖王者同文，而自然之聲，不能以力變也。《漢書・地理志》云：「民有剛柔緩急音聲不同，繫水土之風氣，故謂之風。」《王制》云：「廣谷大川異制，民生其間者異俗。」《淮南王書》云：「清土多利，重土多遲；清水音小，濁水音大。」凡此皆音由地異之明文也。今觀揚氏殊言，所載方國之語，大氐一聲轉變而別製字形；其同字形者，又往往異其發音。故《淮南書》「元澤」注曰：「元，讀如常山人謂伯爲元（原作穴。）之元。」《漢書》名「昧蔡」，服注：「蔡讀楚言蔡。」《說文》：「蕃，沛人言若盧。」《釋名》：「風，豫、司、兗、冀，橫口合脣言之，風，氾也；青、徐，踧口開脣推氣言之。風，放也。」此皆一字隨地異讀之例。如其依音造字，便成二文矣。漢世方音歧出，觀諸書注家所引可明。然昔人對于方言，有仿效與譏訶二途。仿效者，如衞出公之效夷言，吳夫差云好冠來，《孟子》所云置之莊嶽，是也。譏訶者，如子路之喭，夫子病之；鴂舌之音，孟子斥之。以仿效之故，方言往往易于轉化；以譏訶之故，令人言語向慕正音，而其質終有不可變者存也。大抵地域之分，南北爲其大介。昔《荀子》屢以楚、夏對言；至《方言》多載南楚之語；《楚辭》一篇，純乎楚聲；《文心雕龍》載張華論韻，謂「士衡多楚，可謂銜靈均之聲餘，失黃鍾之正響」。至永嘉之亂，中原入夷，遯彼東南，遂爲正朔；自爾南土之音，轉爲雅正；雖方言俚語，尚有楚風，（《宋書》謂高祖累葉江南，楚言未變；此文明言江南音正，楚者特其方語。）以視北朝人士，音辭鄙陋者，抑又有間矣。《經典釋文·序錄》云：「方言差別，固自不同；河北江南，最爲鉅異；或失在浮清，或滯于沈濁。」《切韻序》

云：「吳、楚則時傷輕淺，燕、趙則多傷重濁，秦、隴則去聲爲入，梁、益則平聲似去。」《顏氏家訓·書證》所載南土殊音，往往至今存在。至云「岐山當讀爲奇，江南音祇，江陵陷沒，此音遂被關中」；今則舉國讀音，奇、祇無別。其他如戍、庶，如、儒，紫、姊，洽、狎，舉、矩，北音混同，今則或同或異；攻、工，北音有異，今復盡同。又如《匡謬正俗》及《一切經音義》所載各地殊音，在今無悉同者。要之因地殊音之理，終古不易也。又何怪今日北音之入聲似去，吾楚之濁聲上、去無別哉。

論據說文以考古音之正變上

自吳棫以來，探討古音者，率據古有韻之文，如《詩》、《易》、《楚辭》之屬，以求古音之眞。其弊有三：一者，但能得韻而不能得聲，或但能得聲而不能得韻。如云古讀華爲敷，華不妨有敷音，而云皆讀爲敷，則今聲之華讀戶瓜切者，究從何出？又云古讀慶爲去羊切，古讀矦爲胡，其聲不繆，而韻類大非矣。二者，執字有定音，拘於韻部，偶有異同，則別立名目；是故有叶音之說，有合聲之說，其煩碎者又多立稱號，徒使人眩亂而不得其眞。不知音學雖繁，聲韻兩字必以握其錧鑰；而二者中縱蕃變萬狀，必有一不變者以爲之根。

是故判分惟恐其不精，而轉變則仍無所閡。古音家于此多未棣通，是以往往有鉱析之病也。三者，嬗變之理至微，雖一字之音，同時可以異讀。古韻家橫存一正變之見，或謂《詩》音爲正，雖《易傳》亦有方音；或謂古韻謹嚴，至後世乃通叶稍廣。不悟音之變轉，皆有成規，古之音不自知爲正，後之音亦不自知爲變；雖分合之迹不可泯，而主奴之見必不可存。所以顧亭林欲反三代之音，竟成爲釀嘲之論也。近世講《說文》者，多卽以求古音，于是造字時之音理，稍稍可說。茲述其術如左：

一、《說文》形聲字，爲數至多，據偏旁以求音，除後世變入他韻者，大概可以得其鰓理。如移、䔟、迻、栘，皆从多聲而入影；哆、㾷，則入端；胗、侈、鉹、誃、袳、垑，則入穿；此可明多之爲聲，兼入喉、舌也。蔿、寪、痿、闖，皆从爲聲而入爲；𨻰、撝，則入曉；䳑，則入見；譌、僞，則入疑；此可知爲之爲聲，又兼入喉、牙也。此依形聲得聲之本之一術也。

二、《說文》重文字，爲數至多，可以得韻類同部之關係。如髡，或作髨，髨，實从元聲，可以知兀、元，本爲同韻也。殺，古文用𣪘，殺从殳聲，𣪘从豆聲，可以知殳、豆本爲同韻也。瓊，或作琁，琁實从旋省聲，可知夐、旋本爲同部也。此依重文得聲之本之又一術也。

三、《說文》訓釋，往往取之同音。如天之訓顚，知天、顚，後世音異，而古人之讀可通。吏，治人者也；知吏、治，後世音異，而古人之讀可通。自此以後，帝、諦，履、禮諸文，更僕難數。要之，《說文》說解中，字與聲韻無干者至尠。此依說解得聲之本之又一術也。

一訓爲始，元亦訓爲始，此中皆有聲音之關係。惟丕訓爲大，上訓爲高，純以義訓，不關聲音耳。

論據說文以推聲之正變下

據許書以推音之變者，一據重文，二據說解，三據讀若，四據無聲字而細索其音，五據有聲字而推其變。

據重文者：重文之字，取聲多在同部；而亦有在異部者，則其變也。是故玭之重蠙，比在今韻灰屬，賓在今韻先屬，此可悟灰、先相轉也。祡之重蓨，祡在今韻齊屬，蓨在今韻歌屬，此可悟齊、歌相轉也。乃至一鶂字也，而重作鷊、鷁，此可知齊通錫、鐸也。一瓊字也，而重作璚、瓗、琁，此可知青通沒、齊、寒也。雖，从隹聲，在灰，重文爲隼，蜀本从孔省聲，則入痕屬矣。扈，从戶聲，在模，重文作𡵨，則入添屬矣。據重文以得音變，此類是也。

據說解者：說解兼用疊韻、雙聲，而用雙聲者，卽可得韻之變。旁訓溥，上唐而下模，唐、模固對轉也。祈訓求，上痕而下咍，痕、咍固相轉也。存、思兩字，一自咍入痕，一自痕入咍。禍訓害，歌入曷，平之趨入也。禁訓忌，覃入咍，聲之近變也。應从音聲，即是其例。凡《說文》雙聲之訓，幾無不有韻理可言。據說解以得音變，此類是也。

據讀若者：《說文》取讀，大氐用彼時之音；而古音與漢世之異，於斯可得其本。在同部者，不必論矣。轉入異部，即可知韻轉之理。如虋讀春麥爲虋之虋，而春麥之虋實應作歎，此可知寒轉入曷矣。蠸讀蜀都布名，而布名之字實應作縳，此可知由曷轉入寒矣。若夫匿讀笍，以沒讀灰；登讀几，以咍讀登。丨兼囟、退二音，知痕、沒相轉；啚兼戢、呶二讀，知合、豪共居。據讀若以推音變，此類是也。

據無聲字者：《說文》之字，有本有聲而不言聲者。道，从辵，从首，實首聲也。皆，从比，从白，實比聲也。此舉二徐皆所不言。若大徐言聲，小徐不言，或小徐言聲，大徐不言，不在此例。有本有聲，而得聲之後已轉，因而不言者。如天、从大，實大聲，由曷轉先。熏、从黑，實黑聲，由德轉痕。尒、从入，實入聲，由合轉灰。悉从心，實心聲，由覃轉屑。是也。由此推測聲音之變，嗷然若合符之復析。據無聲字以推音變，此類是也。

據有聲字者：如祼，从果聲，而讀古玩反，是由歌轉寒。玭，从比聲，而讀步因反，是由灰轉先。玟，从文聲，痕也，而轉灰，讀莫杯反。艿，从乃聲，咍也，而轉登，讀如乘反。此類變化，與前者其實同科。不過一則《說文》言聲，一則《說文》不言聲耳。

論據詩經以考音之正變上

昔大行人屬瞽史，諭書名，聽聲音，則域內之言語無異聲矣。大司樂以樂語教國子，則詩歌之諷誦無異聲矣。居今日而欲攷古人之聲韻，誠哉其莫能離三百篇也。然古音漸變，至《切韻》之作，而與古分別之蹟寖顯。陸德明於《燕燕》詩以南韻心，有讀南作尼心切者，陸以爲古人韻緩，不煩改字。其於《召南》「華」字注云：古讀華爲敷，此其顯言古今音之不同者。此外，徐邈、沈重、顏師古、李善諸人有叶韻之說。夫古韻固亦有通叶，陳季立竟謂古無叶音，則又非。要非與古韻相叶也。自此理不明，而後吳棫之流，始任意爲《詩補音》，乃成一非今非古之韻書。明世楊愼漸知古韻寬緩之理，陳季立繼之，專求本音；於是古音之道，荆榛悉拔。清代顧、江、段、孔諸人，相繼探討，而詩音由此大明。卽《廣韻》之理，亦得所根據。此音學中不可忘之偉績也。今綜述其探討之術如次：

一、就《詩》句末字以求韻，或就句中連字對字以求韻，參伍比較，定其孰爲正，孰爲通。

二、就《詩》之連字或對字，以求聲類相通之常例。

三、就《詩》之連字、對字，以求聲類相通之變例。

一、就句末字者，如李涪《刊誤》所舉《杕杜》篇：「有杕之杜，《廣韻》姥 其葉湑湑，語 獨行踽踽，麌 豈無他人，不如我同父。麌」又《小雅·大東》篇：「周道如砥，旨 其直如矢，旨 君子所履，旨 小人所視，紙 睠言顧之，潸焉出涕。薺」 此等韻在《切韻》雖分屬數韻，而《詩》既通諧，在古必爲一韻，可無疑也。孔廣森《詩聲分例》，述此等用韻例甚多。偶韻例，奇韻例，偶句從奇韻例，疊韻例，空韻例，二句獨韻例，末二句換韻例，兩韻例，三韻例，四韻例，兩韻分叶例，兩韻互叶例，兩韻隔叶例，三韻隔叶例，四韻隔叶例，首尾韻例，二句不入韻例，三句不入韻例，二句閒韻例，三句四句閒韻例，聯韻例，續韻例，助字韻例；其中諸例，以續韻例一條爲最精。要皆在句末者也。所謂定其正、通者，如裦聲之字，《詩》或與咍韻字叶，或與蕭韻字叶，較其多少論之，知在蕭正而在咍通也。禺聲之字，《詩》或與侯韻字叶，或與東韻字叶，較其多少論之，知在侯正而在東通也。就句中連字者，兔罝、武夫，連文韻也。蜉蝣、倉庚，連語韻也。就句中對字者，「肅肅兔罝」二句，肅、赳，兔、武，相對爲韻。「伐其條枚」兩句，條、調，相對爲韻。此等用韻例亦甚多。有韻上韻，句首韻，句中韻，隔首尾韻，章首尾韻，回環韻，本句自韻，句協句中隔韻例，隔章疊韻例。要皆在句中者也。

論據詩經以考音之正變下

二、就連字以考聲類相通之常者，舉例如次：

「匍匐救之」　匍、匐，雙聲，古皆在並母。

「領如蝤蠐」　蝤、蠐，雙聲，古皆在從母。

「熠燿其羽」　熠、燿，雙聲，古皆在影母。

「相其陰陽」　陰、陽，雙聲，古皆在影母。

就對字以考聲類相通之常者，舉例如次：

「安且燠兮」　安、燠，雙聲，古皆在影母。

「雞鳴喈喈」「雞鳴膠膠」　喈、膠，雙聲，古皆在見母。

「顛之倒之」　顛、倒，雙聲，古皆在端母。

「或以其酒」「不以其漿」　酒、漿，雙聲，古皆在精母。

三、就連字以考聲類相通之變者，舉例如次：

「我心蘊結」　蘊、結，連言，一影一見，是影與見通也。

「威儀棣棣」　威、儀，連言，一影一疑，是影與疑通也。

「出其闉闍」　闉、闍，連言，一影一端，是影與端通也。

「猗嗟昌兮」　猗、嗟，連言，一影一精，是影與精通也。

就對字以考聲類相通之變者，舉例如次：

昏、姻，荒、縈，此曉、影之通。

漢、江，兄、君，此曉、見之通。

體、求，濊、揭，此曉、羣之通。

畜、報，鄉、北，此曉、邦之通。

就《詩》文求聲，較之求韻，其用尤大。此在近日乃研究及之者也。錢十蘭有《詩音表》，啓闢之功甚偉，而書未甚精。

論反切未行以前之證音法一

反切未行以前，證音之法，大抵不出七塗：一曰、形聲，二曰、連字，三曰、韻文，四曰、異文，五曰、聲訓，六曰、合聲，七曰、擧讀。

形聲者，字有所从，覩偏旁而知讀。政者，正也；義者，我也；以从正、我之聲，兼得正、我之義。自《說文》外，他師經注亦多解釋形聲者。略擧於左：

《媒氏》注：古紂字，以才爲聲。

《考工記》注：綜，當爲糸旁泉。

竊，从穴，从米，禼、廿皆聲；廿，古文疾；禼，古文偰，千結切。案廿禼，禼廿，順逆言之，皆可得竊字之聲。以兩聲作字，是作字時，且含有反切之理矣。

韰，从韭，次、𠂔皆聲；祖雞切。案次𠂔，𠂔次，順逆讀之，皆可得韰字之聲。

見於《爾雅》者：

《釋天》：扶搖謂之猋；扶搖合聲爲猋。

《釋器》：不律謂之筆；不律合聲爲筆。

《釋草》：蘬，鴻薈；鴻薈合聲爲蘬。

茨，蒺蔾；蒺蔾合聲爲茨。

雚，芄蘭；芄蘭合聲爲雚。

杜，土鹵；土鹵合聲爲杜。

此外，若句讀爲穀，《左傳》。壽夢爲乘，同上。勃鞮爲披，同上。蔽膝爲韠，《釋名》。終葵爲椎；《方言》。以及而已爲耳，者焉爲旃，之乎爲諸；下及六朝反語、反音，皆是一理。反切者，特本此理構成，而最爲通用者耳。《淮南子九》注：鵕鸃，讀若私鈚頭，二字三音；此又後來繙譯家二合音、三合音之遠祖也。

也；如《易傳》：「乾，健也；坤，順也；需，須也；離，麗也。」有言某者，某也；如《中庸》：「仁者，人也；義者，宜也。」有言某者，某也，某也；如《書·大傳》：「堯者，高也，饒也。」有言某，猶某也；如《禮運》注：「公，猶共也。」有言某之言某也。《詩·召南》箋：「蘋之言賓也；藻之言澡也。」又諸傳注訓詁不關聲者，不過百一。《釋名》一書，全用聲同、聲近之字比方；攷音之士，最宜措意者也。

論反切未行以前之證音法二

合聲者，兩字相合，共成一聲；此即反切之理所從出也。其說出於《詩》箋、《國語》注。《詩》「韎韐有奭」箋云：「茅蒐，韎韐聲也；」《國語十二》注：「急疾呼茅蒐成韎。」案《說文》：「蒐从艸鬼，」而鄭、韋皆以爲鬼聲；然則蒐之本音宜如帥率，韎之本音讀如沒，茅率合讀即得沒音；故曰，茅蒐韎聲；韐者，衍字也。急疾呼茅蒐成韎，猶急疾呼德紅成東矣。今先舉《說文》、《爾雅》之合聲，次及羣籍。

見於《說文》者：

廿，二十并也；人汁切。案廿即二十二字之合音。

卅，三十并也；蘇沓切。案卅即三十二字之合音。

竊，从穴，从米，卨、廿皆聲；廿，古文疾；卨，古文偰，千結切。案廿卨，卨廿，順逆言之，皆可得竊字之聲。以兩聲作字，是作字時，且含有反切之理矣。

䪢，从韭，次、𠂔皆聲；祖雞切。案次𠂔，𠂔次，順逆讀之，皆可得䪢字之聲。

見於《爾雅》者：

《釋天》：扶搖謂之猋；扶搖合聲爲猋。

《釋器》：不律謂之筆；不律合聲爲筆。

《釋草》：蘬，鴻薈；鴻薈合聲爲蘬。

莢，蒺蔾；蒺蔾合聲爲莢。

雚，芄蘭；芄蘭合聲爲雚。

杜，土鹵；土鹵合聲爲杜。

此外，若句讀爲穀，《左傳》。壽夢爲乘，同上。勃鞮爲披，同上。蔽膝爲韠，《釋名》。終葵爲椎；《方言》。以及而已爲耳，者焉爲旃，之乎爲諸；下及六朝反語、反音，皆是一理。反切者，特本此理構成，而最爲通用者耳。《淮南子九》注：鵕鸃，讀若私鈚頭，二字三音；此又後來繙譯家二合音、三合音之遠祖也。

論反切未行以前之證音法三

漢師舉讀之法至多，要皆欲由比擬以得聲之正。自今觀之，往往覺其迂回；然在反切未行以前，政自有不得不爾者。分類述之，亦論音者所有事也。

推語根者：

《儀禮》注：弁名出于槃　案此明弁音與槃同。

《雜記》注：輤，取名于櫬與蒨，讀如蒨旆之蒨。　案此明輤音與櫬蒨同。

言古聲者：

《外府》注：資以齊、次爲聲，从貝變易。　案此以資、齋同字，與《說文》異，而明古齊、次聲同，則甚諦。

《詩》「蒸在栗薪」箋：古者聲，栗、裂同也。

又「烝也無戎」箋。古者聲，寘、塡、塵同也。

正聲誤者：

《雜記》注：實當爲至，此讀，周秦之人聲之誤也。

《中庸》注：衣讀如殷，聲之誤也，齊人言殷聲如衣。

《郊特牲》注：獻讀當爲莎，齊語，聲之誤也。

《檀弓》注：猶當爲搖，聲之誤也，秦人猶、搖聲相近。

改字者：

《書》：丕子，鄭讀丕爲負。

《周禮》：繫帝世，杜子春讀帝爲奠。

《韗人》：上三正，鄭讀三爲參。

此類至多，凡漢注所云：某讀爲某者，皆是，不遑悉數。

言讀如者：

《瘍醫》：祝藥，鄭注：祝，當爲注，讀如注病之注。

《大傳》注：皇，讀如歸往之往。

言讀，言讀若，言讀近、讀似，言讀聲相似，言讀若某相似，言讀與某同，言讀從者：

《淮南六》注：壁，讀辟。

《說文》：珛，讀若畜牧之畜。

《呂覽五》注：沌，讀近屯。《淮南四》注：菌，讀似綸。
《詩》「彼其之子」箋：其，或作記，或作己，讀聲相似。
《說文》：睒，讀若白蓋謂之苫相似。
《說文》：⿰王厶，讀與私同。
《大司馬》先鄭注：壇，讀從憚之以威之憚。
言聲如，言聲相近、聲相附者：
《漢書》如淳注：桓，聲如和。
《文選·七》引服虔注：雉、夷聲相近。《既夕》注：載柩車，《周禮》謂之蜃車，《雜記》謂之團，或作輇，或作轉，聲讀皆相附耳。
言音同，言音如、音若，言音近，言音相近者：
《呂覽二》注：苴，音同鮓。
《漢書十》服虔注：嬗，音如蟬。《史記·列傳五十》韋注：苦，音若靡鹽之鹽。
《漢志二》孟康注：禗，音近枲。《壺涿氏》先鄭注：濁，音與涿相近。
舉直音者：

《漢志二》孟康注：葽，音四月秀葽。

《史書六》李奇注：惄，當音帑。

《漢紀六》：祖厲，李斐注：音嗟賴；《志八》祖厲，應劭：祖音罝。

《漢傳二十七》如淳注：珹，音緘；玏，音勒。

案直音之法，實簡于反切，然必能音之字先無誤，然後所音之字從之不誤；今日雖與反切並行，究非審音之良道也。

漢師所用爲音之字，除單字不計外，餘有四類。今臚述之：

一、用成語

《中庸》注：示，讀寘諸河干之寘。《說文》：玤，讀若《詩》曰：「瓜瓞菶菶。」《庚人》注：散，讀中散大夫之散。《鐘師》注：祴，讀陔鼓之陔。

二、用俗語

《說文》：䨺，讀春麥爲䨺之䨺；哽，讀井汲綆。《漢紀一》如淳注：蹻，音如今作樂蹻行之蹻。《說文》：蘮，讀若以芥爲齏，名曰芥荃也。

三、用方言

《圉師》杜子春注：椹，讀齊人言鉄椹之椹。《說文》：⿱差鹵，沛人言若虘；鬈，讀江南謂酢母爲鬈。《淮南十六》注：埵，讀似望，此誤字。作江淮間人言，乃得之也；又，八注：露，讀南陽人言道路之路；又六注：貁，讀中山人相遺物之遺；又：荷，讀如燕人強秦言胡同；又：灑，讀燕人強秦言敕同。《考工記》注：茭，讀如齊人名手足掔爲骹之骹。《公羊三》注：登，讀言得，得來之者，齊人語也。《漢書傳三十》注：名味蔡之蔡，服虔音：楚言蔡。《淮南八》注：杼，讀楚言杼；又：摋，讀楚人言殺。

四、以義明音

《說文》：詯，讀反目相睞；案反目相睞，字當爲奝；此謂詯讀奝。嬛，讀蜀郡布名；案蜀郡布名，字當爲繯；此謂嬛讀繯。蠸，讀蜀都布名；都字誤。⿰食尼，讀楚人言恚人；⿰耳門，言若斷耳爲盟。《易·解》鄭注：解，讀如人倦之解。《淮南十九》注：哆，讀大口之哆。

又有引兩義以明一音者

《考工記·工人》先鄭注：党，如掌距之党，車党之党。

《柞氏》先鄭注：柞，讀爲音聲喈喈之喈，屋笮之笮。

此四術者，在當時誠可通行；及時異地遷，有不知其何說者。此所以審音之方，必須改革也。

凡一字有兩音者，漢人舉讀之例，亦有可言。有各用異字音之者。

《說文》：丨，引而上行讀若囟，引而下行讀若退。玤，讀若《詩》曰「瓜瓞菶菶」；一曰，若盒蚌。玖，讀若芑；一曰，若人句脊之句。茵，讀若埶，或以爲綴。𠧪，讀若「三年導服」之導；一曰，竹上皮，讀若沾；一曰，讀若誓。

有即用同字音之者。

《車僕》先鄭注：乏，讀匱乏之乏。《深衣》注：鉤，讀鳥喙必鉤之鉤。《覲禮》注：右，讀周公右王之右。《冢宰》注：利，讀「上思利民」之利。《中庸》注：人，讀相人偶之人。《漢傳三十》鄭注：長，音長者。《淮南六》注：夫，讀丈夫之夫。十三注：乾，讀乾燥之乾。《史記八·索隱》引韋注：告，音告語之告。

案此類，即後來一字異聲，(或平，或上、去、入。)一字異紐，(或見，或溪。)一字異韻(或東，或鍾。)之起原。然有在漢異讀，今反不然者，如利，如人，今皆無殊音也。

漢師讀字，有舉聲勢者；此亦審音漸密之徵也。今世論音，有所謂弇、侈，洪、細，開、合，清、濁，內轉、外轉諸名，亦方物于古也。惟漢師所云，今有不知其解者；集而錄之，不加詮說，亦疑事無質之義也。《顏氏家訓·音辭篇》云：「加以內言、外言、急言、徐言、讀若之類，益使人疑」，謂此類也。

《釋名》：「天，豫、司、兗、冀以舌腹言之，天，顯也；青、徐以舌頭言之，天，坦也。風，豫、司、兗、冀橫口合脣言之，風，氾也；青、徐踧口開脣推氣言之，風，放也。」《公羊傳》注：「伐人者爲客，讀伐，長言之，齊人語也；見伐者爲主，讀伐，短言之，齊人語也。」又注：「言乃者，內而深；言而者，外而淺。」《淮南十九》注：「啳，讀權衡之權，急氣言之。」廿二注：「閧，讀近鴻，緩氣言之。」十九注：「駤，讀似質，緩氣言之者，在舌頭乃得。」四注：「惷，讀惷然無知之惷，籠口言乃得。」二注：「洿，讀延祜曷問，未詳。急氣閉口言也。」十三注：「軵，讀近茸，急切言之。」十六注：「轔，讀近藺，急舌言之乃得。」《漢表十五》「襄嚵矦建」，晉灼注：嚵，音內言毚兎；「猇節矦起」，晉灼：猇，音內言鴞。《爾雅·釋獸》釋文：「猰」，晉灼音內言餶。

論反切之起原

反切之起原，塙可依據者，惟顏、之推陸、德明張、守節三說，大致相同。自唐以來，羣皆遵信以爲無疑義矣。惟宋沈括、鄭樵，稍持異論。此後，顧炎武、惠棟、郝懿行、劉熙載、胡元瑞，以及吾友歙吳君承仕檢齋，皆執反切在孫炎以前之說。此中亦有區別，有以爲起於始制文字時者，劉熙載是也；有以爲即《周禮》先鄭注之諧聲者，胡元瑞是也；有以爲古語已有而不著明起于何時者，郝懿行是也；有以爲服、應已有反語，漢末反語已行者，吳君是也。今謂反切起原，斷從顏、陸。諸家紛糾，皆可爬梳。茲錄所從所違之說于後，次加辨詰，而以反切之理所從出終焉。

所從之說：

《顏氏家訓·書證篇》：「《通俗文》，世間題云：河南服虔，字子愼造。虔既是漢人，其敍乃引蘇林、張揖，蘇、張皆是魏人。案《魏志·劉劭傳》注，引《魏略》，林，建安中，爲五官將文學；黃初中，爲博士，以老歸第，年八十餘卒。林之年紀與子愼約略相接，然是其後生。若揖，則太和中始爲博士，其於服君必未嘗覿面也。且鄭玄以前，全不解反語。案孫炎授學鄭玄之門人，而鄭君乃無反語，故云：鄭玄以前，全不解反語。其意若曰：自鄭爲孫炎之學所從出，且不解反語，其他可知；即孫創反語可明也。《通俗》反音，甚無近俗。阮孝緒又云：李虔所造。河北此書，家藏一本，遂無作李虔者。晉《中經簿》及七志，並無其目，竟不得知誰制。然其文義允愜，實是高才。殷仲堪《常用字訓》亦引服虔俗說；今復無此書，未知即是《通俗文》，爲當有異。近代或更有服虔乎？不能明也。」

又《音辭篇》：「夫九州之人，言語不同，生民以來，固常然矣。自《春秋》標齊言之傳，《離騷》目楚詞之經，此蓋其較明之初也。後有揚雄著《方言》，其言大備，然皆考名物之同異，不顯聲讀之是非也。逮鄭玄注六經，高誘解《呂覽》、《淮南》，許愼造《說文》，劉熹製《釋名》，始有譬况假借，以證音字耳。而古語與今殊別，其間輕、重、淸、濁，猶未可曉；加以外言、內言、急言、徐言、讀若之類，益使人疑。孫叔然創《爾雅音義》，是漢末人獨知反語。至於魏世，此事大行，高貴鄉公不解反語，以爲怪異。」案《左傳音義》：梁滏，引高貴鄉公音側嫁反；《周禮音義》同。是高貴鄉公亦未嘗不從俗作反語。而顏云不解反語者，正如梁武帝問周捨何爲四聲。捨對曰：天子聖哲是也。四聲理易明，豈以九流、七略並皆通曉之梁武而不知。此所以不解者，正由不好故也。高貴鄉公不解反語，正同此例。《經典釋文》條例曰：「古人音書止爲譬况之說，孫炎始爲反語；魏朝以降，蔓衍實繁。」又注解傳述人曰：「爲《尙書》音者四人，孔安國、鄭玄、李軌、徐邈。案漢人不作音，後人所託。」

案《北史·劉芳傳》載芳所譔，有鄭玄所注《周官》、《儀禮》音，干寶所注《周官》音，王肅所注《尙書》音，何休所注《公羊》音，范甯所注《穀梁》音，韋昭所注《國語》音，范曄《後漢書》音，《毛詩箋》音義證。據此，是六朝人多爲舊注作音，故《經典釋文》《毛詩》音義中，每云徐邈云，毛厶厶反；沈重云，鄭厶厶反；明他不著徐云、沈云者，皆是後人依義翻出也。

《史記正義》論例曰：「先儒音字，比方爲音；至魏祕書孫炎始作反音，又未甚切，今並依孫反音以傳後學。」

《漢書·周緤傳》：「景帝復封緤子應爲鄲侯。」集注：蘇林曰，音多，屬沛國。王念孫《讀書雜誌》云：「沛郡鄲縣之鄲，蘇林、孟康皆音多。案孟康音，見表沛郡鄲下。多下寒反二字，乃明監本加之也。凡《漢書》注中所引漢魏人音，皆曰，厶音厶；或曰，音厶厶之厶；未有音厶厶反者。」明監本《地理志》「鮦陽」下，孟康曰：鮦，音紂紅反。紂下紅反二字，亦監本所加。臧鏞堂曰：「《通俗文》，服虔造。叔然以前，未有反切，此類牴牾，疑出後儒附竄。」何焯《讀書記·文選評》曰：「薛綜二京賦注，疑是假託，孫叔然始造反語，未必遂行於吳。」洪亮吉《漢魏音》序曰：「止于魏者，以反語之作，始于孫炎，而古音之亡，亦由于是。」又云：「後儒以反語改漢人之音者，置不錄，以非其舊也。」又曰：「釋文所載《周官》前後鄭及《詩》毛、鄭等音，均屬依義翻出。」案《隋書·經籍志》載梁有《毛詩音》十六卷，徐邈等撰；不云康成親自作音。又《舊唐書·藝文志》云：《禮記音》二卷，鄭玄注，曹躭解，此二條足爲洪說明證。畢沅《漢魏音說》曰：「孫炎、韋昭務爲反語；切韻雖始叔然，然古訓不可爲叵，何不爲盍之類，已合二聲而爲一字。」邵晉涵《漢魏音說》曰：「孫叔然制反語，薛綜注張平子賦，已有反語。則知叔然之說，在晉當時已屬盛行。」以上諸說，皆塙信反語爲孫炎所造，而篤信顏、陸、張三家之說者也。

所違之說：

劉熙載《說文雙聲序》曰：「切音始於西域乎？案鄭樵始謂反切之法，出于西域婆羅門。非也。始於魏孫炎乎？亦非也。然則於何而起？曰，起於始制文字者也。許氏《說文》於字下繫之以聲，其有所受之矣。夫六書中較難知者，莫如諧聲，疊韻、雙聲，皆諧聲也。許氏論形聲，及於江、河二字，方許氏時，未有疊韻、雙聲之名；然河、可爲疊韻，江、工爲雙聲，是其實也。後世切音，下一字爲韻，取疊韻；上一字爲母，取雙聲；非此何以開之哉？徐鉉等注《說文》字音，以孫愐《唐韻》音切爲定；要之許氏之聲，本可爲切，由古人制字，其中本是字母也。是編韻借孫氏，母卽用許氏之聲，如江字許云工聲，注古雙切，今用許之本聲，易古雙切爲工雙切，不正切江字乎？由江字推之，如脂字，許云旨聲；模字，許云莫聲。孫氏業取其聲以爲母矣，至於虞、佳、殷、蕭、宵、尤等字，苟以許聲加孫切，皆可爲切。而一切雙聲之字，不皆可知乎？」

胡元玉《鄭許字義異同評》云：「諧聲之義奈何？按《說文》諧詥互訓；《呂覽·古樂篇》注：訓合爲和諧；《書》之八音克諧，卽謂八音合奏，其聲和諧也。由是言之，諧聲卽合聲，斷無可疑。合聲卽反語，謂合二字急疾呼之以成聲。鄭以茅蒐爲韎字之合聲，孫炎以頭曼爲緜字之合聲，案說見《廣川書跋》。是其證也。又謂爲發聲，服虔《左傳》注曰：壽夢發聲；吳蠻夷言多發聲，數語共成一言，壽夢，卽乘之合聲也。《少儀》鄭注云：夫襓，劍衣也；夫或爲煩，皆發聲。夫襓，卽韜之合聲也。發亦急疾之謂，據《說文》云：反，覆也，从又，厂，象形。是反之本義乃象以物覆手，反覆相合之形。反之本義爲合，故合聲亦謂爲反語；反語必急疾讀之以取音，故又謂反爲切；切者，急切之謂也。自西域沙門之學興，于是又改切爲翻，義同翻譯；名稱既陋，法亦違古。合二字爲一聲，乃方音之流變，《爾雅》所以通方俗殊語，亦周公所作；諸聲爲六書之一，當不誣矣。方言之殊，由方音轉變，故往往有音而無義。漢人作經音，卽借此立法，泛取二字合而急疾讀之，而反語之名立。而說者惑于顏介謬說，豈通論哉？」

郝懿行《曬書堂文集》曰：「牟默人曰，反語始于魏孫叔然炎；炎，受學于康成之門人者也。而鄭注《士昏禮記》曰：用昕使者，用昏壻也（壻，悉計反，从士，从胥，俗作婿，女之夫）。《漢書·陳勝傳》應劭注曰：沈，音長含反。《地理志》應劭注曰：沓，音長答反。《文選》韋孟《諷諫詩》注引應劭曰：墜，直魏反。《漢書·項羽傳》注：服虔曰，惴，音章瑞反。《揚雄傳》注：服虔曰，愓，注石臭反。侃案，此反衍字。《史記·張耳傳·索隱》引服虔曰：孱，鉏閑反。應、服及鄭同時，年輩大于叔然，而皆作反語，何也？余應之曰，此不須致難。應劭《漢書》注，有直音某不加反語者；有用音某兼加反語者，《地理志》蜀郡緜虒下：虒，音斯；湔，音子前反是也。前此許愼作《說文》。鄭玄注《經》。高誘注《呂覽》、《淮南》，並云讀若某，不加音某，而應劭等遂並加反音。劉熙，亦東漢人也，其《釋名·釋長幼篇》云：長，萇也，言體萇也，長，音丁丈反。侃案《詩》釋文引《釋名》曰：古者曰車聲如居，所以居人也；今曰車，音尺奢反，聲近車舍也。韋昭《辨釋名》曰：古皆尺遮反；自漢以來，始有居音。據此及郝所引，是《釋名》中有反切矣。然《書正義》及今本《釋名》無音尺奢反四字，證知此反切音爲後人隨文作之。五經疏中，往往引書加音，正此比。劉與服、鄭，年輩相若，亦作反語，證知反語不始于叔然矣。宋景文《筆記》云：孫炎作反切，語本出于俚俗常言，當數百種。所謂就爲鯽溜，凡人不慧者，即曰不鯽溜；謂團爲突欒，謂精曰鯽令，謂孔曰窟籠，不可勝舉。懿行案今俚人作隱語，如載蛤爲咱，捏几爲你之類，其人不必知書，自解反語，明此是天地自然之聲也。證以經典音讀，此類尤多。惠定宇《九經古義》：《儀禮·大射儀》「奏貍首」注下：案禮說云，不來反爲貍，猶並夾爲籋，侃案誤。終葵爲椎，邾婁爲鄒，勃鞮爲披，壽夢爲乘，不可爲叵，羊舌職，《說苑》作羊殖，舌職爲殖也；顓孫之子爲申祥，顓孫爲申也。侃案以舌職爲殖，割裂名氏，誤。後世反切之學出之。懿行案：不特此也。《詩》言韎韐有奭，《詩》箋云：茅蒐，韎韐聲也。韋昭《晉語》注云：急疾呼茅蒐成韎也。是以韎爲茅蒐之合聲。又《左氏昭廿五年》「太子欒」，惠氏補注引董逌云：竹書有宋景公緜，而史爲頭曼，孫炎以爲緜，頭曼之合聲。侃案此不可解。推是而言，《釋草》之蘺，鴻薈；茨，蒺黎；《釋蟲》蠰，齧桑；蛂，蟥蛢；皆合聲也。是皆反語之所从出也。反語在叔然前，確乎可信。或自叔然始暢其說，後世遂謂叔然作之耳，卽其實非也。」

吳君之說，蓋本于章氏而推明之。章氏云：「服、應訓說《漢書》，其反語已著于篇，明其造端漢末，非叔然創意爲之。且王子雍與孫叔然，說經相攻如仇讎，然子雍亦用反語，其不始叔然可知也。」吳君於是刺取前代音讀以爲經籍舊音。侃昔居縣花七條胡同時，吳君昕夕相就。侃語以阮氏《經籍籑詁》搜羅舊訓，最便於學者，獨惜不輯舊音。吳君於是奮然有作，其日繙《經典釋文》，侃固目覩之也。其序錄曰：「尋顏師古注《漢書》，引服虔、應劭反語，不下十數事。服虔、應劭，皆卒於建安中，與鄭玄同時；是漢末已行反語，大體與顏氏所述相符。至謂剏自叔然，殆非情實。王念孫謂《漢書》注中所引漢、魏人音，皆曰某音某，或曰音某某之某，未有曰音某某反者，則失之眉睫矣。今以三事證之：《史記·陳涉世家》：『夥頤！涉之爲王沈沈者。』裴駰《集解》引應劭曰：沈，音長含反。《漢書·陳勝傳》顏注：《文選·魏都賦》李注所引應音皆同。如謂長含反一音爲師古所自作，無緣三書反語所引用字無異。此一證也。《史記·留侯世家》：『狙擊秦皇帝』，《集解》引應劭曰：狙，七預反，伺也；徐廣曰，伺，候也，音千怒反；應、徐音義大同，裴具引之者，證明二家讀音少異耳。侃謂此三語當更詳。又《漢書·張良傳》：『鯫生』，服虔曰：鯫，七垢反，鯫，小人也。師古曰：應說是也，音才垢反。書音之作，本示童蒙，以古人讀若之文不相剴切，後人改從反語，俾無疑昧，則有之矣。此爲顏用服義，而改定服音，則服音定非顏作。鯫生一語，師古別自作音，服音本所不用，何勞取彼讀如、讀若之文，改從反語？無益於發疑正讀，徒爲煩費，有以知師古之不爲矣。此二證也。顏注《漢書》，李注《文選》，引用諸家音義，有先出訓詁，次出反語，次出師古曰、善曰者，其所引反語間非當人之音，或爲顏、李所自作，如《文選》轉錄《楚辭》，用王逸注，其中反音大抵李善作。可參伍比度得之。其但引反語，或先出反語，次出義訓者，如《漢書地理志》：『罕幵』，應劭曰：羌肩反。《張良傳》：『鯫生』，服虔曰：七垢反等，文證著明，安得斥爲假託。據顏師古《漢書敘例》，知師古注，蓋依蔡謨本，而蔡謨注又依臣瓚本；如謂後來作注之人，必追改前儒讀如、讀若之文以從反語，則晉灼、臣瓚、蔡謨三家已先師古爲之矣。音韻時有變遷，後來遞相改易，恐集注諸家無此體例也。此三證也。至如文穎、張揖、蘇林、如淳、孟康、韋昭之儔，反語尤難悉數。顏、陸並謂魏世大行，後人亦無異論。念孫謂漢、魏人不作反語，近於專輒。」

案主張反語不始孫炎者，不止此四家；而持論根據，大抵此四家足以晐之。

駁議：反切之興，本于俚俗常言，用聲音自然之理，此是眞論。方俗語言多與反切相合，此亦無可詰難。獨以反切作音始于孫炎，此乃六朝唐人公仞之論，前所舉諸家異論，其癥結處，在自覩毛公以下，孫炎以前，確有反切之文，因是疑顏、陸諸人所說爲非是。茲條辨之：

一、《毛詩音》。 諸漢人經音有反切者，盡同此破。

陸德明《經典釋文》引毛音，多云徐云、沈云。則陸氏所據毛音，多出徐、沈；其不言者，或六朝經師所爲。故《泮水》釋文云：狄，沈云，毛如字，未詳所出；云未詳所出者，以毛于此詩初無訓解。而王訓遠，其字當作逖，音他歷反；鄭破爲剔，治也。既王、鄭二家皆不如字，則沈所云毛如字者，竟是無根，故元朗不之信。又《匏有苦葉》釋文云：軌，依傳意直音犯；此緣元朗拘執《說文》。以由輈以上必當作軓，从凡。而不作軌，从九。故逆推傳意以爲云爾。據此，可知凡云毛音某者，皆推意爲之，而非毛公自作音也。又《角弓》釋文云：髦，舊音毛；尋毛、鄭之意當出同音莫侯反。此因毛傳：髦，夷髦也；箋云：髦，西夷別名，武王伐紂，其等有八國從焉；是鄭述毛意，以髦爲卽庸、蜀、羌、髳之髳，故陸亦推鄭意以爲當音莫侯反，以髳之音舊讀莫侯反也。其餘毛或無傳，而陸有毛音，亦是推出。如《綠衣》：「女所治兮」，釋文云：女如字，本之崔靈恩。蓋見鄭於女字有箋，以爲爾汝之汝，遂謂毛既無傳，必與鄭殊。自餘「說懌女美」之說懌，「說于桑田」之說，「烝在栗薪」之栗，「鄂不韡韡」之不，「有兔斯首」之斯，「謂之尹吉」之吉，「王赫斯怒」之斯，「柔遠能邇」之能，皆同此例。其毛有傳者，則其音直是由義翻出，而與鄭必有小殊。故《關雎》釋文云：好，毛：如字；以鄭讀爲和好之好也。《葛覃》釋文云：施，毛：以豉反；以傳訓施爲移，而箋不釋施，肊謂鄭必與毛殊也。《小星》釋文云：裯，毛：直留反；以傳訓裯爲襌被，而鄭改爲牀帳，音宜殊也。洪亮吉言《釋文》所載《周官》前後鄭音及《詩》毛、鄭等音，均屬依義翻出，自爲篤論。然則毛不作音，何論反切？今世出載漢師經音，皆當作六朝人音觀；決不可執此爲反切漢時已有，自生疑障。

二、《古文官書》。諸引漢人書有反音者，盡同此破。

馬國翰玉函山房輯衞宏《古文官書》序曰：「每字下反音甚詳，則東漢初已有切字，鄭氏經音所本；世謂始孫炎，非篤論也。」言反切不始孫炎者，宜依此爲黨援；而究不敢者，則以此種切音不出衞氏，其理易知，難掩人目也。案古書注中作音，約有二例；今具說之，而後馬氏之疑可解：書實輯于章逢之，今依其題號，仍稱馬氏。

一、不習見字，或特殊之語，恐人不知，又自加音者。如《說文》齋下，籒文𪗋，說解云：籒文齋，从𩔛，音禱。⿱艹𡈼下，《說文》云：𡈼聲；𡈼，籒文囿。妻下，古文𡜌，說解云：从肖女；尙，古文貴字。童下，籒文童，說解云：从廿；廿，以爲古文疾字。《周禮·小宗伯》「甫竁」注：今南陽名穿地爲竁，聲如腐脃之脃。《考工記·輪人》「察其菑蚤不齵」注：泰山平原所樹立物，聲如葴。此皆爲注中字作音、作說，而後來音義之書亦多本之，尤以慧琳一書，此例最多；今試繙其首卷，卽可見矣。如《聖教序》音義中，出儀字云：魚羈反，下云：羈，音居宜反；又解儀字，引《說文》从人，義聲也；下云：《說文》又解義字，从羊，从我；下又云：我字从手，从戈，下从禾者，非也。次出覆救字云：上《說文》从襾；下云：襾，音呀賈切，从冂上下覆之，會意字也；然从冂之下，又横梗冂音覓三字于其中，以爲讀冂者方便。次出潛寒暑字云：上《說文》朁聲，下云：朁，音憯，七敢反，有从二天，或从一夫，皆漏略也；又解寒字云：《說文》从宀、从人、从茻，下从仌，下云：宀，音綿；茻，音莽；仌，音冰；茻，古莽字，上下二草也。夫以注中文字一切加音，誠爲防人疑殆，然亦瑣屑甚矣。衞宏諸反，爲後來所加，何疑？

二、他人直音，或讀若，隨便變以反語，或逆推其意而直以爲當人所爲。如《詩》箋：「俟我乎堂兮」，堂，當作棖；而音者遂云：棖，方庚反。（方當爲丈。）他人是愉，愉讀爲偷；而音者遂云：愉，他侯反。且許愼、劉熙，並無反語，顏介早有明文，而《經典釋文》引許愼音甚多。如《詩》釋文云：蜙，許慎：思弓反；蝑，許慎、呂忱，並先呂反。今本《釋名》及他書徵引，亦間有反切。乃至高貴鄉公不解反語，以爲怪異，而《左氏》釋文載其反語。《莊四年》音義「梁潧」云：高貴鄉公音側嫁反。質以《周禮》釋文：潧，音詐，《職方氏》音義「波潧」云：《左傳》音同，故今從高貴鄉公。則爲《左氏》音者逆推其意，而直以爲當人所爲矣。

三、應劭《漢書音義》、服虔《漢書音訓》、《左氏音隱俗文》。

應、服反音見存者，至多。言反音不始叔然者，以此爲堅證。今分三段，疏通證明其不足恃。

一、應、服《漢書》音非復原本；服氏《左傳》音，純係依義翻出；《通俗文》，主名未定服虔。

《漢書》序例云：「《漢書》舊無注解，唯服虔、應劭，各爲音義，自別施行。至典午中朝，爰有晉灼，集爲一部，凡十四卷；又頗以意增益，時辯前人當否，號曰《漢書集注》。有臣瓚者，莫知氏族，考其時代，亦在晉初；又總集諸家音義，稍以己之所見，續厠其末，凡二十四卷，分爲兩帙。今之《集解·音義》，則是其書，而後人見者不知臣瓚所作，乃謂之應劭等《集解》，斯不審耳。蔡謨全取臣瓚一部散入《漢書》，自此以來，始有注本；但意浮功淺，不加隱括，屬輯乖舛，錯亂實多；或迺離析本文，隔其辭句，穿鑿妄起。職此之由，與未注以前大不同矣。」

《史記正義》云：「《漢書音義》中，有全無姓名者；裴氏注《史記》，直云《漢書音義》。案大顏明云：無名義。今有六卷，題云孟康，或云服虔；蓋後所加，皆非其實。」

案《集解》所引《漢書音義》、《漢書集注》，往往分屬于應劭、張揖、蘇林、晉灼。又案《漢書》敍例云：「鄭氏，晉灼《音義序》云：不知其名；而臣瓚《集解》輒云：鄭德；既無所據。今依晉灼，但稱鄭氏。」夫以名氏之大，尚且說解紛然，注中之音顚倒竄移，豈能盡免。況顏氏譏晉以意增益，臣瓚以己見厠末，蔡謨屬輯乖舛，具有明文耶。今且具載諸家音見于《史》、《漢》注者，牴牾如下方：

《史記·高祖本紀》：「鯫生」，《集解》引服虔音淺，小人貌也。而《漢書·張良傳》注引服虔，則云：鯫，七垢反。

《史記·留侯世家》集解，「狙擊」，引應劭：七預反。《漢書·諸侯王表》「狙詐」注，引應劭：狙，音若蛆反；反字衍。而

《史記·司馬相如傳》：「僰人」，集解引應劭：僰，讀如匍匐之匍。而《漢書地理志》「僰道」注，引應劭：僰，音蒲北反。

《漢書·高紀》：「自剄」注，引鄭氏：剄，姑鼎反；而《史記·項羽本紀》集解，誤爲鄭玄，作經鼎反。《漢書·高紀》「挑戰」注，引李奇：挑，徒了反；而《史記·項羽本紀》集解，

引作荼了反。

服氏《左傳音》雖見《隋志》，亦後人所爲。如劉芳之《尙書》王肅注音、《國語》韋昭注音之比。《釋文》序例云：漢人不作音，後人所託；服固漢人也，且《舊唐志》載服氏書，名曰：音隱。凡以音隱爲稱者，多是後人作。如《說文音隱》，作者不知主名，豈得遂以爲許君自作乎？至羣書引服氏《左傳音》，細爲鉤稽，知皆依義翻出，今分說之：

《史記·晉世家》，索隱引服虔音：輅，五嫁反；此《左僖十五年》：「輅秦伯」，輅字之音也。案《集解》引服虔曰：輅，迎也，故音者依之翻爲訝字之音。杜注同服，《釋文》云：輅，五嫁反，不云杜音。此足以證索隱所引，亦非服音。

《左成二年》：「且懼奔辟」，《釋文》：辟，音避，注同；徐：扶臂反，服氏：扶亦反。蓋服訓辟爲行辟人之辟，故翻爲扶亦反；又徐音在上，知服音亦由徐傳之也。

《左襄九年》：「棄位而姣」，正義引服虔：讀姣爲放效之效，言效小人爲淫；《釋文》則云：姣，戶交反，注同；徐又如字，服氏同；嵇叔夜：音效。蓋嵇有《左傳音》，即取服義；故《釋文》不云嵇同服，而云服同嵇，明服氏無音書也。

《左襄廿五》：「陪臣干掫」，正義引服虔：一曰，干，扞也；《釋文》引徐云，讀曰，扞，胡旦反；注同，服：如字。蓋服僅引《爾雅》釋傳，而《爾雅》之干扞，干固如字；杜、徐則破干為扞也。

《左襄廿七》：「公喪之，如稅服終身」；正義引服虔曰：衰麻已除，日月已過，乃聞喪而服，是謂稅服，服之輕者；《釋文》引徐云：稅讀曰繐，音歲，注同，謂繐衰也；服音吐外反。此音以義而知，蓋喪服小記稅服，鄭誤如無禮則稅之稅；服義同鄭，音亦同；故音者翻為吐外反。

《左昭三》：「其相胡公大姬」，正義引服虔曰：相，隨也；《釋文》云：其相，息亮反；服：如字。云服如字，蓋以相之訓隨，理宜平讀，與相之訓助應去讀者，異也。

《左昭十六》：「幾為之笑」，《釋文》云：幾為居豈反，數也；服音機，近也。居豈之音，由訓數得之；機之音，亦由近得之也。

如上諸文，服氏無《左傳》音明甚，後人依義翻出，本圖便於學人；假使立文之際，稱曰服讀某，或曰服義音某，則不致使人迷罔矣。

聲韻通例

黃侃論學雜著

凡聲與韻相合爲音。

凡音歸本於喉謂之韻。

凡音所從發謂之聲。有聲無韻，不能成音。

凡韻皆以純喉音爲韻母。

凡韻母以純喉音爲之者，爲陰聲。由純喉音加以鼻音，爲陽聲。

凡陰聲、陽聲，以同紐、同韻母互相轉。

凡音有開、合。

凡開、合音，各有洪、細。

凡開、合，以同紐相變。

凡洪、細，以同紐相變。

凡音或兼備開、合，洪、細；或不能兼備開、合，洪、細。

凡正聲，有五類：喉、牙、舌、齒、脣。

凡變聲，有四類：舌音分舌頭、舌上、半舌、半齒四種；舌頭、半舌，爲正聲；舌上、半齒，爲變聲。齒音分齒頭、正齒二種：齒頭，爲正聲；正齒，爲變聲。脣音分重脣、輕脣二種；重脣，爲正聲；輕脣，爲變聲。

凡變聲，古皆讀從正聲。

凡正聲、變聲，各有清濁。

凡喉音五：影、曉爲清聲，喻、匣爲濁聲；喻爲影濁，匣爲曉濁。

凡牙音四：見、溪爲清，羣、疑爲濁；見無濁，羣爲溪濁，疑無清。

凡舌頭音四：端、透爲清，定、泥爲濁；端無濁，定爲透濁，泥無清。

凡半舌音一：來爲濁，無清。

凡舌上音四：知、徹爲清，澄、娘爲濁；知無濁，澄爲徹濁，娘無清。

凡半齒音一：日爲濁，無清。

凡齒頭音五：精、清、心爲清，從、邪爲濁；精無濁，從爲清濁，邪爲心濁。

凡正齒音九：近於齒頭者四：莊、初、疏爲清，牀爲濁；莊無濁，牀爲初濁，疏無濁。近於舌上者五：照、穿、審爲清，神、禪爲濁；照無濁，神爲穿濁，禪爲審濁。

凡重脣音四：邦、滂爲淸，並、明爲濁；邦無濁，幷爲滂濁，明無淸。

凡輕脣音四：非、敷爲淸，奉、微爲濁；非無濁，奉爲敷濁，微無淸。《廣韻》明、微不分；是其時讀輕脣、重脣爲一。

凡舌上音四，半齒音一，古與舌頭四音同：知與端同，徹與透同，澄與定同，娘、日與泥同。《廣韻》常以舌上字切舌頭字；是其時二者尙未甚分。

凡正齒九音，古分屬齒、舌：莊、照或與端同，或與精同；初、穿或與淸同，或與透同；牀、神或與從同，或與定同；疏、審或與心同，或與透同；禪或與邪同，或與泥同。

凡輕脣四音，古與重脣四音同：非與邦同，敷與滂同，奉與並同，微與明同。《廣韻》尙未甚分，故常以輕脣音切重脣音。

凡古音十九紐：影、曉、見、溪、端、透、精、淸、心、邦、滂，爲淸聲；匣、疑、定、泥、來、從、並、明，爲濁聲。

凡今音於古音十九紐外，更增二十二紐：知、徹、莊、初、疏、照、穿、審、非、敷，爲淸聲；爲、喻、羣、澄、娘、日、牀、邪、神、禪、奉、微，爲濁聲。

凡音紐，古今通計四十一。

凡聲變必須疊韻，韻變必須雙聲。

凡古音同類者，互相變。

凡古音同位者，或相變。 影、見、端、知、精、莊、照、邦、非，同位；曉、溪、透、徹、清、心、初、疏、穿、審、滂、敷，同位；匣、羣、定、澄、從、邪、牀、神、禪、並、奉，同位；爲、喻、泥、來、娘、日、明、微，同位；脣音，唯變喉牙。

凡清濁音同類者，亦互相變。

凡韻但有正聲者，讀與古音同，是爲本韻。《廣韻》一韻，每分二三類，而或爲本韻，或非本韻，則以韻類爲準，不以韻部爲準。

凡韻有變聲者，雖正聲之音，亦爲變聲所挾而變，讀與古音異，是爲變韻。

凡有變聲，卽爲變韻。 故古韻二十八，今韻二百六；一韻之中，又分類多者，至分四類。

凡本韻或備有開、合，洪、細，或不能備有；本韻但有洪音，雖正聲之細亦讀洪；本韻但有細音，雖正聲之洪亦讀細；開合準此(開合亦準洪、細相變之例)。

凡變韻之洪，與本韻之洪微異；變韻之細，亦與本韻之細微異。 分等者，大概以本韻之洪爲一等，變韻之洪爲二等，本韻之細爲三等，變韻之細爲四等。

凡喉音，兼有開、合，洪、細；（喻惟有細。）牙音，兼有開、合，洪、細；（羣惟有細。）舌頭音，兼有開、合，洪、細；半舌音，兼有開、合，洪、細；舌上音，兼有開、合，洪、細；半齒音，兼有開、合，惟有細；齒頭音，兼有開、合，洪、細；（邪惟有細。）正齒音，兼有開、合，洪、細；（禪惟有細。）重脣音，兼有開、合，惟開有細；輕脣音，惟有合之細。

凡變韻之字，若讀本韻，則從本韻之聲；本韻兼有洪、細者，則變韻之洪，讀如本韻之洪；變韻之細，讀如本韻之細；本韻但有洪者，變韻之細，亦讀如洪；本韻但有細者，變韻之洪，亦讀如細。

凡一韻中兼有古兩韻以上字者，各歸本部，以本音讀之。

凡古韻二十八部：歌、戈部，歌開，戈合，音並洪；曷、末部，曷開，末合，音並洪；灰部，但有合口，音洪；沒部，但有合口，音洪；屑部，但有開口，音細；齊部，兼有開、合，音並細；錫部，兼有開、合，音並細；模部，但有合口，音洪；鐸部，兼有開、合，音並洪；侯部，開口，音洪；屋部，合口，音洪；咍部，開口，音洪；豪部，開口，音洪；蕭部，開口，音細；沃部，開口，音洪；寒、桓部，寒開，桓合，音並洪；先部，兼有開、合，音並細；魂、痕部，魂合，痕開，音並洪；青部，兼有開、合，音並細；唐部，兼有開、合，音並洪；

東部，東之合口音洪者，爲本韻；多部，合口，音細；舊以爲洪。覃部，開口，音洪；合部，開口，音洪；登部，兼有開、合，音並洪；德部，開口，音洪；添部，開口，音細；帖部，開口，音細；所標韻目，皆本韻也。

凡陰聲陽聲互相轉，曰對轉。陰聲陽聲同類音近相轉者，曰旁轉；以得對轉者，曰旁對轉。

凡聲有輕、重，古聲惟有二類：曰平，曰入。今聲分四類：重于平曰上；輕于入曰去。

凡古音平、入，亦可相叶爲韻。

凡今四聲字，讀古二聲，各從本音；本音爲平，雖上、去、入，亦讀平；本音爲入，雖平、上、去，亦讀入。

凡陽聲無入，與陰同入。

凡同入者，或一陰聲，與一陽聲同入；或一陽聲，與二陰聲同入；或二陽聲，與一陰聲同入。

凡侵、談、緝、盍四部，爲韻之變。自侵、談之緝、盍，爲陽聲轉陰。自緝、盍之侵、談，爲陰聲轉陽。

凡侵、覃、緝、盍四部，音皆收脣。故發音時，似開口；收音時，似合口。

凡同紐者，爲正紐雙聲。

凡古音同類者，爲旁紐雙聲。

凡古音喉、牙，有時爲雙聲；舌、齒，有時爲雙聲；舌、齒、脣，有時與喉、牙爲雙聲。

凡疊韻，或同韻同類，或同韻異類。

凡雙聲、疊韻、疊字三者同理，皆有本音：複述本音爲疊字；一字演爲二聲，一聲變入他韻，一聲仍在本韻，爲雙聲；一字演爲二聲，一聲改爲他紐，一聲仍在本紐，爲疊韻。

凡疊韻字，上字或變入他韻；雙聲字，下字或變入他紐；仍有本音，上字必與本音同紐，下字必與本音同韻。

凡反切上字，與本字同紐，必分清濁。《廣韻》：舌頭，常用舌上切之，重脣，常以輕脣切之，謂之類隔切。

凡反切下字，必與本字同韻，必分開、合，洪、細。《廣韻》反切，有時用他韻字，然音之洪細必同；有時亦以開口切合口，當視其同類字以定之。

凡音，或兼備四聲，或不能兼備四聲；四聲皆無，則是有音無字。

附：與人論治小學書

一事　問曰：許書簡奧，段、桂、王互有得失；率爾從事，望洋興歎。奚闢經涂，導茲初學？

答曰：肇治《說文》，先以分別六書爲急。轉注、叚借，固爲文字之用，然不明其體，卽其用亦無由知。

王君《釋例》，頗有善言，而過於求明，不免緐說。謂宜取大徐《說文》，校以《繫傳》及《篆韻譜》。

自段君以來，好以雜書所引《說文》，改補二徐，又閒以私意改定；其是者固多，而繆戾亦衆（如改琠字爲王，補个字，近於李少温所爲）。竊謂小學古書，已少完帙。《說文》存保氏、尉律之遺，允爲正名之宗極，雖知其殘闕，無寧過而存之。大徐本雖未必卽爲許君原書，而究非搜緝他書斷爛譌脫者可比（小徐《繫傳》，雖可以校大徐，而譌誤太衆）。蓋它書所引，未能專信。如慧琳《一切經音義》引《說文》：夷從市人；此乃至俗之字，若輒以補《說文》，其過宏矣。又古人引書，不盡檢尋卷軸，但憑記憶，故有時以《字林》爲《說文》;其取《說文》注它書者,改《說文》以就所注之義。據此三因,故《說文》,惟有依據大徐爲正。譬如羣經文字,在今日僅能依據唐石經;卽有異文出於其前,未可遽以私意改定也。世之補《說文》者,每見字有別義,《說文》不載,它書一引,珍若隨和;不悟大徐本「一曰」以下之文,已多增補,不思其違而更效之,則通人之蔽也。夫《說文》乃說解形體、聲音之書,與《爾雅》、《廣雅》,裒集訓故者異類,其字下釋曰:厶也,厶也,皆爲象字、從字以下之文而發;故雖罕見之義,足以說明形體、聲音,在所必錄;雖常見之義,與形體、聲音不相傅,在所必棄。如也爲女陰,至罕見之義也;也爲語詞,至常見之義也;而《說文》錄前棄後者,良以也爲語詞,自有本字(本字爲兮),而也字形體,非前義不足以說明之也。或者不察,以《說文》爲不備,憚於抽繹故書,求其根柢,而卒然沾綴,以譌淆眞;然則經傳異誼甚夥,依字系列,萃爲一書,若《經籍纂詁》之爲,不猶愈於段、王之書什伯乎?

次取說解象字、從字以下之文,分類敍列,鎃析至精,亦不過數十類。重文別錄,例準正文;有異說者,因而異之;闕不說者,從而闕之。

《說文》所闕,未宜妄解。鄭君子尹解兔字曰:「上从人,中从也省,下从人;上人,母也；下人，子也。」此可以資談諧，不可以爲典要者矣。更以《廣韻》校其音讀。《篆韻譜》本用《切韻》，然與今《廣韻》不同；其分仙、宣爲二，亦非陸君之舊也。大徐所用切音，乃依《唐韻》，與《切韻》初無甚殊；特《切韻》今已不存，唯有取證《廣韻》耳。古今音異，必能正讀今音，乃可得古音之條理。或有專讀偏旁，不依反切者，不悟偏旁雖多同，其在古音，亦未必同一讀也。如金、欽、禽、吟，同一今聲，惟禽在羣紐，古無此音（後有說）。其餘金、欽、吟三字，宛爾有別，豈可皆讀以今字之音乎？不明今音，則其說雙聲常誤；段君已然，並世通人亦病此矣。

段注多務令九千餘文之形體、聲音皆明了，再取段注讀之，以求本義、引申義之所由異。段注多說經義，類皆精覈，使人因治《說文》而得治經之法；其可寶重，政在於此。通叚文字，朱君允倩十得六七；以郝君蘭皋所明證之，亦差備矣。

朱君說異部通叚，實多允當；其說同韻通叚，愚心良多未安。蓋通叚由音轉者多；其以音近通叚者，固亦有之，然不以偶然同韻，肊定其爲一系也。

本師章氏《小學答問》，彌縫數君之闕，令人無所滯疑。其《轉注叚借說》一篇，訂正羣言，奭然而解，不僅爲叔重之功臣，蓋上與倉聖合符，下與虎門諸儒接席矣。注《說文》者多人，要而論之，可師者，以數君爲最。提其精義，無過數言：一曰，不通今音，不知古音分合之故；二曰，不通古音，不知聲、義同依之理；三曰，不解形體、聲音，不知本字、通叚字，本義、引申義之別。三者既明，博觀則有所歸宿，精論則有所憑依。不然，古今字書以十數，經、傳箋注可考者，亦不下百家，操末續顛，雖勤劬白首，猶無豁然塙斯之一日也。

二事　問曰：音韻之書，惟存《廣韻》，今欲討治，其術云何？自顧、江、段、王，考求古音，代更密察，所分部類，尚有未盡者否？今音東、冬，虞、魚，音乃如一，其古韻固已有分，今音溷同，何由判析？

答曰：音韻之學，必以《廣韻》爲宗；其在韻書，如《說文》之在字書，輕重略等。今行《廣韻》，雖非陸君《切韻》之舊；然但有增加，無所刊剟，則陸君書，固在《廣韻》中也。惟增加之字，多遺音理，其同一音而爲兩切者，番禺陳君校正最多。此外，韻中所不宜有之聲（如海韻：䐶字，與改切，不能成音，卽止韻之佁；齊韻：䜌字，人兮切，泥字條已有之），尚多未正。須知《廣韻》乃韻書，非字書；韻書，故必求備音；非字書，故不求備字。增加者，見有字爲陸本所無，因以意竄入；又不檢舊切，自作新音，初學閱之，乃不審其音與陸本爲一爲二；迷誤後來，莫過於此。然吾儕今日猶能略窺陸本之舊，正賴其不敢歸併，此則增加者謹愼之益也。

顧、江、段、王，雖能由《詩》《騷》《說文》以考古音，然舍《廣韻》，亦無以爲浣準。或欲去《廣韻》韻名，別爲古音立號，如朱君允倩以《易》卦爲古韻部名。此不悟託名幖幟之理（託名幖幟者，立一名以省繇稱；諸欲改易字母之名者，誤亦同此。本師章氏所著《文始》，有陰聲、陽聲、對轉、旁轉之稱。貴鄉葉煥彬先生，嘗與諍論，謂此等名稱，非周、漢所有。不悟漢人不言反切，但有讀如、讀若、長言、短言；周人則徒有以聲爲訓。若如葉說，雖反切亦不可用，以爲反古，乃成戲論矣。夫陰聲、陽聲諸名，自後目前，以便稱說記識，非謂古有是稱；特成名之後，不須數改耳），又不審古本音即在《廣韻》二百六部中；《廣韻》所收，乃包舉周、漢至陳、隋之音，非別有所謂古本音也。番禺陳君著《切韻考》，據切語上字以定聲類，據切語下字以定韻類，於字母等子之說有所辯明；足以補闕失，解拘攣，信乎今音之管籥，古音之津梁也。其分聲爲四十一，兼備古今，不可增減。

字母讀法，《音學辨微》所言，中惟照、穿、牀、審，須各分二紐，喻紐，《廣韻》亦分爲二。照紐之莊、側等字，穿紐之初、測等字，牀紐之牀、鉏等字，審紐之疏、色等字，當令音自上齒之斷而出。照紐之照、職等字，穿紐之穿、尺等字，牀紐之神、食等字，審紐之審、識等字，當以舌抵上齒之斷，令音從上下齒縫之間吹氣以出。喻紐之爲、于等字，當令音滿上腭而出；喻紐之喻、夷等字，當令音從中道平出之。

今以三十六母與四十一聲類列爲一表，以考同異：

	字母	聲類
喉	影	同
	爲	異
	喻	同
	曉	同
	匣	同
牙	見	同
	溪	同
	羣	同
	疑	同
舌頭	端	同
	透	同
	定	同
	泥	同
舌上	知	同
	徹	同
	澄	同
	娘	同

正齒

字母聲類	照	穿	神	審	禪
	同	同	異	同	同

半齒

字母聲類	日
	同

半舌

字母聲類	來
	同

齒頭

字母聲類	精	清	從	心	邪
	同	同	同	同	同

正齒

字母聲類	莊	初	牀	疏
	異	異	同	異

重脣

字母聲類	邦	滂	並	明
	同	同	同	同

輕脣

字母聲類	非	敷	奉	微
	同	同	同	同

加規字外者，乃字母所合併；愚意爲之立名，取《切韻》聲類中字，見韻最先者用之。其分韻類爲一類、二類、三類、四類，皆以切語下一字定之；亦有二類實同，而陳君不肯專輒合併者，固其謹也。

《切韻》之成，當亦搜采舊音。故《經典釋文》所引音，其切語上、下字，並與《切韻》同者，甚衆。舊有二音，而陸君驗爲一，故合之一韻，而仍著其異切；著其異切者，明本有異；合之一韻者，明今實同。自非開、合、洪、細有殊，雖三四切音，亦祇一音耳。今考定二類實同者如左：舉平包三聲；亦有平聲分，而上、去或合，或分者，今不備列，可以意推也。

支一支二同　同爲開口細音

支三支四同　同爲合口細音

脂三脂四同　同爲合口細音

眞一眞二同　同爲開口細音

仙二仙三同　同爲合口細音

宵一宵二同　同爲開口細音

侵一侵二　同爲細音

鹽一、鹽二　同爲細音

若夫等韻之弊，在於破碎；音之出口，不過開、合；開、合之類，各有洪、細，其大齊惟四而已。而等韻分開口、合口各爲四等。今試舉寒、桓類音質之，爲問寒（開洪）、桓（合洪）、賢（開細）、玄（合細）四音之間，尙能更容一音乎？此緣見《廣韻》分韻太多，又不解洪、細相同必分二韻之故，因創四等之說以濟其窮。然其分等，又謂皆由聲分，不由韻分，一聲或兼備四等，或但有一等；故《廣韻》同類之字，等韻或分爲三等；而猶有時窒礙難通，令人迷亂。顧其理有闇與古會，則其所謂一等音，由今驗之，皆古本音也。此等韻巧妙處，其他則繽紛連結，不可猝理。

脣音但有合口，而可以切開口之音；開口之音，亦可以切脣音；此由脣音介於開、合之間，故可以互用爲切，開口之音至脣而必合。有豪、咍等韻，本無喉、牙、舌、齒四類之合口音，而其脣音，則無非合口也；等韻家不悟是理，往往同一脣音，而一屬之開口，一屬之合口。《切韻考》專據切語下之一字分類，而四聲相承者，每有在平爲開，在上爲合。如冥、茗二音相承者，以冥用莫經爲切，經在靑韻爲一類，則以冥歸第一類；茗用莫迥爲切，迥在迥韻第二類，則以茗歸第二類；不悟脣音無開口也。又《廣韻》以脣音切開口者十許，以開口切脣音者亦十許，陳君皆以爲《切韻》之疏；《切韻》何嘗疏乎？《廣韻》分韻雖多，要不外三理：其一，以開、合，洪、細分之。其二，開、合，洪、細雖均，而古本音各異，則亦不能不異；如東、冬必分。支、脂、之必分，魚、虞必分，皆、佳必分，仙、先必分，覃、談必分，尤、幽必分，是也。其三，以韻中有變音、無變音爲分；如東第一（無變音），鍾（有變音），齊（無變音），支（有變音），寒、桓（無變音），删、山（有變音），蕭（無變音），宵（有變音），青（無變音），清（有變音），豪（無變音），肴（有變音），添（無變音），鹽（有變音）諸韻，皆宜分析，是也。倘如今日通行之《平水韻》，則合其所必不可合者；南北曲所用之曲韻，則更以方音合其所必不能合者；雖欲考見古韻，亦何由乎？《廣韻》之至今尚存，考音者莫大之幸也。

今姑以私意爲左右陳治《廣韻》以通古音之法：

第一，當知四十一聲類中，有本聲，有變聲。

表之如左：變聲與本聲同列者，明其在古不分。

	本聲	變聲
（喉）	影清 曉清 匣濁	爲濁 喻濁
（牙）	見清 溪清 疑濁	羣濁（清濁相變）
（舌頭）	端清 透清 定濁 泥濁	
（舌上）		知清 徹清 澄濁 娘濁
（正齒）		照清 穿清 神濁 審清 禪濁
（半齒）		日濁

本聲	變聲
（半舌）來濁	
（齒頭）精清 清清 從濁 心清	（齒頭）邪濁（清濁相變）
	（正齒）莊清 初清 牀濁 疏清
（重脣）幫清 滂清 並濁 明濁	（輕脣）非清 敷清 奉濁 微濁
本音凡十九類	變音凡二十二類

第二，當知二百六韻中，但有本聲，不雜變聲者，爲古本音；雜有變聲者，其本聲亦爲變聲所挾而變，是爲變音。

今但表古本音：

陰聲	入聲	陽聲
灰合洪（章氏脂部）	屑開細（章氏至部）	先開合細（章氏眞部）
歌開戈合洪（章氏歌部）	沒合洪（章氏隊部）	魂合痕開洪（章氏諄部）
齊開合細（章氏支部）	曷開末合洪（章氏泰部）	寒開桓合洪（章氏寒部）
模合洪（章氏魚部）	錫開合細（章氏與支不分）	青開合細（章氏清部）
侯開洪（章氏侯部）	鐸開合洪（章氏與魚不分）	唐開合洪（章氏陽部）
蕭開細（章氏幽部）	屋合洪（章氏與侯不分）	東合洪（章氏東部）
豪開洪（章氏宵部）	沃合洪（章氏與宵不分）	冬合洪（章氏冬部）
咍開洪（章氏之部）	德開合洪（章氏與之不分）	登開合洪（章氏蒸部）
	合　洪（章氏緝部）	覃　洪（章氏侵部）
	帖　細（章氏盇部）	添　細（章氏談部）

先韻有狗字(牀紐，此增加字)，灰韻上聲有倄字(爲紐，此增加字)，曷韻有鑈字(喻紐，此增加字)，桓韻上聲有鄹字(邪紐，此增加字)，齊韻有臡字 (日紐，此增加字)，栘字(禪紐，此增加字)，去聲有遂字(徹紐，此增加字)，錫韻有歡字(徹紐，此增加字)，侯韻上聲有鯫字(牀紐，此增加字)，東一類去聲有諷(非紐)、賵(敷紐)、鳳(奉紐)字(以平聲準之，當入第二類)，咍韻有犃字 (穿紐)，上聲有腴(喻紐)、疓(日紐)字(皆增加字)，凡此變音諸字，雜在本音中，大氐後人增加，綴於部末；非陸君之舊，不可執是以譏鄙言不驗也。

第三，當知變音中之本聲字，當改從本音讀之；其變聲，當改爲本聲，而後以本音讀之。

今舉東韻第二類爲表，規其外者爲本音。(兩規者，平聲無字。)

影曉匣	見溪疑	端透定泥來	精清從心	邦滂並明	
翁烘洪	公空峴	東通同𪔱籠	葼悤叢檧	琫 蓬蠓	東第一類本音
曉	見溪	來	清 心	明	本聲
(去)趬	弓穹	隆	(去)趥嵩	瞢	
爲	羣	知徹澄	牀	非敷奉	變聲
雄	窮	中忡蟲	崇	風豐馮	
喩		照穿日			
融		終充戎			

雄、融諸字，本音宜以他韻本音讀之。此表以示讀法，故每紐皆舉《廣韻》所載每類中之第一字。

第四，當知旁轉、對轉之理，卽具於《廣韻》中。對轉者，一陰聲與一陽聲同入而相轉；旁轉者，一陰聲與一陰聲部類相近而相轉，陽聲準是；旁對轉者，一陰聲與一陽聲不同入而相轉；其陽聲對轉之陰聲，必與此陰聲爲旁轉，陽聲準是。今先舉一陰聲爲例：

微韻（本音灰韻）有譩字；譩字本音在咍韻，故知灰與咍爲旁轉。

又有碕字；碕字本音在歌韻，故知灰與歌爲旁轉。

又有暉、輝等字；其本音在魂韻，故知灰與魂爲對轉。

次舉一陽聲韻爲例：

東韻有中、忡等字；其本音在多韻，故知冬與東爲旁轉。

又有弓、穹等字；其本音在登韻，故知冬與登爲旁轉。

又有風、楓等字；其本音在覃韻，故知東與覃爲旁轉。

又有雺、罞等字；其本音在蕭韻，故知東與蕭爲對轉（侯、蕭同入）。

四術既明，更取《說文》聲母數百（形聲字更爲聲母者，括於初母），依韻、依類排比之，再取聲子依類排比之。證以《詩》三百篇所用之韻，參以段、王、孔、張（臯文有《說文諧聲譜》，其子成孫成之，在《續淸經解》中）諸書，古音讀法庶幾無誤矣。

言古音讀法者多家，段君謂古音斂而今音侈，錢君曉徵已有諍難。本師章氏嘗作《古今音準》一卷，謂魚部音皆當如模部，陽部音皆當如唐部；此可謂至精之論。又謂泰部本音當近麻；以今論之，曷之陰聲爲歌，而麻韻本自歌變，則泰近麻之說又誦矣。若乃今音洪、細相同，欲求分別，亦有簡術。

第一，兩變韻之音溷，以本音定之。

如魚、虞今音難別；然魚韻多模韻字，此必音近於模也；虞韻多侯韻字，此必音近於侯也。試於讀魚字時，先讀吾字；讀虞字時，先讀齵字；則二音判矣（簡言之，無異以吾於切魚，齵紆切虞；但須重讀其上字耳）。

第二，兩本音復相溷，則以對轉之音定之。

如東、冬，今音亦難別；然東與侯對轉，此必音近於侯也；冬與豪對轉，此必音近於豪也。試於讀東字時，先讀兜字；讀冬字時，先讀刀字；則二音判矣（簡言之，無異以兜翁切東，刀碚切冬；但須重讀其上字耳）。段君能分支、脂、之為三類，而不得其本音；晚年嘗以書問江晉三云：「足下能知其所以分乎？僕老耄。倘得聞而死，豈非大幸！」於此可見先儒好學之篤，虛己之誠。謹案：支之本音在齊韻，當讀為鞮；脂之本音在灰韻，當讀為磓（脂韻古皆合口，前人已多言之）；之之本音在咍韻，當讀如⿰黑臺。今音所以溷者，以支由本聲為變聲，遂成變韻；脂由本聲為變聲，復由合口為開口，由洪音為細音；之由本聲為變聲，復由洪音為細音；於是支、脂、之，皆同為開口細音，斯其分介不憭矣。

凡此所言，皆由師說以推衍之。如有未究，願竢通人。

三事　問曰：今為詩賦，宜以何韻為宗？

答曰：今作韻文，即用《廣韻》為準。韻中縱有古音他部之字，要不違旁轉、對轉之條。如欲專用古音，則朱君有《古今韻準》一書在，臨韻時可取繙之。凡古音同而今音異者，不必用（韻文須諧宮徵，雜以古音，使人哽介）；古音異而今音同者，自非作近體詩，亦不可用（此為篤守古韻者言，即實論之，可毋拘也）；但取古今俱同者用之，則合於古，仍不戾於今矣。

《廣韻》韻目下，與厶同用者，可依用之；其不注者，未宜率爾合併。《平水韻》竟合徑、諍、嶝以為一；此為泯青、登之界，所以不可訓也。

四事　問曰：訓詁與音，束蘆相依；王君疏通《廣雅》，則諸經異文，諸子辭賦奇字，皆得渙解；郝君疏通《爾雅》，則古文經傳義故，由以開明；采其菁華，何術之以？

答曰：王、郝二書，用意略異。一在推本字，兼明通叚，此郝君之為也；一在搜求舊訓以證《廣雅》，此王君之為也。然二家皆以音理貫穿義詁，其言音同、音近、音轉三者，最為閎通。音同者，古本音相同，或今變音相同也；音近者，卽疊韻相轉，亦卽旁轉也；音轉者，卽雙聲相轉，亦卽對轉、旁轉也。

疊韻相轉，亦有定例，未可憑肊妄說。今據師言，紬爲四例如左：

一，同類音相轉；

二，喉音與牙音相轉；

三，舌音與齒音相轉；

四，喉、牙音可舒作舌、齒、脣音，舌、齒、脣音可斂作喉、牙音。

王君不悉舉《說文》本字，蓋有二故：一者，兩字音義小殊，此字雖從彼變，若無左證，不肯輒斷爲同；二者，音理圓周，義多聯屬；一通叚字旣指一文以爲本字矣，雖更舉一文以爲本文，亦可成立，徒滋糾紛，難定疑惑；故寧闕而不說，斯其謹也。

由聲類以推本字，本師章君，至爲精覈，皆待左證而成說；加以深明音理，故能曲暢旁通。往昔粗滓，妄謂審音定字之業，可以縣企；考索方言，頗費楮墨。由今視之，非無一二精塙之說，而比附穿鑿，函胡不憭者衆；思而不學，殆已！

五事　問曰：窮文字之孳乳，集小學之大成，咨惟章氏《文始》；然觀之，徒覺其浩緐。今欲求簡易之方，盡貫穿之致，其道奚自？

答曰：《文始》之爲書也，所以說明叚借、轉注之理。然六書以前四爲體，後二爲用；倘不先明其體，[2] 即其用亦無由明。又轉注由音理而成，不了音理而讀《文始》，但見其轉變無端，使人眩亂。故必先通《說文》、《廣韻》，乃可以讀是書。

《文始》總集字學、音學之大成，譬之梵教，所謂最後了義。或者以爲小學入門之書，斯失之矣。若其書中要例，惟變易、孳乳二條。變易者，形異而聲、義俱通；孳乳者，聲通而形、義小變。試爲取譬，變易，譬之一字重文；孳乳，譬之一聲數字。今字或一字兩體，則變易之例所行也；或一字數音、數義，則孳乳之例所行也。

今字一字或數音、數義，假令各制一字，斯成數字矣。古以一聲演成數字者，循轉注之例；今以一字兼數音、數義者，循假借之例。

今取《文始》一首釋之，以示例：

陰聲歌部

《說文》：「㐄，跨步也，從反夊；𨁢從此。」案𨁢讀若過，㐄音亦同。

㐄，苦瓦切；本音在戈韻，苦禾切（古上聲或讀平，或讀入，從其本音）。過在見紐，此

〉同類音轉也（見、溪同爲牙音）。

變易爲過，度也。

跨步義與度義非有殊，故曰變易；明過卽干之異體也。過，古禾切。

跨訓渡，與過訓度同；干訓跨，卽初文過字甚明。

此過、干相同之左證。

旁轉魚則爲跨。

跨，亦干之異體也。跨，古化反；本音在模韻，苦姑切（古去聲或讀平，或讀入，從其本音）。此以雙聲旁轉。

所以跨謂之胯，股也。

古者，名詞與動詞、靜詞相因，所從言之異耳。段君注《說文》，每加所以字，乃別名詞于靜、動詞，其實可不必也。卽如跨、胯二音，其初固同，其後乃分爲二。自跨之物言之，則曰胯；自跨之事言之，則曰跨。《公羊傳》曰：「入其門，無人門焉」；上門舉其物，下門舉其事，而二義無二文；此可證跨、胯之本同矣。胯，苦故切，讀平聲；則與跨之本音同。

旁轉支則爲𧺆，半步也。

半步與跨步，義非有殊，故曰變易；明𧺆亦午之變體也。𧺆，丘弭切；本音在齊韻，苦圭切，讀如奎。此以雙聲旁轉。

所以𧺆謂之奎，兩髀之間也。

奎、𧺆，亦一名一動，與胯、跨爲一名一動同。

奎，苦圭切，與𧺆本音同。

近轉泰則爲越，度也。

此亦變易也；明越爲午之異體。

越，王伐切；本音在末韻，於括切（爲紐變聲，古祗讀影）。此以牙、喉旁轉。

爲𨑨，逾也；與于屬之粵相系。

逾與度義同，𨑨亦午之異體；粵、越、𨑨，則同爲喉音，越、𨑨同切。

午在本部又孳乳爲騎，跨馬也；古音如柯，以跨步，故轉爲跨馬。

騎可以言跨，凡跨不可以言騎；是二字義界通局有分，故曰孳乳；明因義殊而別造一字也。

騎，渠羈切；本音在歌韻，可何切（羣紐變聲，古祇讀溪）。此同類音轉也。

又孳乳爲倚，舉脛有渡也；以跨故轉爲渡。

渡水之跨，與凡跨所從言寬狹亦殊，故曰孳乳。

倚，去奇切；本音在歌韻，可何切，與干開合小殊。

騎又孳乳爲駕，馬在軛中也。《詩》《書》有駕無騎；然騎必先於駕，草昧之初，但知跨馬；

輿輪已備，乃有駕御爾。

（駕字，籀文作格，從各聲；又與馭字相關。）

駕，古訝切；本音在歌韻，古俄切。

騎又孳乳爲羈，馬落頭也。

羈，居宜切；本音在歌韻，古俄切，與駕同音。

其胯之衣則曰絝，脛衣也。

此孳乳也。傅胯之衣，名因於胯，而實不同物，故爲孳乳。絝、胯切同。

變易爲襗，卽絝也。

此明襗卽絝之異文。

襗，徒各切；此本音也，鐸爲模入。此以牙音舒作舌音。

𢆉奎之衣，則曰褰，絝也。自歌對轉入寒。

此亦孳乳也。

褰，去虔切；本音在寒韻，苦看切。此以雙聲對轉。

𢆉對轉寒，則變易爲遃，過也，引申爲過失。

遃之本義爲過度之過；其訓爲過失之過，乃引申之義；故以遃爲𢆉之異體。遃、褰切同。

孳乳爲辛，辠也。

此由遃之引申義孳乳；凡辠因於過失，而過失不可槩曰辠；通局有異，故別造一字。

辛、遃切同。

爲愆，過也；與干相系。

此遃訓過失者之本字。由步行過度之義，引申爲行事過失之義；言過同，所以爲過異；故別造一字。

干、辛同在寒部。

㤁、亍同切。

魚部之跨，對轉陽則孳乳爲斻，方舟；《詩傳》曰：渡也。引《詩傳》以證斻系於跨之義，但引《說文》則義不顯；凡引它書，皆准此例。斻，胡郎切，此本音也。與跨，以牙、喉對轉。又孳乳爲潢，小津也；一曰，以船渡也。

此從本義言之，則爲斻之孳乳；若從別義言之，則爲斻之變易。潢，戶孟切；本音在唐韻，呼光切，與斻開、合小殊。

胯之孳乳爲絝，脛衣也。

此羨文，已見前。

亐與于歌魚旁轉，其所孳乳多相應。

孳乳相應者，謂同一字可說爲此字所孳乳，又可說爲彼字之孳乳。

胯、跨、絝，皆以于爲最初聲母。

泰韻：越、狘，又孳乳爲蹶；一曰，跳也。

此但引別義者，以本義爲僵，當系扒字也。跳亦踰度之類，而通局有殊，故別造一字。

蹶，居月切；本音在末韻，古末切。與越、𨒪，爲喉、牙相轉。

由度越義，越又孳乳爲闊，疏也；《釋詁》曰：闊，遠也。

遠與越義相因，而所施各異；越以言其事，闊以狀其形；動靜有殊，故別造一字也。

闊，苦括切，此本音也。與越，亦爲喉、牙相轉。

闊亦變易爲奯，空大也（自注曰：豁訓通谷，音亦相近）。

空大與疏遠，義非有殊，故爲變易；豁訓通，與空大義相似，故附之。此下不以爲正文者，豁字別有所系也。奯，呼括切，此本音也。與闊，爲喉、牙相轉。豁、奯切同。

對轉寒爲寬，屋寬大也（自注曰：𡘋訓奢𡘋，亦相近）。

此當言孳乳也。言屋寬大者，與凡寬大固有殊，故宜以爲孳乳字。奢、闊義近，故附𡘋於此下。

寬，苦官切，古本音也。與闊，爲同類平、入相轉。

𡘋，胡官切，此本音也。與闊，爲牙、喉平、入相轉。

蹶又孳乳爲𧾩，蹳也。

謹案蹶訓蹳，蹳訓跳躍；此當言蹶變易爲𧾩。或蹶字，爲越字之誤與？𧾩、蹶切同。

爲跋，輕足也。

越者，舉足必輕；義本相因，而所施各異，故別造一字。越、跋切同。

爲适，疾也。

越、疾義亦相因，所施各異，故別造一字。

适，古活切；與蹶本同字。

爲娍，輕也。

娍、越切同。

寬又孳乳爲愃，寬閒心腹皃。

愃，專就人事言，故別造一字。

愃，况晚切；本音在桓韻，呼官切。與寬，牙、喉相轉。

爲憪，愉也。

愉樂因於寬閒；語相因而義有通局，故別造一字。

憪，戶閒切；本音在寒韻，胡安切。與寬，牙、喉相轉。

丂本韻歌，本聲溪；通韻五（模、曷、鐸、寒、唐）。通聲五（見、影、定、曉、匣）。

表之如左（變易橫列，孳乳直列）：

干—過—跨—胯—趌—奎—越—𨒅—𨔝

干—騎（駕—羈）—倚

跨—抗—潢

胯—絝—褰

胯—絝—襗

越—蹶（蹶—跋—适—娍）—闊—巚—寬—愃—憪

𨔝—𢆉—愆

凡干字之屬，三十字。

右略釋一節，可以類推。不明《廣韻》，不能塙知古音；不曉古音，不能綧見音義相因之故。治《文始》與治《説文》，固無二術也。

凡答五事，既竭所知，尚有餘問，闕之以辟不敏。

詩音上作平證

辛未四月丙戌望作

沚。之事采蘩　昴。裯猶小星　苞。誘。野有死麕　舟流憂酒。遊柏舟　諸士。處顧日月　菲。體。違死。谷風　遲違

邇。畿薺。弟同上　我。我。我。爲何北門兩見　唐鄉姜上。桑中　虛楚。定之方中　旟都。組。五。予。干旄　子。尤思之載馳

僴。咺。諼淇奧　葚。耽氓　隕。貧同上　湯裳爽。行同上　淇思之右母。竹竿二章通韻　廣杭望河廣　期哉塒矣。

來思君子于役　蒲許。揚之水　孚造。憂覺兔爰　子。里。杞。之母。將仲子　手。讟好。遵大路　洧思士。褰裳　溥婉。

願野有蔓草　唯。歸水。敝笱　湯彭蕩。翔載驅　哉其矣。之之思園有桃兩見　子。已。哉止。屺母。陟岵二章通韻　弟偕死。

同上　皓。繡鵠憂揚之水　采已。涘。之右之沚。蒹葭　有。梅止裘哉終南　湯上。望宛丘　之之已。矣梅止。

之墓門二章通韻　楚。華家隰有萇楚　梅子。絲絲騏鳲鳩　火。衣七月兩見　瓜壺苴樗夫圃。稼同上兩章通韻　霜場饗。羊堂觥

疆同上　雨。土。戶。予据荼租瘏家鴟鴞二章通韻　駸諗四牡　韡。弟威懷常棣二章通韻　阪。衍。踐遠。愆、伐木　享嘗王

疆天保　郊旐。旄出車　偕邇。杕杜　旨。偕魚麗　有。時同上　臺萊子。基子。期南山有臺　瀼光爽。忘蓼蕭　藏

旣饗。彤弓　儦猶醜。采芑　父。牙居祈父　野。樗故、居家我行其野　巖瞻惔談斬。監節南山　師氏。毗維迷師

同上　定生甯醒成政姓領。騁。同上二章通韻　酒。殽正月　交卯。醜。十月之交　時謀萊矣。同上　訿。哀違依底。小旻

猶集咎。道。同上　止。否。謀同上　且。辜幠巧言　盟長。同上　伊幾。同上　丘子。詩子。之巷伯　鬼死。萋

怨谷風　子。來子。服子。裘子。試大東　冥。頻。無將大車　雝。重同上　子。息直之福小明　蹌羊嘗亨將祊明

皇。饗。慶疆楚茨　廬瓜菹祖。祜。信南山　享。明皇疆同上　穉火。萋祁私穉穧穗利大田二章通韻　左宜。裳裳者華　扈。

羽。胥。祜。桑扈　上。柄臧頍弁　仰。行車舝　旨。偕賓之初筵　反。幡遷僊同上　股。下紓予。采菽　反遠遠。然

角弓二章通韻　駒後。饇取。同上　卑疷。白華　虎。野。夫暇何草不黃　時右已。子。文王二章通韻　上。王方商京行王王大明三章通韻

飴謀龜時茲止。右理。畝。事綿二章通韻　屏。平皇矣句上韻　芑仕謀子。哉文王有聲　道。草。茂苞褎秀好。生民　時祀。

悔同上　句鍭樹侮。主。醹斗耇。行葦二章通韻　時子既醉　原繁宣歎巘。原公劉　依。濟几。依同上　茲饎子。母。

泂酌　板。癉。然。遠。管。亶。遠。諫板　賊則李。子。絲基抑二章通韻　子。否。之事之耳子。同上　子。止。謀悔國忒德

棘。同上　翩泯燼頻桑柔　將往。競梗。同上　伯馬。居士。崧高　茹吐甫茹吐。寡。禦。舉圖舉助。補祖。烝民三章連韻

祖。屠壺魚蒲車且胥韓奕　士。訏。甫。噳。虎。居譽同上　首休考壽。江漢　引。頻召旻二章連韻　里。里哉舊同上

典禋維清　方饗。我將　秭。醴。妣。禮。皆豐年　王章陽央鶬光享。載見　之思哉士。茲子。止。敬之　耘畛。

載芟　止。之思思賚　馬。野。者。騢魚祛邪徂駉　水。芹旂泮水　林。黮。音琛金同上　武。緒。野。虞女。旅。父。

魯。宇。輔。閟宮二章通韻　與。鼓。祖。假。那　疆衡鶬享。將康穰饗。嘗將烈祖　河宜何。玄鳥　共厖龍勇。動。竦。總。

長發　鄉湯羌享。王常殷武

附上作平表

歌　有
寒　有
先　有
灰　有
痕　有
齊　有

青　有
模　有
唐　有
侯　有
東　有
蕭　有

豪　有
多　〇
咍　有
登　〇
覃　有
添　有

說文聲母字重音鈔 據類篇

一

元

天一　他年　又鐵因

丄一　是掌　又時亮

丅三　亥雅　又後五　又亥駕　又居迓

示三　又翹夷　又市之　又支義

神　乘人

祭一　又側界

祫一　曷閤　又轄夾

祝二　職救　又之六　又昌六

社

祟一　又雪律

祈

三 二　又倉含　又蘇暫
王 一　于方　又于放
閏　儒順
皇
玉　虞欲
瑞　樹僞
玨 一　訖岳　又古祿
班　逋還
⿲王車王 三　又敕。六。　又筆力　又蒲蒙
气 一　又欺訖
士
丨 四　古本　又息利　又丑二　又吐外　又敕列
中 二　陟隆　又陟仲　又直衆

右一上

屮一　又采早

芚三　株倫　又殊倫　又徒渾　又杜本

毒

熏一　又呼運

艸一　又在早

芝　眞而

蒐二　踈鳩　又。戶。賄。　又所救

苗　眉鑣

菑六　莊持　又將來　又子冀　又側吏　又初吏　又將來　又側吏

荾一　師銜　又。尹。捶。

若二　日灼　又人奢　又爾者

臾

芻一　窗俞　又甾尤

[艸/囟] 姻視
折一 又之列
卉一 詡鬼 又竝許貴
茻三 又滿補 又文紡 又莫後
莫三 又慕各 又莫白 又莫狄
葬三 又茲郎 又慈郎 又才浪

右一下

小
八
分四 又符分 又方問 又符問 又皮莧
尒
詹
介二 又居賀 又訖黠
公一 又諸。容。

釆二　又邦免　又莫晏
番九　符袁　又普半　又蒲糜　又補過　又孚袁　又孚萬　又鋪官　又蒲官　又逋禾　又蒲波
宷
悉
半二　又普半　又逋潘
牛　魚尤
牟二　迷浮　又莫後　又莫候
牢一　郎刀　又郎侯
聱四　又嗚龍　又°陵°之°　又°郎°才°　又謨袍
蘢三　陵之　又郎才　又°謨°支°　又°謨°袍°
告六　又乎刀　又居勞　又居六　又枯沃　又沽沃　又轄角
口
吹一　姝爲　又尺僞
名二　彌幷　又忙經　又彌正

君　拘云
命
咠二　郎入　又七入　又。一。入。
启　遺禮
咸二　胡讒　又古斬　又口陷
右
吉二　激質　又極乙　又其吉
周　之由
咅　牙葛
各　剛鶴
否
吠
局　衢六
谷

哈

凵一　又苦紺

吅二　又。荀。緣。　又。似。用。

𠷎　尼庚

哭

走

止

前一　又子淺

𣥂

歰一　色入　又色甲

癶

登一　又丁鄧

癹一　又蒲撥

步

此

呰九　才之　又津夷　又蔣氏　又思計　又資昔　又四箇　又殘西
　　　又蔣氏　又在禮　又資昔

些五　將支　又桑何　又思嗟　又息計　又思計　又四箇

右二上

正一　又諸盈

乏　扶法

是一　又田黎

尟一　思淺　又並宣遇

辵

迸

連三　陵延　又力展　又郎旰　又連彥

遯一　都困　又徒困

邍

道一　杜皓　又大到

彳一　又。甫。玉。

復一　吐內　又諸盍

後一　下遘　又很口

御二　又偶舉　又魚駕

亍二　又株遇　又。甫。玉。

夂一　又羊進

建一　紀偃　又居萬

延三　抽延　又丑展　又。羊。進。　又。延。面。

行五　又寒剛　又乎監　又下浪　又下孟　又下朗

衕一　熒絹　又並扃縣

衞

齒一　又稱拯

齔六　楚引　又。丑。引。　又創允　又初堇　又初覲　又初問　又。恥。問。

牙二　牛加　又語下　又魚駕

足一　又邅遇

路一　魯故　又歷各

疋六　又新於　又寫與　又爽阻　又所據　又語下　又縱玉

品

喦二　又逆及　又日涉切

喿一　先到　又千遙

龠

册二　又並所晏　又初諫

扁七　卑緜　又補典　又蒲眠　又紕延　又孚袁　又婢忍　又匹典　又婢善

右二下

㗊四　又測入　又側立　又訖立　又北及

嚚一　魚巾　又牛閑

器

舌一　又乎刮

干四 又侯旰 又居案 又魚旰 又魚澗

羊 忍甚

屰二 佗戟 又。匹。各。 又。匹。陌。

谷一 極虐 又渠略

丙二 他點 又他紺 又他念

只一 又章移

㕯一 又奴骨

矞四 休必 又。女。律。 又。食。律。 又允律 又古穴

句四 又恭于 又權俱 又九遇 又居候

丩三 又居尤 又渠幽 又巨夭

糾三 吉酉 又居虯 又舉夭 又巨夭

古一 又古慕

十

支 雉兩

千　倉先

肸三　許訖　又黑乙　又顯結　又兵。媚。

斟二　卽入　又。叱。入。　又。質。入。

博　伯各

廿　日執

卉

世

言二　又魚巾　又牛堰

啻　乙力

信

䚻一　餘招　又夷周

說三　輸爇　又欲雪　又輸芮　又儒稅

計一　吉詣　又吉屑

設　式列

諰三　想止　又所佳　又搗皆　又息改

訥一　奴骨　又張骨

䜌二　盧丸　又並閭員　又龍眷

謕二　虛訝　又相支　又乎刀

討　土皓

謚二　又並◦於◦賜◦　又◦羊◦至◦

譶

誩三　又巨兩　又◦他◦紺◦　又◦徒◦濫◦

譱　上演

競　渠映

音

章一　又之亮

竟一　又舉影

辛一　又丘閑

妾
丵一　又作木
業二　逆怯　又並玉盍　又逆及
對　都內
廾二　又居容　又渠容
𢪔　如前
丞二　辰陵　又諸仍　又常證
奐一　又胡玩
弇四　姑南　又郍含　又衣廉　又衣檢　又於鹽
弄
𢍰　渠龜
戒
兵
𠬜

共五　又胡公　又居容　又渠容　又古勇　又居用
異　餘志
舁一　又苟許
與四　演女　又羊諸　又倚亥　又羊茹　又王遇
興一　又許應
臼一　又居六
爨二　又七丸　又取絹
鬨三　又方。勇。　又古勇　又苟許

右三上

革二　各核　又訖力　又竭憶
鞌　於寒
鬲一︿　又。各。核。
鬻一　又。父。沸。
䰞　居行

爪一 又阻敎

孚二 又芳遇 又符遇

爲一 于嬀 又于僞

尒 止兩

丮

埶一 倪祭 又魚列

⿰女丮 戶瓦

⿸厂丮一 又古祿

鬥一 又。克。角。

鬩 馨擊

又

右

厷一 姑弘 又乎萌

叉一 初加 又初佳

叉

父一 奉甫 又匪父

叜三 又疎鳩 又先彫 又蘇遭

燮 悉協

夬一 古邁 又古穴

尹一 庾準 又于倫

㕞

及 極入

秉一 補永 又彼病

反四 又部版 又孚袁 又孚萬 又方願

叚三 又乳衰 又泥展 又。節。力。

殳 他刀

叟

取五 此主 又逡須 又遵須 又雌由 又此茍 又趨玉

彗三　旋內　又須銳　又雖遂　又徐醉
叚二　舉下　又居迓　又何加
友
广一　又子賀
卑七　賓彌　又僻吉　又頻彌　又吡賓　又逋還　又補弭　又部弭　又吡至
史　爽士
攴二　又。翹。移。　又支義
聿
肅一　息六　又所六
筆一　逼密　又筆別
𦘒　資辛
畫一　又胡卦
晝

隶五　又神至　又徒對　又。羊。至。　又大計　又蕩亥

臤五　又丘寒　又胡千　又輕烟　又丘耕　又去刃

緊　頸忍

堅　經天

臣

亞三　嫗往　又求往　又俱永　又古況

殳

杸一　又都外

毄一　詰歷　又吉歷

𣪘二　祛尤　又。尼。猷。　又居又

殺七　山戛　又所介　又。式。吏。　又所列　又所介　又桑葛　又私列　又。式。吏。

几

㐱一　又之刃

寸一　又取本

㲋一　乳兗　又。祖。峻。

褎二　乳勇　又並乳戶　又並乳袞

攴一　又匹角

徹　敕列

敕　郎甸

改三　象。齒。　又養里　又已亥　又倚亥

攸一　夷周　又以九

敗一　又北邁

寇　丘候

吱一　亭年　又堂練

牧一　莫六　又莫候

敎二　居效　又居肴　又北角

卜

卟一　堅奚　又遺禮

占一 之廉 又章豔
𠁳一 直紹 又徒了
用
庸
葡
爻一 又後教
棥
㸚二 又。演。爾。 又郎計
爽一 所兩 又師莊

右三下

旻六 又許月 又勿。發。 又。莫。結。 又翾劣 又。七。役。 又忽域
夐二 虛正 又火遠 又翾縣
𡕓三 又火遠 又古玩 又逵員
目

睔七 胡關 又古惠 又邦兔 又馨兗 又戶袞 又古本 又魯本 又古困

窅五 伊鳥 又彌延 又於交 又烏熒 又一叫 又於絞

罙 達合

相一 思將 又息將

瞲一 古穴 又一決

看一 丘寒 又並虛旰

睡 樹僞

䀝

睚二 宜佳 又魚羈 又五隘

䀠二 恭于 又九遇 又俱遇

啚一 古倦 又齒九

奭二 恭于 又果羽 又俱遇

眉 旻悲

省二 又息井 又息淺

盾三　食閏　又豎尹　又以準　又杜本

自

臱

白

皆　居諧

衜

百

鼻　父二

皕一　又兵媚

習

羽二　又後五　又王遇

翟二　直格　又直角　又他歷　又亭歷

翏四　力弔　又力竹　又憐蕭　又力求　又力救

𦐔　託盍

隹四　又遵。綏。　又祖。誄。　又諸鬼　又祖。猥。
隻
雀　卽約
䍜　陟教
雋二　徂兗　又子兗　又將遂
奞四　又呼。遺。　又思邀　又思晉　又須閏
奪一　又徒外
奮
雈
蒦五　又並胡麥　又並乙却　又並鬱縛　又屋郭　又厥縛
丫二　又公懷　又古買
𦫳　公懷
芇二　又彌延　又彌珍
苜一　又莫。結。

瞢六　又眉耕　又彌登　又莫肓　又莫鳳　又母亘　又莫結

蔑

羊

美　母鄙

羌一　墟羊　又許亮

羴二　又。牛。閑。　又。虛。閑。

羼一　又初莧

雔

靃一　又。選。委。

雙一　又朔降

雥

雧

鳥一　又覩老

鳴一　眉兵　又眉病

烏三 哀都 又衣虛 又於加 又於諫

舄二 七約 又。闔。各。 又思積

焉二 尤虔 又於虔 又依言

右四上

華一 又壁吉

糞 方文

棄 馨致

冓一 又居侯

再

爯一 又昌孕

幺

幼三 又一笑 又於斂 又乙六

𢆶二 又於求 又。津。之。

幾四 居希 又渠希 又舉起 又几利 又其既

惠

疐一　又丁計

玄一　又熒絹

茲一　津之　又。胡。涓。

予二　又羊諸　又。丈。呂。

幻三　胡慣　又胡了　又胡困　又並胡辦

敖一　牛刀　又魚到

敫四　吉弔　又以灼　又吉歷　又堅堯　又牽幺

𠬪一　又婢小

爰　于元

𤔔　盧玩

寽　龍輟

爭一　側莖　又側迸

𤔌一　倚謹　又於靳

𣦼　財干
㕡二　黑各　又並黃郭　又郝格
𣦿二　居代　又何邁　又戶八
叡　俞芮
歺二　又並居陵　又。才。達。
𣩵一　魯果　又魯外
𣧚一　又才贊
死　想姊
冎
別一　皮列　又筆別
骨
肉二　又儒遇　又如又
胃　于貴
肩三　經天　又胡恩　又丘閑　又胡千

肘

胤二 羊進 又思忍 又羊忍

隋四 又吐火 又杜果 又思果 又呼恚

脃四 又充芮 又租悅 又並促絕 又蒼沒

肰

臝一 盧戈 又魯果

肎一 又並可亥

肥一 又補美

筋二 又渠言 又渠焉

刀一 又丁聊

利

初

則一 即得 又薄邁

刪一 相干 又師姦

釗三　堅。堯。　又之遙　又祁。堯。　又莊。交。
制
罰
刵二　又。牛。芮。　又。牛。吠。
魝二　雙。雛。　又吉詣　又吉屑
刃
办
㓞一　又下八
栔二　又詰計　又詰結
丰一　又盧對
耒五　又倫追　又魯水　又魯猥　又力遂　又龍輟
角一　又。盧。谷。
觲　思營
解四　下買　又舉蟹　又居隘　又下解　又口賣

右四下

竹二　又剢六　又張六
等一　打亥　又得肯
簭一　又。以。制。
簋　矩鮪
𥫱　胡故
筭一　緒纂　又蘇貫
算三　損管　又緒纂　又須兗　又蘇貫
箕
丌一　又渠之
典一　又徒典
畀
奠二　又丁定　又徒徑
左一　又子我

差七　又宜　又楚嫁　又初佳　又初加　又倉何　又咨邪　又初皆　又楚懈

工

巨二　臼許　又求於　又果羽

榘　音同巨

珏

窦一　悉則　又先代

巫　微夫

覞一　又下革

甘二　沽三　又胡甘　又古暗

聒

猒一　又於豔

甚一　食荏　又時鴆

曰一　又王勿

回

沓一　達合　又託合
曹　財勞
乃一　曩亥　又乃代
丂
甹　滂丁
𠀁
奇三　又居宜　又隱綺　又丘寄
哥
叵
兮
乎一　洪孤　又荒乎
号二　又乎刀　又虛嬌
號一　又後到
亏一　雲俱　又邕俱

粵

平四　蒲兵　又毗連　又悲萌　又披杏　又皮命

喜七　許已　又許記　又虛其　又許記　又昌志　又虛其　又隱几　又許已

壴二　又上主　又冢庚

尌二　上主　又廚遇　又殊遇

鼓

豆

梪　大透

𢍚

豊

豑

豐　敷馮

虍　荒胡

虐　逆約

虡一　臼許　又逸職
虎　火五
彪一　必幽　悲幽
虤一　又胡犬
𧇭一　魚巾　又。鉏。救。
贙一　相。犬。　又熒絹
皿一　又母梗
𥂴·　馨奚
益
盈　怡成
𥁕一　烏昆　又苟許
盥
凵
血

盇一 轄臘 又丘葛

丶

右五上

丹 多寒

彤

青一 又子丁

井一 又。都。感。

皀三 又筆力 又。訖。立。 又。虛。良●

鬯

鬱 紆勿

爵 即約

食

飧二 蘇昆 又千安 又蒼案

亼一 又席入

合一　曷閤　又曷合
僉一　千廉　又七劍
侖一　龍春　又盧昆
今　居吟
舍三　又。洗。野。　又式夜　又施隻
會三　又古外　又戶括　又古活
倉一　又楚亮
入
內三　又儒稅　又而睡　又諾答
𠔁
糴三　又徒力　又直略　又昨。合。
仝　從緣
全　同仝
从

缶
矢
䠶三　又食亦　又寅謝　又夷益
侯　胡溝
知一　珍離　又知義
高一　又居號
冂四　涓熒　又欽熒　又戶茗　又犬迥　又扃定
冘一　又夷周
央一　又於郎
隺三　又克角　又曷各　又忽郭
亯
缺一　又一決
京
就

亯五　又並普庚　又許庚　又虛良　又許亮　又普孟

𦎫

𩫕

𩫖

厚一　很口　又下遘

畐二　又方六　又房六

亩一　又盧感

稟二　力。錦。　又筆錦　又逋鴆

啚　補美

嗇

來五　又並洛代　又陵之　又同都　又六直　又訖。力。

麥一　又。訖。力。

夊三　又山垂　又宣隹　又雙隹

夌　閭承

致一　又株衞
𡕓二　步木　又所六。　又。衞。六。
竷二　又苦紺　又苦濫
夎二　又莫坎　又美忝
夏二　亥雅　又亥駕　又舉下
畟一　又節力
夒一　又奴多　又而由
夔
舛一　又尺尹
韋一　又胡隈
弟四　大計　又待禮　又蕩以　又待亦　又徒回
罤
夂
夅一　乎攻　又胡江

夃一　攻呼　又果五

㐄一　又枯化

久一　又居又

桀二　又居謁　又巨列

乘三　神陵　又並石證　又堂練　又諸應

右五下

木

某二　謨杯　又母罪　又莫後

本一　補袞　又逋昆

朱一　鍾輸　又。慵。朱。

末　莫葛

果一　又。魯。火。

枚　同某

栞一　丘寒　又稽延

朵 都果

杲一 又下老

杳 伊鳥

茉 胡瓜

料一 腫庚 又當口

杓四 卑遙 又紕招 又多嘯 又實若 又丁歷

臬二 九芮 又倪結 又魚列

樂四 逆角 又力照 又魚教 又力角 又歷各

采二 又此苟 又倉代

析一 先的 又相支

休三 又香幽 又火羽 又吁句

臯 堅堯

東

𣛕一 又臧曹

林 罔甫

𣡕 疏簪

森

梵二 符風 又方馮 又扶泛

才二 又將來 又作代

右六上

叒 日灼

桑 蘇郎

㞢

𡉚 胡光

帀

師 霜夷

出三 又尺僞 又尺類 又敕類

敖一 牛刀 又魚到

豐一　又莫駕

索二　昔各　又色窄　又蘇故

孛三　方未　又薄妹　又敷勿　又蒲沒

市二　祖似　又蔣兕　又壯仕

生二　又所景　又所慶

丰一　又方馮

甡　疏臻

乇一　又直格

乑

𠌶二　胡瓜　又呼瓜　又胡化

曄一　域輒　又域及

禾

巢四　又莊交　又徂交　又力交　又仕敎

㝵　悲檢

桼　戚悉

束一　又舂遇

柬　賈限

剌　郎達

囗

回二　胡隈　又戶賄　又胡對

圖

國　骨或

壼二　又並區倫　又困閏

囷一　區倫　又巨隕

因　伊眞

図二　昵立　又昵洽　又女減

囚　徐由

困

圀一　又胡慣

𡇢二　吾禾　又並夷周　又以九

貝一　又薄邁

貨

贊

負二　蒱救　又扶缶　又浦眛

賫一　朱芮　又。牛。交。

質二　脂利　又陟利　又職日

買　母蟹

貶二　悲檢　又蒱范　又扶法

覭二　於莖　又伊盈　又於慶

賵

邑一　又遏合

郵一　于求　又是。爲。

豳　悲巾

𨙨　怨阮　說文無反切

𨙵

𨛜

右六下

日一　又而力

早

晉一　又子賤

㬉　域軓

昏一　呼困

㫐　伊鳥

昌

㬎一　呼。典。　又鄂合

㬥五　又步木　又北角　又蒲沃　又弼角　又白各

昔一　又倉各
昆二　胡昆　又公渾　又戶袞
普
旦
㫃一　又於蹇
旋三　旬宜　又從緣　又信犬　又隨戀
旅一　兩舉　又淩如
族四　先奏　又千候　又則候　又昨木　又作木
晶、
疊
月
朏一　妃尾　又普亥
明一　眉兵　又莫更
囧

盟四　眉兵　又謨耕　又眉永　又莫更　又眉病

夕

夗一　又烏勉

外一　又五活

夙　息六

多一　又章移

𡖶一　又抽加

毌一　又古玩

貫三　沽玩　又烏關　又古玩　又古患

马一　又胡南

𢎘

卣一　田聊　又多嘯

㮚一　又力孼

粟　須玉

[illegible]八　前西　又莊皆　又律私　又才資　又牋西　又在禮　又子計

朿一　又才諧　又子淺

棗　又。訖。力。

棘　訖力

片一　又普半

牖　以九

鼎一　又丁定

克　乞得

彔

禾

秀

秫一　又直律

[illegible]

秦　慈鄰

科

秝

兼二　又並吉念　又賢兼

香

米

臬二　去九　又巨九　又於九

毇六　虎委　又丘媿　又丘畏　又呼恚　又況譌　又租。毒。　又卽。各。

臼一　又。蒲。侯。

舂一　又諸容

臿一　測洽　又㱔歃

舀二　又容朱　又夷周

圅一　胡南　又胡讒

凶

兇一　虛容　又許拱

右七上

朩

𣏟

𦃇

㪚一　又顙旱

麻

尗

耑一　又昌緣

韭

瓜

㼌　勇主

宀

室一　式吏　又職日

向二　說亮　又式亮　又許兩

院

盜　囊丁

定二　又唐丁　又丁定

安　於寒

察一　初芮　又初戛

寶　食質

容一　餘封　又尹竦

宂一　乳勇　又戎用

宧

宰　子亥

守一　始九　又舒救

寡

寒　河干

宋　蘇綜

宗 祖賨

呂

舮

穴一 又戶橘

⿱穴炎四 又疏。簪。 又夷。針。 又徒感 又所。禁。

穿一 又樞絹

⿱穴夬 一決

窋 苦。骨。

突三 他骨 又陀沒 又他括 又徒結

竄一 七丸 又取外

⿱穴骨一 呼骨 又呼八

疒一 又仕。莊。

瘚

疢 丑忍 又丑刃

冖

同

肯一 又克角

冢

曰一 又莫候

冒二 又密北 又莫佩

最三 又取外 又徂外 又麤括

㒳

㒼三 又謨還 又母伴 又眠見

网一 又武方

罪

羅二 鄰知 又良何 又郎佐

罷九 攀麋 又部下 又班麋 又拍迫 又蒲麋 又蒲巴 又部靡 又補靡 又部買

置一 竹吏 又直吏

罾

罽

襾二　又許下　又衣駕

巾二　又姜愍　又居焮

帥五　所類　又須銳　又此芮　又欲雪　又並輸芮　又並朔律

𢄼三　脂利　又輸芮　又質涉　又即。協。

帶

帚　止酉

席

市

白二　又博陌　又步化

㝁

皛三　烏鳥　又匹。陌。　又眣迴　又戶茗

㡀一　匹曳

褯

黺

右七下

人

保一　補抱　又博冒

仁二　而鄰　又延。知。

仕　上。史。

佼五　何交　又居肴　又古巧　又下巧　又後教　又居効

佩

伊　於夷

偫

位一　于累　又越筆

付一　又符遇

仰二　魚剛　又語兩　又魚向

伍　阮古

什　寔入

佰一　莫白　又博陌

作三　又捴古　又宋祚　又子賀

侵　千尋

似　象齒

便一　毗連　又毗面

俔一　胡典　又輕甸

侊一　胡昆　又胡困

倌一　沽丸　又古患

偄二　乳兖　又奴亂　又奴臥

儗四　魚其　又偶起　又魚記　又許代　又牛代

伏二　扶富　又房六　又鼻墨

伐一　房廢　又房越

咎一　又居牢

弔一　又丁歷

仙　相然

件一　又迷浮

七一　又呼瓜

眞

匕一　又婢忍

𠦂

頃二　又犬縈　又犬頴

堖

卬二　五岡　又魚殃　又語兩

卓三　又陟敎　又敕角　又尺約

邑二　又胡□　又□□

从

比七　必至　又薄必　又頻脂　又補履　又普弭　又普鄙　又毗志　又毗義

北二　又補妹　又蒲昧

丠

从

衆一　又之戎

壬四　又唐丁　又知陵　又展里　又丑郢

徵二　又持陵　又展里

朢二　又武方　又文紡

垩一　又。如。林。

臥

醫　尼阨

㐆二　又倚謹　又隱起

殷四　又於斤　又於閑　又倚謹　又於近

衣一　又於既

表二　彼小　又俾小　又卑遙

衺五　雙隹　又初危　又丘。熙。　又倉回　又並蘇禾　又雙隹

卒五　又促律　又卽聿　又昨律　又倉沒　又取內

製

袮　丁聊

褭一　乃了　又爾紹

老

耋三　又地一　又他結　又直質

耄二　又武道　又謨袍

𦒿

孝一　又居效

毛一　又莫報

毳四　又充。芮。　又儒。稅。　又租說　又姝。說。

尸

居二 斤於 又居之 又居御

屓一 虛器 又許介

㞟一 又堂練

㞚四 測入 又色輒 又色洽 又測洽 又側洽

𡰪

屍一 升脂 又矢利

屋一 又乙角

右八上

尺

尾

屬

舟

俞六 容朱 又舂朱 又夷周 又勇主 又俞戍 又丑救 又舂遇

舠

朕 直稔

般四 逋潘 又蒲官 又逋還 又補滿 又音伴

方四 分房 又符方 又蒲光 又文紡 又甫兩

儿一 又居。拜。

兀

兒一 如支 又研。奚。

兄一 呼榮 又訏放

先二 緇岑 又祖含 又子感

兟一 又則旰

皃一 眉敎 又墨角

覍一

兆 果五

兜

先一 蕭前 又先見

覡

見二　又居莧　又刑甸

視一　時利　又善旨

㝵　的則

覓三　謨蓬　又莫報　又謨沃　又密北

覞三　又昌◦召◦　又施◦隻◦　又昌◦石◦

䚘

欠

款

歆　許候

次一　徐連　又延◦面◦

羨五　延◦知◦　又虛◦延◦　又延◦善◦　又才線　又龍◦眷◦　又似面

盜　大到

旡

右八下

頁

順 殊閏

頫三 他。刀。 又匪父 又武遠 又他。弔。

顥 下老

頛一 又魯猥

頪一 又魯外

顨三 須兗 又雛免 又蘇困 又雛戀

百

脜

面

醮二 茲消 又慈焦 又子肖

丏

首一 又舒救

𩠐二　又止元　又朱湍　又旨沇

県

縣一　又熒絹

須一　又逋。還。

彡二　又思廉　又纖琰

參一　又之刃

弱

彣

文二　又眉貧　又文運

髟四　又師銜　又必幽　又悲幽　又匹妙

髽三　才何　又楚委　又想可　又此我

髦二　謨交　又謨袍　又迷浮

后一　又下遘

司一　又相吏

詞

巵一 又丘。奇。

卪

令五 又陵延 又離貞 又郎丁 又盧景 又郎定

卸

𠨍一 鶬戀 又鶬兔

㔾

印

𢑏 乙力

色

卯一 又子。禮。

辟十三 又補弭 又必益 又必郢 又匹辟 又母媿 又匹歷 又匹智 又蒲歷 又毗義 又必歷 又匹計 又賓彌 又博厄

𨐨一 又毗亦

勹

𠣾

勻一　又規倫

旬三　又舩。倫。　又須倫　又規。倫。

勹

包二　又蒲交　又房尤

胞四　又班交　又蒲交　又方鳩　又披敎

苟　居力

敬

鬼

彪　明祕

由一　又方末

畏五　於非　又烏回　又於胃　又羽鬼　又鄔賄

禺三　又魚融　又元俱　又亡。遇。

厶一　自夷　又莫。後。

䖒

右九上

山一 又所旃

嵒六 魚音 又吾含 又五緘 又魚杴 又牛廉 又魚銜 又魚咸

岊二 元。俱。 又子結 又昨結

崔五 朱。惟。 又遵綏 又倉回 又徂回 又取猥 又息罪

屾一 又所晏

广

庫

廔 澄延

庶三 之奢 又掌與 又商署 又章恕

厂五 又並盧盱 又魚杴 又闔。各。 又恥。格。 又昌。石。

屵

仄 扎色

厃二 五委 又余廉 又之。廉。
丸一 又胡玩
⿰丸攴一 又于。願。
危
石
硻一 丘耕 又苦杏
碞三 魚音 又魚杴 又魚咸 又牛錦
磬一 詰定 又棄挺
磊一 魯猥 又盧對
長二 又展兩 又直亮
勿一 又莫勃
昜
冄三、 如占 又並而銜 又那含 又而琰
而一 又奴登

耏三　乃代　又人之　又汝來　又奴登

豕

豖二　㓜六　又株玉　又丑玉

豦二　求於　又臼許　又居御

豙一　又魚記

豩　悲巾　又呼。關。

㣇一　又田。黎。

𢑱一　又羊至

彑

彖

𢑟　何加

彖三　又賞氏　又敞尒　又韋尒

豚二　又杜本　又徒困

豸一　又丈蟹

兕　序姊
易二　又以豉　又是義
象　似兩

右九下

馬一　又滿補
⿱馬十三　何開　又胡闕　又胡犬　又熒絹
⿱馬廾二　舂遇　又朱戍　又朱欲
騑　匪微
馺　悉合
⿱馬車二　又德合　又食律
驫四　卑遙　又必幽　又香幽　又悲幽　又仕戢
廌一　又丈爾
薦一　又才甸
灋

鹿

麀 於求

麤 滄胡

麢二 池鄰 又亭年 又直刃

㲋

毚一 又初銜

兔二 又同都 又初。咸。

逸

冤

娩二 又無販 又美辨

䨲一 又匹陌

犬

尨一 又謨蓬

狊一 扃闃 又呼狊

獶四　奴回　又尼交　又爾紹　又女安　又奴刀

犮

戾一　郎計　又力結

臭二　許。救。　又尺救　又赤又

猋一　卑遙　又紕招

犾

獄

鼠

火

尞三　憐蕭　又離昭　又郎鳥　又力照

灰　呼回

尉一　紆胃　又並紆勿

𤓯　茲消

㶾　紕招

炵　敞爾

尣一　姑黃　又古曠

炅

威一　翾劣　又莫。列。

炎三　又徒。甘。　又于凡　又以贍

燅一　又徐心

燮

粦一　又離珍

黑

右十上

囪一　又驪叢

焱六　又以贍　又夷益　又營隻　又呼役　又馨激　又呼臭

熒七　又乎萌　又維傾　又翾營　又玄扃　又烏迥　又縈定　又胡鎣

燊二　又胡。瓜。　又所內

炙一　又之夜

赤一　又七。迹。

浾

赫三　郝格　又馨激　又霍虢　又虛訝

大三　又他蓋　又唐佐　又佗佐

夾一　又吉協

奄一　又於贍

契四　又欺訖　又訖黠　又詰結　又私。列。

夷

亦

夾一　又施隻

夨二　又力。結。　又詰。結。

吳一　訛胡　又元俱

夭三　又於喬　又汚老　又烏晧

喬四　又居妖　又丘祅　又擧天　又渠廟

𡴘　下耿

交

絞

尣

⿺尣羸二　倫爲　又盧鰥　又魯果

壺

壹六　又於斤　又紆倫　又伊眞　又委隕　又紆問　又一結

㚔二　又日執　又日涉

睪三　又都故　又昵。輒。　又夷益

圉

盩三　又陳留　又直祐

報二　又博毛　又芳遇

奓　式車

亢六 又寒剛 又居衡 又丘庚 又舉朗 又下浪 又口浪

本

暴

奏一 又千候

皋三 又乎刀 又後到 又攻乎

夰一 又下老

大

臭三 又直格。 又施隻。 又昌石。

奰

夫一 又馮無

規二 又均窺 又規恚

㚘

立

𨽾二 又力遂 又力入

竦

逯二　又盧°谷°　又莫筆

竝三　又並部滿　又蒲浪　又蒲幸

囟二　又思忍　又息利

鬣

心

意三　於其　又於記　又乙力

悳　的則

慶二　丘正　又丘京　又墟羊

惉　思廉

愚　元俱

態一　又乃代

惰四　杜果　又吐火　又徒臥　又徒禾　又盧臥

懣二　母本　又母伴　又莫困

𢝊二　又於九　又烏候
惢一　將支　又損果
右十下
水
衍一　又延面
淖　馳遙
沖一　持中　又杜孔
淵二　縈玄　又圭玄　又一均
沙四　桑何　又蘇禾　又師加　又所嫁　又山宜
潀四　徂聰　又之。戎。　又徂宗　又將容　又仕巷
洐　河庚
決四　涓惠　又呼決　又苦穴　又古穴　又一決
洄一　胡隈　又胡對
汓一　夷。周。　又徐由

砅

氼一　昵角　又乃歷

泐一　歷德　又六直

瀗

右十一上

沝一　主壘　又之壘

𣶒

頻一　毗賓　又卑民

く三　古泫　又苦泫　又畎迥　又朱°閏•

巜一　又呼官

川一　又樞倫

邕二　又巨勇　又於用

巛

侃一　又墟旰

州一　又並之由
泉一　又疾眷
灥三　又從緣　又昌。緣。　又取絹
厵
永
𠂢一　又普卦
衇
覛一　又莫獲
谷一　古祿　又俞玉
睿一　又逵員
仌三　又魚。陵。　又逋孕　又並悲陵
冰一　又牛孕
冬
雨二　又歐許　又王遇

雷四　盧回　又魯水　又盧對　又力救

電

靁

屚　郎豆

䨣一　又古。厄。

雲　于分

魚

鱻一　又息淺

䲆一　又訛胡

𤅩一　又牛據

燕二　又因連　又於殄

飛

非一　又妃尾

卂一　又須閏

右十一下

乞一　又億姞

孔

乳一　又儒遇

不四　又風無　又方鳩　又方副　又分物

至一　又徒結

𦤶二　陟利　又並脂利

臺

臸三　又竹力　又而力　又而眞

西三　又蘼前　又相咨　又乙∘卻∘

鹵

戶

肁一　治小　又杜皓

門

閞一　丘哀　又輕煙

閒四　居閑　又何間　又居莧　又賈限　又下轄

閑

閉一　必計　又必結

閜

閃二　又舒贍　又式劍

闖二　癡林　又丑甚　又丑禁

耳二　又如蒸　又仍拯

耴一　陟涉　又昵輒

聯二　陵延　又閭員　又連產

联一　敕列　又羊。列。

聆一　渠金　又其淹

聑一　的協　又陟隔

聶五　弋。涉。　又尺涉　又質涉　又實揲　又日涉　又昵輒

叵一　又曳來

手

捧　布怪

摯　尺制

插二　七接　又測洽　又磣歆

承三　辰陵　又諸仍　又持陵　又諸應

投一　徒侯　又大透

摩

皞　公懷

簪　又秦昔

右十二上

女四　碾與　又人余　又忍與　又奴蟹　又尼據

妻二　千西　又千咨　又七計

婦　扶缶

母一　又罔甫
威
奴一　農都　又奴故
好一　許皓　又虛到
嬲三　乃了　又日灼　又昵格　又乃歷
委二　鄔毀　又於僞　又疶危
如二　人余　又如倨　又乃箇
晏
嬰二　伊盈　又於慶　又於政
媛二　于元　又于願　又於眷
佞
婁五　郎侯　又倫爲　又隴主　又朗口　又龍珠　又龍遇
姎一　尼還　又女患
姦

毋二　又蒙晡　又迷浮

毒三　又鋪。枚。　又於開　又何開

民

丿二　又於。兆。　又匹蔑

乂一　又牛蓋

弗一　又符勿

乀

厂

弋

乁二　又以制　又力。結。

也一　又演爾

氏二　又章移　又掌氏

氒

氐五　又張尼　又都黎　又軫視　又脂利　又丁計

戈

戎一 而融 又如蒸

戟 訖逆

戛一 丘八 又訖黠

戍 春遇

或一 越逼 又蒦北

𢦏

武一 罔甫 又微夫

戠二 質力 又式吏 又昌志

戔七 又相干 將先 又楚限 又子淺 又在演 又旨。善。 又匹。見。

戉

我

義二 虛宜 又魚羈

亅

𠄌二　又株衞。　又紀劣

巺

·乚

直一　又直吏

亾二　又微夫

乍二　又存固　又即各

(无)

匃二　又居謁　又古活

丂

區六　又恭于　又烏侯　又區尤　又居侯　又羌幽，　又丘候

医·

匸二　又甫妄　又甫王

匠

曲一　區玉　又顆羽

甾

瓦二　又五委　又吾委

弓

引一　以忍　又羊進

弛四　賞是　又丑豸　又商支　又余支　又施智

弢　他刀

弜三　又翹移　又渠羈　又渠良

弦

盭二　又力結　又引戾

孫一　又蘇困

緜

右十二下

糸一　又新茲

繭　吉典

絕一　徂雪　又租稅

繼一　吉詣　又吉棄

纅一　疾葉　又卽入

綏七　蘬。規。　又雙隹　又儒。隹。　又宣隹　又通。回。　又土。火。　又思累
又呼。恚。

素

絲

轡

率四　又所類　又力。遂。　又劣。戍。　又所劣

虫

蠆四　丑邁　又丈尒　又落蓋　又力制　又他達

蜀三　殊玉　又廚玉　又樞玉　又并朱欲

蛻四　又吐外　又吐臥　又欲。雪。　又輸爇

右十三上

蚰

蟲一　又直眾

蟊　迷浮

蠱二　果五　又以者　又古暮

它二　又並余。支。　又並时遮

龜二　居逵　又俱倫　又祛尤

黽三　又眉耕　又弭盡　又彌兖

蠅

黿

卵一　又魯果

二

亟二　又紀力　又蝎億

恆

亘

凡

土四　統五　又動五　又丑下　又許。下。　又片。賈。
地一　徒二　又大計
坤　枯昆
凷一　苦怪　又苦會
堊
封三　方容　又芳用　又逋鄧　又彼驗
塞
圣
堅　從遇
圭　消畦
垚一　又倪弔
堯
堇四　又渠斤　又並几隱　又渠吝　又居焮
里　兩耳

田一　又地因
畤一　陳留　又時流
甸二　亭年　又堂練　又石證
畜三　勑六　又並許。六。　又丑救　又許。救。
畕
畺一　又居亮
男
力
劣　龍輟
勞二　又憐蕭　又郎到
加二　丘加　又居牙　又居迓
劫一　訖業　又極業
劦　檄頰
協

勰　檄頰

協　檄頰

右十三下

金

鋞　徒口

鑾　盧丸

銜　乎監

鐂一　又力救

幵二　又輕煙　又倪堅

勺四　又實若　又陟略　又丁歷　又之笑

与

几

凭一　又部孕

凥

処

且四 又千余 又叢租 又此與 又淺野

徂

斤三 又許斤 又居焮 又香靳

䟸

釿

斷三 覩緩 又並都玩 又並徒玩 又並杜管

所 魚斤

斗一 又腫庾

斝 居迓

料一 又力弔

升

矛

車二 昌遮 又斤°於° 又丘°於°

軎一　旋。芮。　又于歲

軍　拘云

軵一　乳勇　又符遇

輂

斬

轟一　又呼迸

𠂤

官

右十四上

𨸏

陟一　又的則

隉一　倪結　又魚列

[illegible]　去演

𨺅一　扶缶　又並扶富

厽一　又力僞
絫二　又倫追　又盧戈
垒二　又魯水　又力僞
四一　又息七
宁三　又展呂　又遲據　又陳如
[illegible]
叕二　又紀。列。　又養。里。
綴二　株衛　又都外　又株劣
亞一　又於加
[illegible]
五
六
七
九一　又居尤

馗一　叉渠尤
离一　叉抽知
萬
禹
鬭
离
嘼二　叉丑。救。　叉許六
獸
甲　古洽
乙
亂
丙一　叉陂病
丁一　叉中莖
戊一　叉莫后
己二　叉口擬　叉居吏

巹 又苟起

巴

郶

庚

辛

辠

辥

辭

辡一 又平免

辯五 平免 又邦免 又毗連 又皮莧 又卑見 又筆別

壬一 又如鴆

癸

子

孕一 又石。證。

挽二 又武遠 又美辨

了
孑一 又激質
孓二 九勿 又居月 又古勇
孨五 又子。淺。 又以。轉。 又之轉 又雛。戀。 又昵立
孱五 士連 又鉏山 又昨閑 又將先 又士免 又仕限
孴三 又昵。立。 又弋入 又卽。刃。
𠫓一 又陁沒
𦘴四 又陟柳 又如又 又而六 又女六
寅一 又延知
卯
辰
辱 儒欲
巳二 許里 又養。里。 又羊。吏。
以一 又象。齒。
午一 又五故

未

申二　又試刃　又思晉°

臾一　又尹竦

酉

酎　直祐

[illegible]　珍離

醉

莤

醘

酋三　又茲由　又將由　又徐由

奠

尊

戌　雪律

亥　下改

右十四下

廣韻聲勢及對轉表

黃侃論學雜著

歌　戈　曷　末　屑

陰聲平	陰聲上	陰聲去	入聲	陽聲去	陽聲上	陽聲平	聲勢	韻母
歌	哿	箇					開洪	阿
			曷	翰	旱	寒	開洪	遏安
戈一	果	過					合洪	倭
戈二							開細	○
戈三							合細	○
		泰一					開洪	藹
		泰二	末	換	緩	桓	合洪	懀斡剜
皆一	駭	怪一	黠一	諫一	潸一	刪一	開洪	挨軋○
皆二		怪二	黠二	諫二	潸二	刪二	合洪	○婠彎
		夬一	鎋一	襉一	產一	山一	開洪	○鶡黰

寒桓先類弟一

夬二鎋二	襉二產二山二	合洪	䵳○○
屑一	霰一銑一先一	開細	噎煙
屑二	霰二銑二先二	合細	抉淵
祭一薛一	線一獮一仙一	開細	○褐焉
祭二薛二	線二獮二仙二	合細	○妜娟
廢一月一	願一阮一元一	開細	○謁蔫
廢二月二	願二阮二元二	合細	穢嬮鴛

右六類爲一攝收舌

右八類爲一攝

右十二類爲一攝

右十二類爲一攝

灰沒痕魂類弟二

陰聲 平上去	入聲	陽聲 去上平	聲勢	韻母
	㊀麧	恨很痕	開洪	○○恩
灰賄隊	沒	慁混魂	合洪	隈顯昷
	櫛	臻	開洪	○○
脂一旨一至一	質一	震一軫一眞一	開細	伊一因
脂二旨二至二	質二	震二軫二眞二	合細（加○者，但有脣音；後放此。）	○○贇
	術	稕準諄	合細	○○
微一尾一未一	迄	焮隱殷	開細	依○殷
微二尾二未二	物	問吻文	合細	威鬱熅
右五類爲一攝收舌	右八類爲一攝	右七類爲一攝		

齊	錫	青	類	第	三

陰聲 平上去	入聲	陽聲 去上平	聲勢	韻母
佳一蟹一卦一	麥一	諍一耿一耕一	開洪	娃戹甖
佳二蟹二卦二	麥二	諍二耿二○耕二	合洪	蛙○泓
齊一薺一霽一	錫一	徑一迥一青一	開細	黳○○
齊二薺二霽二	錫二	徑二迥二青二	合細	烓○○
支一紙一寘一	昔一	勁一靜一清一	開細	漪益嬰
支二紙二寘二	昔二	勁二靜二清二	合細	逶○縈
右六類爲一攝收舌近鼻	右六類爲一攝	右六類爲一攝		

模鐸唐類弟四

陰聲 平上去	入聲	陽聲 去上平	聲勢	韻母
	鐸一	宕一 蕩一 唐一	開洪	○ 惡 鴦
模 姥 暮	鐸二	宕二 蕩二 唐二	合洪	烏 臒 汪
麻一 馬一 禡一	陌一	敬一 梗一 庚一	開洪	鴉 啞 ○
麻二 馬二 禡二	陌二	敬二 梗二 庚二	合洪	窊 ○ ○
麻三 馬三 禡三	陌三	敬三 梗三 庚三	開細	○ ○ 霙
馬○四	陌四	敬四 梗四 庚四	合細	○ ○ ○
	藥一	漾一 養一 陽一	開細	約 央
魚 語 御	藥二	漾二 養二 陽二	合細	於 嬳 ○
虞 麌 遇			合細	紆
右七類爲一攝收鼻	右八類爲一攝	右八類爲一攝		

侯屋東類弟五

陰聲（平上去）	入聲	陽聲（去上平）	聲勢	韻母
侯一 厚一 候一			開洪	謳
侯○二 厚○二 候○二	屋一	送一 董一 東一	合洪	○屋翁
尤一 有一 宥一			開細	憂
尤○二 有○二 宥○二	屋二	送二 東二	合細	○郁○
幽一 黝 幼一			開細	幽
幽○二 幼○二			合細	○
右六類爲一攝收鼻	右二類爲一攝	右二類爲一攝		

豪蕭沃冬類弟六

陰聲 平上去	入聲	陽聲 去上平	聲勢	韻母
豪一 皓一 号一			開洪	熝
豪〇二 皓〇二 号〇二	沃	宋 ㊀湩 冬	合洪	〇沃〇
肴一 巧一 效一			開洪	⿰幽頁
肴〇二 巧〇二 效〇二	覺	絳 講 江	合洪	〇渥胦
蕭 筱 嘯			開細	幺
宵一 小一 笑一			開細	妖
宵〇二 小〇二 笑〇二	燭	用 腫 鍾	合細	〇〇〇
右七類爲一攝收鼻	右三類爲一攝	右三類爲一攝		

哈德登類弟七

陰聲 平上去	入聲	陽聲 去上平	聲勢	韻母
哈一海一代	德一	嶝一等一登一	開洪	哀餘○
哈○二海○二	德二	嶝○二等○二登二	合洪	○○○
之止志	職一	證一拯蒸	開細	醫憶膺
	職二	證○二蒸○二	合細	○○

右三類爲一攝收鼻近脣

右四類爲一攝

右四類爲一攝

盍帖談添類弟八

陰聲 平上去	入聲	陽聲 去	陽聲 上	陽聲 平	聲勢	韻母
	盍	闞一	敢一	談一	開洪	鰪 ○
			敢○二	談○二	合洪	○
	洽	陷	賺	咸	開洪	𨂂 猎
	狎	鑑一	檻	銜一	開洪	鴨 ○
		鑑○二		銜○二	合洪	○
	帖	㮇	忝一	添	開細	○ ○
			忝○二		合細	○
	葉	豔一	琰一	鹽一	開細	魘 懕
		豔○二	○二	鹽○二	合細	○
	業	釅一	儼	嚴	開細	腌 醃
		釅○二			合細	○
	右六類為一攝收脣	右十一類為一攝				

合覃類弟九

陰聲（平上去）	入聲	陽聲（去上平）	聲勢	韻母
	合	勘感覃	開洪	姶諳
	緝一	沁寑一侵	開細	揖愔
	緝〇二	寑〇二	合細	〇〇
	乏一	梵一范一凡一	開細	〇〇
	乏〇二	梵〇二范〇二凡〇二	合細	〇〇
	右五類為一攝收脣	右五類為一攝		

大凡九類二十六攝，七十二對轉，三百三十九小類。

談添盍帖分四部說

談韻：平聲談但有十九紐，無今聲類，去聲勘亦然；惟上聲敢，《廣韻》有灁，賞敢切，在審紐，爲今聲類；或以此斷談之爲變韻。然灁字，《說文》所無，《廣韻》已收入勘韻，他紺切，不言又賞敢切，以此知賞敢切之灁爲增加。案灁之正字爲閃，《禮記·禮運》注：「淰之言閃也。」疏：水中驚走也，故云水動。《廣韻》在失冉切，《集韻》云：灁與潣同，而《廣韻》潣亦失冉切；然則灁切賞敢，本無此音，明矣。又聲類通例，照、穿、牀、審、禪五紐，但能於細音之韻成音；而談爲洪音韻，此又明灁無賞敢之音矣。

盍韻有譫，章盍切，爲照紐字，既在部末；又洪音韻不容照紐，故知其增加。然譫字，《說文》所無，《廣韻》已收入本韻徒盍切下，云：多言，又作誻；即謎之省。不言又章盍切，知部末之譫爲增加。又《集韻》：譫，達合切，云：又質涉切，與讘同。《說文》有讘字，云：多言也；《廣韻》收入葉韻，而涉切；而之涉切下有讋字，云：多言也，則譫字又與讋同。要之，譫字讀洪音則在舌上，讀照紐則成細音，必無章盍一切矣。談、盍既爲本韻，與添、帖必當有分；或者不肯明言，蓋有二故：一緣四韻入《詩》字少，分別難明；二緣今音談、覃不殊，謂談爲本韻，則無以別於覃，故遂匿隱不言。今當舉《詩》韻，及他書韻，及疊韻、聲訓、音讀，以求證明四部之分，再舉音理以證覃、談、合、盍之有別，終以覃、合等六部，與寒、曷等六部相配之理焉。

案談、添、合、帖四部之聲母，除爲他部所衍，大小徐有明文者，所餘如左：

談、添部：

炎　燄　奄　猒　𢎘　马　甘　兼　韱　凵　欠　广　詹　占　夾　閃

㐁讀沾。　甜　冄　𢦏　斬　僉　毚　燮以燮例之。　叜

盍、帖部：

劦協、勰　甲　夾　業　陟　耴　聑　涉　聶　嵒　聿　図　巤　妾　㝵　灋　乏

談、添、盍、帖部見《詩》韻及他書者，如左：

談、添部：

炎《莊子·齊物論》叶詹。　談《詩·節南山》叶巖、瞻、惔、斬、監。　惔見上。　菼《詩·大車》叶檻、敢。　淹《楚詞·招魂》叶漸、楓、心、南。　甘《詩·巧言》叶餤。

犯《管子·侈靡》叶瞻。　涵《詩·巧言》叶讒。　窞《易·坎》叶坎。　監《詩·節南山》見前，《殷武》叶嚴、濫。　萏《詩·澤陂》叶儼、枕。　藍《詩·采綠》叶擔、詹。　檻《詩·大車》見前。

濫《詩·殷武》見前。　坎《易·坎·初六》叶象、《傳》叶險。　詹《詩·閟宮》叶巖。　瞻《詩·節南山》見前。　襜《詩·采綠》見前。　㓠今《詩》作玷、《召旻》叶貶。

斬《詩·節南山》見前。　漸《楚詞》見前。　險《易傳·坎象》見前。　讒《詩·巧言》見前。

《詩》韻之連屬者：

炎　詹　斬　臽　甘五聲相屬。

马　毚二聲相屬。

占與炎、马等字未見相屬。

盍、帖部：

甲《詩·芄蘭》叶韘；《楚詞·國殤》叶接。　業《詩·采薇》叶捷；《烝民》叶捷、及。　涉《詩·匏有苦葉》叶葉。　接《易·蒙象傳》叶法；《楚詞·國殤》見前。　灋《易·蒙象傳》見前。

《詩》韻之連屬者：

甲　涉二聲相屬。

業與甲等字未見相屬。

更就四部所衍字聲，求其洪細之別。

談、添部：

炎細，有洪。　焱細。　奄細，有洪。　猒細，有洪。　𢎘細，有洪。　马洪。　臽洪，有細。　甘洪，有細。　兼細，有洪。　韱洪。

凵細。　欠細，有洪。　广細。　詹細，有洪。　占細。　夾細。　閃細。　㐁細。　甛細。　冉細，有洪。　𢦏細，有洪。斬洪。僉細，有洪。毚洪。燮細。叜細。

洪音：马 竷 斬 毚

洪兼細音：臽 甘

細音：燄 凵 广 占 夾 閃 丙 甜 燮 叜

細兼洪音：炎 奄 猒 𢎘 兼 欠 詹 冄 𢦏 僉

盇、帖部：

劦細。甲洪，有細。夾洪，有細。業細。陟細。耴細。聑細。涉細。聶細。嵒細。𦘒細。

図細，讀與聶同。巤細，有洪。妾細，有洪。㝵細。灋細。乏細，有洪。

洪音：

洪兼細音：甲 夾

細音：劦 業 陟 耴 聑 涉 聶 嵒 𦘒 図 㝵 灋

細兼洪音：巤 妾 乏

談、添、盇、帖等部疊韻、聲訓、音讀：

談、添部：

炎《漢書·五行志》注：炎讀餤。　啖重、噉。　睒暫視貌。　惔《蒼頡篇》：惔，恬也。　淡《高唐賦》：䃭澹淡徙。　棪《淮南·氾論》注：棪讀恬然不動之恬。　錟讀若老聃。

奄又欠也。　恬《老子》：恬澹爲上。　銛讀若棪桑。　氾濫也。　菡菡萏。　窞食肉不厭也。　窞坎中小坎也。　萏菡萏。　濫氾也。

醓泛齊行酒也。　稴稻不粘者。　獑讀若檻。　竷「竷竷舞我」，《毛詩》作「坎坎鼓我」。　韂讀若黯。　坎陷也。　广讀儼。　霑雨䨩也。

丙讀若沾。　聃重耼。　讖驗也。　磛礹石也。　頗嗛貌。　㶣讀藍。　氾讀范。

盍、帖部：

柙檻也。　翜捷也。　挾俾持也。　蛺蛺蜨也。　業捷業。　㧌拈也。　銸鉆也。　攝《楚詞·哀時命》：攝、葉。　聿手之疌巧也。

図讀聶。　邋擠也。　獵《景福殿賦》：獵捷。　接《易·晉》：「晝日三接」，鄭讀捷；《左傳》：鄭文公捷，《公羊》作接。　尼屆，尼也。

今就上所列諸證，分四部聲母如下：

談部：

炎　马　弓　臽　甘　猒　甜　竷　广　詹　斬　毚　㸚

添部：

炎　奄　兼　凵　欠　占　夾　閃　丙　冉　𢦏　僉　氾

盍部：

甲　夾　涉　巤　妾

帖部：

劦 業 陟 叿 聑 聶 嵒 聿 図 㝵 瀍 乏

覃、談、合、盍之別，猶東、冬、屋、沃之有別也。覃轉爲侵、凡，合轉爲緝、乏，猶咍、德轉之、職，模、鐸轉麻、陌，聲攝歸一，不遽分遠也。謂覃、談、合、盍爲一音者，則東、冬、屋、沃亦同一讀乎？唐人覃、談同用，蓋已不能分矣。覃、談、添、合、盍、帖，與痕、寒、先、沒、曷、屑六部相配，彼六部收舌，此六部收脣。故此十二部字，幾於無一不通；不同聲，即同訓。覃等之旁轉、對轉，與痕等之旁轉、對轉，亦相應。試立一表於左，更附證驗如後：

聲勢

歌、戈、曷、末、寒、桓、屑、先類第一： 盍、談、帖、添類第八：

泰一	曷	寒	開洪	盍	談一	開洪
泰二	末	桓	合洪		談二○	合洪
皆一	黠一	刪一	開洪	洽	咸	開洪
皆二	黠二	刪二	合洪			
夬一	鎋一	山一	開洪	狎	銜一	開洪

夬二	鍇二	山二	合洪		銜○二	合洪
	屑一	先一	開細	帖	添	開細
	屑二	先二	合細		忝○二	合細
祭一	薛一	仙一	開細	葉	鹽一	開細
祭二	薛二	仙二	合細		鹽○二	合細
廢一	月一	元一	開細	業	嚴	開細
廢二	月二	元二	合細		釅○二	合細

灰、沒、痕、魂類第二一：　合、覃類第九：

	㊀麧	痕	開洪	合	覃	開洪
灰	沒	魂	合洪			
	櫛	臻	開洪			
脂一	質一	眞一	開細	緝一	侵一	開細
脂二	質二	眞二	合細	緝○二	侵○二	合細
	術	諄	合細			

微一　迄　殷　開細　乏一　凡一　開細

微二　物　文　合細　乏二　凡二　合細

覃等部與寒等部相通諸證：

枼，从世聲；枼帖，世曷。邑，从口；邑合，口灰。顯，从㬎聲；顯寒，㬎合。鷙、騺、摯、𡠗、蟄，从執；執，从卒聲；鷙屑，卒合。卒，一曰，大聲；卒合，大曷。罽，从𦋎；𦋎歌，𦋎合。世，从卅聲；世曷，卅合。沓，从曰；沓合，曰沒。疊，从宜；疊合，宜歌。位，从立；位沒，立合。習，从白聲；習合，白沒。咸，从戌聲；咸覃，戌屑。宷，从釆；宷覃，釆寒。彬，从彡；彬痕，彡覃。內，从入；內沒，入合。參，从㐱聲；參覃，㐱先。瘱，瘞从夾聲；瘞曷，夾合。騭，讀若郅；陟帖，郅屑。珕，荔从劦聲；珕曷，劦帖。𠯑，从干聲；𠯑盇，干寒。奄，从申；奄添，申先。欻，讀若忽；欻帖，忽沒。邯，从甘聲；邯寒，甘談。𢎘，从马；马談，𢎘先。那，从冄聲；那歌，冄添。㐁，讀若沾，又讀若誓；沾添，誓曷。箈，讀若錢；箈添，錢寒。弼，从㐁；弼沒，㐁添。詹，从厃；詹談，厃歌。疌，从屮聲；疌帖，屮曷。竊，亦从廿聲；竊曷，廿合。盇，从大聲；蓋曷，大曷。蓋，从盇聲；蓋曷，盇盇。會，重佮，从合；會曷，合合。銛、栝、狧，从舌聲；𢆉添，舌合。𢆉，从干聲；𢆉添，干寒。迖，·讀若拾；迖灰，拾合。計，从十；計沒，十合。眔，从隶聲；眔合，隶沒。褱，从眔聲；褱灰。鰥，从眔聲；鰥魂。納，从內聲；納合，內沒。燅，从熱省聲；燅添，熱屑。燊，从焱；燊先，焱添。劫，讀若簟；吉屑，簟覃。訬，讀若毚；訬沒，毚談。忝，从天聲；忝添，天先。鐫，讀若瀸；鐫寒，瀸添。監，亦作譼，从言；

監談，言寒。摯，讀若晉；摯合，晉先。顰，从卑聲；卑盇，顰先。㾆，重痕；冄添，艮寒。由此衆證，知覃等六部實爲寒等六部之收脣音。自來言音韻者，但知覃等收脣，而不知爲寒等之收脣音；故於覃等之無陰聲，不知其故；又不悟覃等九韻中有三本韻，則於分韻繁密之故，又不能說。今始晰言之，自謂於音學不無裨補。以視苗夔之妄言七音，意爲分合，庶乎免於戾夫。

反切解釋上編

切語上字總目

今聲類	切語上字	古聲類
影	於央憶伊依（衣）憂一乙握謁紆挹烏哀安煙鷖愛	影
喻	余（餘予）夷以羊弋（翼）與營移悅	
爲	于羽（雨）云（雲）王韋永有遠榮爲洧筠	
曉	呼荒虎馨火海呵香朽羲休況許興喜虛	曉
匣	胡（乎）侯戶下黃何	匣
見	居九俱舉規吉紀几公過各格兼姑佳詭	見
溪	康枯牽空謙口楷客恪苦去丘墟（袪）詰窺羌欽傾起綺豈區（驅）	溪
羣	渠強求臣具臼衢其希暨	

疑	疑魚牛宜語擬危玉五俄吾研遇虞愚	疑
端	多得（德）丁都當冬	端
知	知張猪徵中追陟卓竹	
照	之止章征諸煮支職正旨占脂	
透	他託土（吐）通天台湯	透
徹	抽癡楮（褚）丑恥敕	
穿	昌尺（赤）充處叱春	
審	書（舒）傷（商）施失矢試式（識）賞詩釋始	
定	徒同特度杜唐（堂）田陀地	定
澄	除場池治（持）遲佇柱丈直宅	
神	神乘食實	
禪	時殊常（嘗）蜀市植（殖）寔署臣是（氏）視成	

泥	奴乃諸內嬭那	泥
娘	尼拏女	
日	如汝儒人而仍兒耳	
來	來盧賴落（洛）勒力林呂良離里郎魯練	來
精	將子資即則借茲醉姊遵祖臧作	精
莊	莊爭阻鄒簪側仄	
清	倉（蒼）親遷取七青采醋麤（麁）千此雌	清
初	初楚創（瘡）測叉廁芻	
從	才徂在前藏昨（酢）疾秦匠慈自情漸	從
牀	牀鋤（鉏）豺崱士（仕）崇查雛俟助	
心	蘇素速桑相悉思（司）斯私雖辛息須胥先寫	心
邪	徐祥（詳）辭（辞）似旬寺夕隨	

疏	疏(疎)山沙(砂)生色數所史	
邦	邊布補伯(百)北博巴卑幷鄙必彼兵筆陂畀	邦
非	方封分府甫	
滂	滂普匹譬披丕	滂
敷	敷孚妃撫芳峯拂	
並	蒲步裴薄白傍部平皮便毗弼婢	並
奉	房(防)縛附符(苻扶)馮浮父	
明	莫慕模(謨摸)母明彌眉綿靡美	明
微	無(巫)亡武文望	

四十一聲類讀法

聲類用字	反切	四聲	聲勢	清濁	韻	今音要改正否	古反切	古二聲	聲勢	清濁	古韻	與今音異同	古聲類
影	於丙	上	開細	清	梗		烏郎音鴦	平	開洪	清	唐	異在聲勢	影
喩	羊戍	去	合細	濁	遇	或讀如游	烏侯音謳	平	開洪	清	侯	異在聲類聲勢	影
爲	薳支	平	合細	濁	支	與帷無分	烏禾音倭	平	合洪	清	戈	異在聲類聲勢	影
曉	馨皛	上	開細	清	篠		呼毛音蒿	平	開洪	清	豪	異在聲勢	曉
匣	胡甲	入	開洪	濁	狎	或讀如俠	胡協音俠	入	開細	濁	帖	異在聲勢	匣
見	古電	去	開細	清	霰		古寒音干	平	開洪	清	寒	異在聲勢	見
溪	苦奚	平	開細	清	齊	或讀如醯如兮						同	溪
羣	渠云	平	合細	濁	文	或讀如脣	苦昆音坤	平	合洪	清	魂	異在聲類聲勢	溪
疑	語其	平	開細	濁	之	或讀如夷	五來音皚	平	開洪	濁	咍	異在聲勢	疑

端	多官	平	合洪	清	桓	或讀如丹						同	端
知	陟離	平	開細	清	支	或讀如貲	都兮音隄	平	開細	清	齊	異在聲類	端
照	之少	去	開細	清	笑	或讀如躁	都豪音刀	平	開洪	清	豪	異在聲類聲勢	端
透	他侯	去	開洪	清	侯		湯彫音條	平	開細	清	蕭	異在聲勢	透
徹	丑列	入	開細	清	薛	或讀清母	他結音鐵	入	開細	清	屑	異在聲類	透
穿	昌緣	平	合細	清	仙	或讀如綣平	他端音湍	平	合洪	清	桓	異在聲類聲勢	透
審	式荏	上	開細	清	寑	或讀如痒	他含音探	平	開洪	清	覃	異在聲類聲勢	透
定	徒徑	去	開細	濁	徑	或讀如錠	特丁音亭	平	開細	濁	青	異在四聲	定
澄	直陵	平	開細	濁	蒸	或讀如層	徒登音騰	平	開洪	濁	登	異在聲類聲勢	定
神	食鄰	平	開細	濁	眞	或讀如辰	徒年音田	平	開細	濁	先	異在聲類	定
禪	時戰	去	開細	濁	綫	或讀如疝	徒寒音彈	平	開洪	濁	寒	異在聲類聲勢	定
泥	奴低	平	開細	濁	齊	或讀如尼	奴回音㠥	平	合洪	濁	灰	異在聲類聲勢	泥

娘	女良	平	開細	濁	陽	或讀如良	奴當音囊	平	開洪	濁	唐	異在聲類聲勢	泥
日	人質	入	開細	濁	質		奴結音涅	入	開細	濁	屑	異在聲類	泥
來	落哀	平	開洪	濁	咍							同	來
精	子盈	平	開細	清	清	或讀如經	子經	平	開細	清	青	異在韻	精
莊	側羊	平	開細	清	陽	與臧無分或讀如樁	則郎音臧	平	開洪	清	唐	異在聲類聲勢	精
清	七情	平	開細	清	清	或讀如卿	倉經音青	平	開細	清	青	異在韻	清
初	楚居	平	合細	清	魚	與麤無分或讀如攄	倉胡音麤	平	合洪	清	模	異在聲類聲勢	清
從	疾容	平	合細	濁	鍾	或讀如叢	徂紅音叢	平	合洪	濁	東	異在聲勢	從
牀	士莊	平	開細	濁	陽	與藏無分或讀如幢	昨郎音藏	平	開洪	濁	唐	異在聲類聲勢	從
心	息林	平	開細	清	侵	或讀如與	蘇含音摻	平	開洪	清	覃	異在聲勢	心
邪	似嗟	平	開細	濁	麻	今韻變	素胡音蘇	平	合洪	清	模	異在聲類聲勢	心
踈	所葅	平	合細	清	魚	或讀如涑或讀如書	同邪	同邪	同邪	同邪	同邪	異在聲類聲勢	心

邦	博江	平	合洪	清	江	或讀如幫	博紅	平	合洪	清	東	異在韻	邦
非	甫微	平	合細	清	微		布回音杯	平	合洪	清	灰	異在聲類聲勢	邦
滂	普郎	平	合洪	清	唐	或讀如旁						同	滂
敷	芳無	平	合細	清	虞	與夫無分或讀如扶	普胡音鋪	平	合洪	清	模	異在聲類聲勢	滂
竝	蒲迴	上	合細	濁	迥	或讀如柄	步郎音傍	平	合洪	濁	唐	異在聲勢	竝
奉	扶隴	上	合細	濁	腫	與俸無分或讀如諷	蒲紅音蓬	平	合洪	濁	東	異在聲類聲勢	竝
明	武兵	平	合細	濁	庚		莫郎音邙	平	合洪	濁	唐	異在聲勢	明
微	無非	平	合細	濁	微	或讀如幃或讀如枚	莫回音枚	平	合洪	濁	灰	異在聲類聲勢	明

切語上字讀法

字	反切直音	四聲	聲勢	字母	聲類	韻	今音要改正否	古反切直音	古聲	古聲勢	古聲類	古韻	與今音異同
於	央居音菸	平	合細	影	影	魚	或讀同于余等音濁聲	哀都音烏	平	合洪	影	模	異在聲勢

央	於良音秧	平	開細	影	影	陽		烏郎音鴦	平	開洪	影	唐	異在聲勢
憶	於力音檍	入	開細	影	影	職	或讀爲去聲如意	愛墨音餧	入	開洪	影	德	異在聲勢
伊	於脂音蛜	平	開細	影	影	脂		烏恢音隈	平	合洪	影	灰	異在聲勢
依衣	於希音扆	平	開細	影	影	微	與伊無分	同伊	同伊	同伊	同伊	同伊	異在聲勢
憂	於求音優	平	開細	影	影	尤		於堯音么	平	開細	影	蕭	異在韻
一	於悉音壹	入	開細	影	影	質		烏結音噎	入	開細	影	屑	異在韻
乙	於筆	入	開細	影	影	質	與一無分	同一	同一	同一	同一	同一	異在韻
握	於角音渥	入	合洪	影	影	覺	或訛讀屋	烏谷	入	合洪	影	屋	異在韻
謁	於歇音暍	入	開細	影	影	月		烏葛音遏	入	開洪	影	曷	異在聲勢
紆	憶俱音迂	平	合細	影	影	虞	與於無分或讀同于余等音	同於	同於	同於	同於	同於	異在聲勢
挹	伊入音邑	入	開細	影	影	緝	要收脣	烏合音姶	入	開洪	影	合	異在聲勢
烏	哀都音洿	平	合洪	影	影	模							同

哀	烏開音埃	平	開洪	影	影	咍	或讀疑母如皚						同
安	烏寒音窨	平	開洪	影	影	寒	或讀疑母如豻						同
烟	烏前	平	開細	影	影	先		烏痕音恩	平	開洪	影	痕	異在聲勢
鷖	烏奚音繄	平	開細	影	影	齊	與伊、無分	同伊	同伊	同伊	同伊	同伊	異在聲勢
愛	烏代音㤅	去	開洪	影	影	代	或讀疑母如礙	烏沒音頸	入	合洪	影	沒	異在聲勢

右十九字，爲影母常用字；凡影母皆清聲。影，於丙切，古音同央。

予余餘	以諸音與	平	合細	喻	喻	魚	或溷日母如如	同於	同於	同於	同於	同於	異在聲類聲勢
夷	以脂音痍	平	開細	喻	喻	脂		同伊	同伊	同伊	同伊	同伊	異在聲類聲勢
以	羊止音苡	上	開細	喻	喻	止	或溷同影母清聲如譩	烏開音埃	平	開洪	影	咍	異在聲類聲勢
羊	與章音陽	平	開細	喻	喻	陽		同央	同央	同央	同央	同央	異在聲類聲勢
弋翼	與職音杙	入	開細	喻	喻	職	或讀翼如意溷去聲清聲	同憶	同憶	同憶	同憶	同憶	異在聲類聲勢
與	余呂音與	上	合細	喻	喻	語	多讀清聲如楰或溷日母如汝	同於	同於	同於	同於	同於	異在聲類聲勢

營	余傾音塋	平	合細	喻	喻	淸	多讀開細或濁日母合細如犉	烏扃音濙平聲	平	合細	影	青	異在聲類
移	弋支音匜	平	開細	喻	喻	支		烏何音阿	平	開洪	影	歌	異在聲勢
悅	弋雪音閱	入	合細	喻	喻	薛	多讀淸聲或讀日母如熱	於括音㕵	入	合洪	影	末	異在聲勢

右十二字，爲喻母常用字；凡喻母皆濁聲，(喻，羊戍切，或讀如淤；非也。)古皆讀影母淸聲。(喻古音謳。)

于	羽俱音盂	平	合細	喻	爲	虞	與余無分	同於	同於	同於	同於	同於	異在聲勢
羽雨	王矩音禹	上	合細	喻	爲	麌	與與無分	同右	同右	同右	同右	同右	異在聲勢
云雲	王分音芸	平	合細	喻	爲	文	同喻母或讀日分如犉	烏魂音溫	平	合洪	影	魂	異在聲勢
王	雨方	平	合細	喻	爲	陽	今音皆讀喻母洪音如汪之濁	烏光音汪	平	合洪	影	唐	異在聲勢
韋	雨非音幃	平	合細	喻	爲	微	今音皆讀喻母洪音如隈之濁	同伊	同伊	同伊	同伊	同伊	異在聲勢
永	于憬	上	合細	喻	爲	梗	多讀淸聲或濁日母如蝡	同王	同王	同王	同王	同王	異在聲勢
有	云久音友	上	開細	喻	爲	有	多讀淸聲	同以	同以	同以	同以	同以	異在聲勢
遠	雲阮	上	合細	喻	爲	阮	多讀淸聲或濁日母如輭	一丸音豋	平	合洪	影	桓	異在聲勢

榮	永兵	平	合細	喻	爲	庚	與營無分北音讀容尤失韻	同營	同營	同營	同營	同營	異在聲類
爲	薳支	平	合細	喻	爲	支	與帷無分	烏禾音倭	平	合洪	影	戈	異在聲類聲勢
洧	榮美音痏	上	合細	喻	爲	旨	誤讀同賄曉母	同以	同以	同以	同以	同以	異在聲類聲勢
筠	爲贇	平	合細	喻	爲	眞	與勻同音或溷日母如犉	烏玄音淵	平	合細	影	先	異在聲類

右十四字，爲爲母常用字；字母家以上喻母十二字爲喻母之四等音，以此十四字爲喻母之三等音。凡爲母皆濁聲，古皆讀影母清聲。

呼	荒烏音虖	平	合洪	曉	曉	模	或訛如夫非母						同
荒	呼光音肓	平	合洪	曉	曉	唐	或訛如方非母						同
虎	呼古音滸	上	合洪	曉	曉	姥	或訛如甫非母	同呼	同呼	同呼	同呼	同呼	異在四聲
馨	呼形音䚵	平	開細	曉	曉	青							同
火	呼果音邩	上	合洪	曉	曉	果		呼回音灰	平	合洪	曉	灰	異在韻

海	呼改 音醢	上	開洪	曉	曉	海		呼來 音咍	平	開洪	曉	咍	異在四聲
呵	虎何 音抲	平	開洪	曉	曉	歌	或讀合洪貨平						同
香	許良 音鄉	平	開洪	曉	曉	陽		呼郎 音炕	平	開洪	曉	唐	異在聲勢
朽	許久	上	開細	曉	曉	有		許么 音膮	平	開細	曉	蕭	異在韻
羲	許羈 音犧	平	開細	曉	曉	支		同呵	同呵	同呵	同呵	同呵	異在聲勢
休	許尤 音髹	平	開細	曉	曉	尤		同朽	同朽	同朽	同朽	同朽	異在韻
況	許訪 音貺	去	合細	曉	曉	漾	今音多讀如曠	同荒	同荒	同荒	同荒	同荒	異在聲勢
許	虛呂 音鄦	上	合細	曉	曉	語	或溷審母如黍	同呼	同呼	同呼	同呼	同呼	異在聲勢
興	虛陵	平	開細	曉	曉	蒸		呼登 黑平	平	開洪	曉	登	異在聲勢
喜	虛里	上	開細	曉	曉	上		同海	同海	同海	同海	同海	異在聲勢
虛	朽居 音嘘	平	合細	曉	曉	魚	或溷審母如書	同呼	同呼	同呼	同呼	同呼	異在聲勢

右十六字，爲曉母常用字；凡曉母皆淸聲。曉，馨皛切；古音呼毛切，音蒿。

胡乎	戶吳音壺	平	合洪	匣	匣	模	或讀乎如呼或訛如扶奉母					同
侯	戶鉤音喉	平	開洪	匣	匣	侯						同
戶	侯古音祜	上	合洪	匣	匣	姥	讀與互無分或訛如父奉母	同胡	同胡	同胡	同胡	同胡	異在四聲
下	胡雅音夏	上	開洪	匣	匣	馬	或讀開細清聲去聲與唬無分	同胡	同胡	同胡	同胡	同胡	異在聲勢
黃	胡光音皇	平	合洪	匣	匣	唐	或訛如房奉母					同
何	胡歌音荷	平	開洪	匣	匣	歌	或讀合洪如和					同

右七字，爲匣母常用字；凡匣母，皆濁聲。

匣，胡甲切，要收脣；或讀開細，如俠，非也；古音却同俠。

居	九魚音裾	平	合細	見	見	魚	或讀似豬知母	古乎音姑	平	合洪	見	模	異在聲勢
九	舉有音韭	上	開細	見	見	有		古堯音驍	平	開細	見	蕭	異在韻
俱	舉朱音駒	平	合細	見	見	虞	或讀似株知母	古侯音溝	平	開洪	見	侯	異在聲勢
舉	居許音莒	上	合細	見	見	語	或讀似貯知母	同居	同居	同居	同居	同居	異在聲勢
規	居隨音嫢	平	合細	見	見	支	或讀合洪如瑰	古畦音圭	平	合細	見	齊	異在韻

吉	居質	入	開細	見	見	質		古屑音結	入	開細	見	屑	異在韻
紀	居里音己	平	開細	見	見	止		古哀音該	平	開洪	見	哈	異在聲勢
几	居履音機	上	開細	見	見	旨	與紀無分	公回音瑰	平	合洪	見	灰	異在聲勢
古	公戶音鼓	上	合洪	見	見	姥		同居	同居	同居	同居	同居	異在四聲
公	古紅音工	平	合洪	見	見	東							同
過	古臥	去	合洪	見	見	過		古禾音戈	平	合洪	見	戈	異在四聲
各	音落古閣	入	開洪	見	見	鐸	與郭無分						同
格	古伯音骼	入	開洪	見	見	陌		同各	同各	同各	同各	同各	異在韻
兼	古甜音縑	平	開細	見	見	添	要收脣						同
姑	古胡音孤	平	合洪	見	見	模							同
佳	古膎音街	平	開洪	見	見	佳	今讀如痲韻開細如家之細音	古隄音雞	平	開細	見	齊	異在聲勢
詭	過委音垝	上	合細	見	見	紙	今讀同憒上聲	同過	同過	同過	同過	同過	異在聲勢

右十七字，爲見母常用字；凡見母皆淸聲。見，古電切；古音古寒切，音干。

康	苦岡音漮	平	開洪	溪	溪	唐	或讀如炕曉母						同
枯	苦胡音刳	平	合洪	溪	溪	模	或讀如呼曉母						同
牽	苦堅	平	開細	溪	溪	先	或讀如祆曉母						同
空	苦紅音悾	平	合洪	溪	溪	東	或讀如烘曉母						同
謙	苦兼	平	開細	溪	溪	添	要收脣						同
口	苦后音扣	上	開洪	溪	溪	厚	或讀如吼曉母	恪侯音彄	平	開洪	溪	侯	異在四聲
楷	苦駭音鍇	上	開洪	溪	溪	駭	或讀如海曉母	苦回音魁	平	合洪	溪	灰	異在聲勢
客	苦格	入	開洪	溪	溪	陌	或讀如赫曉母	苦各音愙	入	開洪	溪	鐸	異在韻
恪	苦各	入	開洪	溪	溪	鐸	或讀如壑曉母						同
苦	康杜音楛	上	合洪	溪	溪	姥	或讀如虎曉母	同枯	同枯	同枯	同枯	同枯	異在四聲
去	丘呂音麮	上	合細	溪	溪	語	上去二音並通或讀似絜徹母	同枯	同枯	同枯	同枯	同枯	異在聲勢

丘	去鳩音邱	平	開細	溪	溪	尤	或讀如休曉母	苦哀音開	平	開洪	溪	咍	異在聲勢
墟袪	去魚音阹	平	合細	溪	溪	魚	讀墟者或誤同空虛之虛又或讀似攄徹母	同枯	同枯	同枯	同枯	同枯	異在聲勢
詰	去吉音蛣	入	開細	溪	溪	質	或訛爲肹音	苦結音猰	入	開細	溪	屑	異在韻
窺	去隨音闚	平	合細	溪	溪	支	與奎無分	苦圭音奎	平	合細	溪	齊	異在韻
羌	去羊	平	開細	溪	溪	陽	或訛同姜	同康	同康	同康	同康	同康	異在聲勢
欽	去金音廞	平	開細	溪	溪	侵	要收脣	口含音堪	平	開洪	溪	覃	異在聲勢
傾	去營音頃	平	合細	溪	溪	清	今讀開細如輕	去螢褧平	平	合細	溪	青	異在韻
起	墟里音杞	上	開細	溪	溪	止	或讀如喜曉母	同丘	同丘	同丘	同丘	同丘	異在聲勢
綺	墟彼	上	開細	溪	溪	紙	或訛同倚	苦何音珂	平	開洪	溪	歌	異在聲勢
豈	袪豨音豈	上	開細	溪	溪	尾	與起無分	同楷	同楷	同楷	同楷	同楷	異在聲勢
區驅	豈俱音軀	平	合細	溪	溪	虞	或讀似貙徹母	同口	同口	同口	同口	同口	異在聲勢

右二十四字，為溪母常用字；凡溪母皆清聲。溪，苦奚切，方音或訛同醯，或兮；古音同今音。

渠	強魚 音蘧	平	合細	羣	羣	魚	或讀似除澄母	同枯	同枯	同枯	同枯	同枯	異在聲勢
強	巨良 音彊	平	開細	羣	羣	陽	或讀如降匣母	同康	同康	同康	同康	同康	異在聲勢
求	巨鳩 音球	平	開細	羣	羣	尤	或讀匣母細音	苦幺 音鄡	平	開細	溪	蕭	異在聲類
巨	其呂 音虡	上	合細	羣	羣	語	讀為見母去聲與據無分或又讀似註知母	同枯	同枯	同枯	同枯	同枯	異在聲類
具	其遇	去	合細	羣	羣	遇	讀為見母與屨無分或又讀似註知母	同口	同口	同口	同口	同口	異在聲勢
臼	其九 音舅	上	開細	羣	羣	有	讀為見母去聲與救無分	同求	同求	同求	同求	同求	異在聲類
衢	其俱 音臞	平	合細	羣	羣	虞	與渠無分或訛如除澄母	同枯	同枯	同枯	同枯	同枯	異在聲類
其	渠之 音旗	平	開細	羣	羣	之		同丘	同丘	同丘	同丘	同丘	異在聲勢
奇	渠羈 音騎	平	開細	羣	羣	支	與其無分	苦何 音珂	平	開洪	溪	歌	異在聲勢
曁	具冀 音洎	去	開細	羣	羣	至	讀為見母與概無分	苦骨 音堀	入	合洪	溪	沒	異在聲勢

右十字，爲羣母常用字；凡羣母皆濁聲，羣，渠云切，或讀如脣，神母。古皆讀溪母清聲。羣，古音坤。

疑	語其 音嶷	平	開細	疑	疑	之	今溷喻母如夷	五來 音皚	平	開洪	疑	哈	異在聲勢
魚	語居 音漁	平	合細	疑	疑	魚	今溷喻母如余	五乎 音吾	平	合洪	疑	模	異在聲勢
牛	語求	平	開細	疑	疑	尤	或溷喻母如尤 或溷來母如劉	同疑	同疑	同疑	同疑	同疑	異在聲勢
語	魚巨 音禦	上	合細	疑	疑	語	或溷喻母 如與清聲	同魚	同魚	同魚	同魚	同魚	異在聲勢
宜	魚羈 音儀	平	開細	疑	疑	支	語讀喻母如移	五何 音俄	平	開洪	疑	歌	異在聲勢
擬	魚紀 音薿	上	開細	疑	疑	止	誤讀喻母如以	同疑	同疑	同疑	同疑	同疑	異在聲勢
危	魚爲 音洈	平	合細	疑	疑	支	誤讀喻母如惟	五禾 音譌	平	合洪	疑	戈	異在聲勢
玉	魚欲 音獄	入	合細	疑	疑	燭	誤讀去聲 影母如瘀	五谷	入	合洪	疑	屋	異在聲勢
五	疑古 音午	上	合洪	疑	疑	姥	誤讀影母如鄔	同魚	同魚	同魚	同魚	同魚	異在四聲
俄	五何 音娥	平	開洪	疑	疑	歌	或讀合洪訛 爲影之濁						同
吾	五乎 音梧	平	合洪	疑	疑	模	誤讀影母之 濁如烏重讀						同

研	五堅音妍	平	開細	疑	疑	先	誤讀喻母之延						同
遇	牛具音寓	去	合細	疑	疑	遇	誤讀影母如瘀	五婁音齵	平	開洪	疑	侯	異在聲勢
虞	遇俱音娛	平	合細	疑	疑	虞	誤讀喻母如余	同魚	同魚	同魚	同魚	同魚	異在聲勢
愚	遇俱音娛	平	合細	疑	疑	虞	誤讀喻母如余	同遇	同遇	同遇	同遇	同遇	異在聲勢

右十五字，爲疑母常用字；凡疑母皆濁聲。

以上凡百二十四字，分屬八字母，九聲類；古六聲類，總爲喉音。字母家或以影、喻、曉、匣爲喉音；見溪羣疑爲牙音；然古音六聲類相爲雙聲，今但名之爲喉音，不再分析。

多	得何	平	開洪	端	端	歌	今誤讀合洪						同
得德	多則音㝵	入	開洪	端	端	德							同
丁	當經音釘	平	開細	端	端	青							同
都	當孤音闍	平	合洪	端	端	模							同

當	都郎，音蟷	平	開洪	端	端	唐					
冬	都宗，音苳	平	合洪	端	端	冬					

右七字，爲端母常用字；凡端母皆清聲。端，多官切，或讀開洪，如丹音，非也；古音同今音。

知	陟離，音蜘	平	開細	知	知	支	或誤同貲精母	都兮，音隄	平	開細	端	齊	異在聲類
張	陟良，音粻	平	合細	知	知	陽	或誤同臧精母	同當	同當	同當	同當	同當	異在聲類聲勢
豬	陟魚，音瀦	平	合細	知	知	魚	或誤同居見母	同都	同都	同都	同都	同都	異在聲類聲勢
徵	陟陵，音癥	平	開細	知	知	蒸	或誤同增精母	都騰，音登	平	開洪	端	登	異在聲類聲勢
中	陟弓，音芇	平	合細	知	知	東	或誤同宗精母	同冬	同冬	同冬	同冬	同冬	異在聲類聲勢
追	陟隹	平	合細	知	知	脂	或誤見母如歸	都回，音堆	平	合洪	端	灰	異在聲類聲勢
陟	竹力	入	開細	知	知	職	或溷莊母如櫛	丁叶，音[illegible]	入	開細	端	帖	異在聲類
卓	竹角，音倬	入	合洪	知	知	覺	或溷精母如作	冬毒，音篤	入	合洪	端	沃	異在聲類
竹	張六，音築	入	合細	知	知	屋	或溷開細變韻	都僚，音凋	平	開細	端	蕭	異在聲類聲勢

右九字，爲知母，皆清聲；古皆讀端母。

之	止而 音芝	平	開細	照	照	之	與知無分或又溷茲精母	丁來 音鼉	平	開洪	端	端	異在聲類聲勢
止	諸市 音阯	上	開細	照	照	止	與撳無分或又溷子精母	同右	同右	同右	同右	同右	異在聲類聲勢
章	諸良 音墇	平	開細	照	照	陽	與張無分或又溷臧精母	同當	同當	同當	同當	同當	異在聲類聲勢
征	諸盈 音鉦	平	開細	照	照	清	與貞無分或又溷爭莊母	同丁	同丁	同丁	同丁	同丁	異在聲類
諸	章魚 音藷	平	合細	照	照	魚	與豬無分或又溷居見母	同都	同都	同都	同都	同都	異在聲類聲勢
煑	章與 音渚	上	合細	照	照	語	與貯無分或又溷舉見母	同都	同都	同都	同都	同都	異在聲類聲勢
支	章移 音枝	平	開細	照	照	支	與知無分或又溷貲精母	同知	同知	同知	同知	同知	異在聲類
職	之翼 音織	入	開細	照	照	職	或溷莊母如櫛	同得	同得	同得	同得	同得	異在聲類聲勢
正	之盛 音政	去	開細	照	照	勁	或溷莊母如諍	同丁	同丁	同丁	同丁	同丁	異在聲類
旨	職雉 音砥	上	開細	照	照	旨	與黹無分或又溷笫莊母	同追	同追	同追	同追	同追	異在聲類聲勢
占	職廉 音詹	平	開細	照	照	鹽	與霑無分或又溷斬平聲莊母	丁兼 音貼	平	開細	端	添	異在聲類

脂	旨移音祇	平	開細	照	照	脂	與胝無分或又溷咨精母	同追	同追	同追	同追	同追	異在聲類聲勢

右十二字，爲照母常用字；字母家以此十二字爲齒音照母之三等音；別有莊母七字，今列在齒音，字母家亦併爲照母，以爲二等音。凡照母，皆清聲；照，之少切，或讀如躁，非也。古皆讀端母。照，古音刀。

他	託何音拕	平	開洪	透	透	歌	誤讀合洪						同
託	他各音柝	入	開洪	透	透	鐸	誤讀合洪						同
土吐	他魯	上	合洪	透	透	姥	誤讀鲘入厚韻	他乎音涂	平	合洪	透	模	異在四聲
通	他紅音恫	平	合洪	透	透	東							同
天	他前	平	開細	透	透	先							同
台	土來音胎	平	開洪	透	透	咍	台又有定音用爲切語則讀透						同
湯	土郎音鼞	平	開洪	透	透	唐							同

右八字，爲透母常用字；凡透母，皆淸聲。透，他侯切；古音湯彫切，音蓧。

抽	丑鳩　音瘳	平	開細	徹	徹	尤	或誤同蓮平初母	湯彫　音條	平	開細	透	蕭	異在聲類
癡	丑之	平	開細	徹	徹	之	或誤同參差之差初母	同台	同台	同台	同台	同台	異在聲勢
楮褚	丑呂	上	合細	徹	徹	語	或誤同麩溪母	同土	同土	同土	同土	同土	異在聲勢
丑	敕久　同杽	上	開細	徹	徹	有	或誤同蓮上初母	同抽	同抽	同抽	同抽	同抽	異在聲類
恥	敕里　音祉	上	開細	徹	徹	止	或誤同此清母	同台	同台	同台	同台	同台	異在聲勢
敕	恥力　音飭	入	開細	徹	徹	職	或溷初母如測	它得　音忒	入	開洪	透	德	異在聲勢

右七字，爲徹母常用字；凡徹母，皆清聲；徹，丑列切，或讀清母，非也。古皆讀透母。徹，古音鐵。

昌	尺良　音閶	平	開細	穿	穿	陽	與倀無分或又溷倉清母	同湯	同湯	同湯	同湯	同湯	異在聲勢
尺赤	昌石　音斥	入	開細	穿	穿	昔	與彳無分或又溷初母	同託	同託	同託	同託	同託	異在聲勢
充	昌終　音珫	平	合細	穿	穿	東	與忡無分或又溷蔥清母	同通	同通	同通	同通	同通	異在聲勢
處	昌呂　音杵	上	合細	穿	穿	語	與楮無分或又溷麩溪母	同土	同土	同土	同土	同土	異在聲勢
叱	昌栗	入	開細	穿	穿	質	與抶無分或又溷入初母	他結　音鐵	入	開細	透	屑	異在聲類

春	昌脣	平	合細	穿	穿	諄	與杶無分或又溷困溪母	他昆音焞	平	合洪	透	魂	異在聲勢

右七字，爲穿母常用字；字母家以此七字爲齒音穿母之三等音；別有初母八字，今列在齒音，字母家亦併爲穿母，以爲二等音。凡穿母，皆淸聲；穿，昌緣切，或讀如繸平，非也。古皆讀透母。穿，古音湍。

書 舒	傷魚音紓	平	合細	審	審	魚	或溷曉母如虛	同土	同土	同土	同土	同土	異在聲勢
傷 商	式陽音鬺	平	開細	審	審	陽	或溷心母如桑	同湯	同湯	同湯	同湯	同湯	異在聲勢
施	式支音敊	平	開細	審	審	支	或溷心母如斯	同他	同他	同他	同他	同他	異在聲勢
失	式質音室	入	開細	審	審	質	或溷心母	同叱	同叱	同叱	同叱	同叱	異在聲勢
矢	式視音笶	上	開細	審	審	旨	或溷心母如死	他回音推	平	合洪	透	灰	異在聲勢
試	式吏音弑	去	開細	審	審	志	或溷心母如伺	同敕	同敕	同敕	同敕	同敕	異在聲勢
式 識	賞職音軾	入	開細	審	審	職	或溷心母如色或又訛式爲試	同敕	同敕	同敕	同敕	同敕	異在聲勢
賞	書兩音饟	上	開細	審	審	養	或訛疏母如爽	同湯	同湯	同湯	同湯	同湯	異在聲勢
詩	書之音齝	平	開細	審	審	之	或溷心母如思	同台	同台	同台	同台	同台	異在聲勢

釋	施隻音螫	入	開細	審	審	昔	或訛疏母	同託	同託	同託	同託	同託	異在聲類聲勢
始	詩止	上	開細	審	審	止	或訛疏母如史	同台	同台	同台	同台	同台	異在聲類聲勢

右十四字，爲審母常用字；字母家以此十四字爲齒音審母之三等音；別有疏母十字，今列在齒音，字母家亦併爲審母，以爲二等音。凡審母，皆淸聲；審，式荏切，或讀疏母，如痒，非也。古皆讀透母。審，古音探。

徒	同都音荼	平	合洪	定	定	模	或訛音頭開洪侯韻						同
同	徒紅音童	平	合洪	定	定	東							同
特	徒得音蟘	平	開洪	定	定	德	或訛透母音忒	徒哀音臺	平	開洪	定	咍	異在韻
度	徒故音渡	去	合洪	定	定	暮	或訛音屬端母侯韻開洪	同徒	同徒	同徒	同徒	同徒	異在四聲
杜	徒古音稌	上	合洪	定	定	姥	與度無分或訛音屬端母	同徒	同徒	同徒	同徒	同徒	異在四聲
唐堂	徒郎音棠	平	開洪	定	定	唐							同
田	徒年音窴	平	開細	定	定	先							同
陀	徒何音沱	平	開洪	定	定	歌	或訛合洪						同

地	徒四	去	開細	定	定	至	或訛端母音帝	同陀	同陀	同陀	同陀	同陀	異在聲勢

右十字，爲定母常用字；凡定母，皆濁聲。定，徒徑切，或讀如錠丁定切非也；古音特丁切，音亭。

除	直如音儲	平	合細	澄	澄	魚	或讀如渠羣母	同徒	同徒	同徒	同徒	同徒	異在聲勢
場	直良音長	平	開細	澄	澄	陽	或訛牀母如牀	同唐	同唐	同唐	同唐	同唐	異在聲勢
池	直離音馳	平	開細	澄	澄	支	或訛從母如慈	同陀	同陀	同陀	同陀	同陀	異在聲勢
治持	直之	平	開細	澄	澄	之	或訛從母如慈	同特	同特	同特	同特	同特	異在聲勢
遲	直尼音墀	平	開細	澄	澄	脂	或訛從母如慈	杜回音魋	平	合洪	定	灰	異在聲勢
佇	直呂音杼	上	合細	澄	澄	語	或訛溪母如麩	同徒	同徒	同徒	同徒	同徒	異在聲勢
柱	直主	上	合細	澄	澄	麌	或訛見母如據	度婁音頭	平	開洪	定	侯	異在聲勢
丈	直兩音杖	上	開細	澄	澄	養	或訛知母如帳	同唐	同唐	同唐	同唐	同唐	異在聲勢
直	除力	入	開細	澄	澄	職	或訛照母如職	徒得音蟘	入	開洪	定	德	異在聲勢
宅	場伯音擇	入	開洪	澄	澄	陌	或訛知母如磔或訛照母如測	徒洛音鐸	入	開洪	定	鐸	異在聲類

右十一字，爲澄母常用字；凡澄母，皆濁聲；（澄，直陵切，或讀音層，非也。）古皆讀定母。（澄，古音騰。）

神	食鄰 音䰠	平	開細	牀	神	眞	今皆音辰禪母或又訛讀邪母	同田	同田	同田	同田	同田	異在聲類
乘	食陵 音繩	平	開細	牀	神	蒸	與澄無分今或訛讀音承禪母或又訛讀層又訛邪母	徒登 音騰	平	開洪	定	登	異在聲勢
食	乘力 音蝕	入	開細	牀	神	職	今皆音植禪母或又訛讀疏母	同直	同直	同直	同直	同直	異在聲勢
實	神質	入	開細	牀	神	質	今或訛室審母或又讀寔禪母或又訛讀疏母	徒結 音垤	入	開細	定	屑	異在聲類

右四字，爲神母常用字；（字母家以此四字爲齒音牀母之三等音；別有十二字，今列在齒音，字母家以爲二等音。）凡神母，皆濁聲；古皆讀定母。

時	市之 音塒	平	開細	禪	禪	之	或訛邪母如詞	同特	同特	同特	同特	同特	異在聲勢
殊	市朱 音殳	平	合細	禪	禪	虞	或訛音書審母或訛音虛曉母	同杜	同杜	同杜	同杜	同杜	異在聲勢
常嘗	市羊 音鱨	平	開細	禪	禪	陽	或訛音長澄母或又訛爲邪母	同唐	同唐	同唐	同唐	同唐	異在聲勢

蜀	市玉音獨	入	合細	禪	禪	燭	或譌為燭照母或譌為俗邪母皆譌開細	徒谷音獨	入	合洪	定	屋	異在聲類聲勢
市	時止音恃	上	開細	禪	禪	止	或譌為試審母去聲或又譌使疏母去聲	同特	同特	同特	同特	同特	異在聲類聲勢
植殖	常職音埴	入	開細	禪	禪	職	或譌置知母或譌直澄母或譌字牀母	同直	同直	同直	同直	同直	異在聲類聲勢
寔	常職音埴	入	開細	禪	禪	職	或譌同實或譌同是	杜兮音題	平	開細	定	齊	異在聲類
署	常恕音曙	去	合細	禪	禪	御	或譌同恕審母或譌同煦曉母	同徒	同徒	同徒	同徒	同徒	異在聲類聲勢
臣	植鄰音辰	平	開細	禪	禪	眞	今皆讀陳澄母或又譌存從母	同田	同田	同田	同田	同田	異在聲類
是氏	承紙音諟	上	開細	禪	禪	紙	今皆讀去與豉無分或又譌使	同寔	同寔	同寔	同寔	同寔	異在聲類
視	承矢	上	開細	禪	禪	旨	今皆讀去與嗜無分或又譌使	同遲	同遲	同遲	同遲	同遲	異在聲類聲勢
成	是征音城	平	開細	禪	禪	清	今皆讀呈澄母或又譌層從母	特丁音亭	平	開細	定	青	異在聲類

右十五字，爲禪母常用字；字母家以此爲齒音，今改正。凡禪母，皆濁聲，禪，時戰切，或讀疏母，如疝，非也。其平聲當音市連切，或讀澄母如廛，亦非。古皆讀定母。禪，古音彈。

奴	乃都音砮	平	合洪	泥	泥	模	或讀開洪侯韻如獳又或似盧洄來母						同
乃	奴亥音迺	上	開洪	泥	泥	海	或洄來上聲	奴登	平	開洪	泥	登	異在韻
諾	奴各	入	開洪	泥	泥	鐸	或洄合洪又或似落洄來母						同
內	奴對	去	合洪	泥	泥	隊	或讀類訛合細又或讀膩訛開細娘母	內骨音訥	入	合洪	泥	沒	異在四聲
嬭	奴禮音⿱髟爾	上	開細	泥	泥	薺	或讀似禮來母俗音同乃	乃回音⿰忄嬰	平	合洪	泥	灰	異在聲勢
那	諾何音儺	平	開洪	泥	泥	歌	或讀似螺來母合洪						同

右六字，爲泥母常用字；凡泥母，皆濁聲。泥，奴低切，或讀同尼，非也，古音乃回切，音⿰忄嬰。

尼	女夷音怩	平	開細	娘	娘	脂	或讀似泥泥母或讀似狋疑母或讀似夷喻母	同嬭	同嬭	同嬭	同嬭	同嬭	異在聲勢
拏	女加音⿱奴衣	平	開洪	娘	娘	麻	要與歌韻同聲勢或洄泥母如那非也	同奴	同奴	同奴	同奴	同奴	異在聲勢

女	尼呂	上	合細	娘	娘	語	或溷泥母或溷喻母如與或溷來如旅	同奴	同奴	同奴	同奴	同奴	異在聲類聲勢

右三字，爲娘母常用字；凡娘母，皆濁聲；娘，女良切，或溷來母，如良，或溷疑母，如仰平聲，皆非也。古皆讀泥母。娘，古音囊。

如	人諸音翟	平	合細	日	日	魚	或溷喻母如余	同奴	同奴	同奴	同奴	同奴	異在聲類聲勢
汝	人渚	上	合細	日	日	語	或溷喻母如與	同奴	同奴	同奴	同奴	同奴	異在聲類聲勢
儒	人朱音濡	平	合細	日	日	虞	或溷喻母如俞	乃侯音獳	平	開洪	泥	侯	異在聲類聲勢
人	如鄰音仁	平	開細	日	日	眞	或讀娘母如紉或讀來母如倫之開或溷喻母如寅	奴顛音年	平	開細	泥	先	異在聲類
而	如之音栭	平	開細	日	日	之	韻小變	奴來音能	平	開洪	泥	咍	異在聲類聲勢
仍	如乘音訒	平	開細	日	日	蒸	或溷來母如楞	同乃	同乃	同乃	同乃	同乃	異在聲類聲勢
兒	汝移	平	開細	日	日	支	韻小變	奴低音泥	平	開細	泥	齊	異在聲類
耳	而止	上	開細	日	日	止	韻小變	同而	同而	同而	同而	同而	異在聲類聲勢

右八字，爲日母常用字；凡日母，皆濁聲；日，人質切，或讀喻母，如逸，非也。古皆讀泥母。日，古音奴結切，音涅。

來	落哀音萊	平	開洪	來	來	咍							同
盧	落胡音玈	平	合洪	來	來	模	或溷侯韻之樓						同
賴	落蓋音瀨	去	開洪	來	來	泰		盧達音剌	入	開洪	來	曷	異在四聲
勒	盧則音肋	入	開洪	來	來	德							同
落洛	盧各音絡	入	開洪	來	來	鐸	或讀合洪						同
力	林直	入	開細	來	來	職		同勒	同勒	同勒	同勒	同勒	異在聲勢
林	力尋音霖	平	開細	來	來	優	要收脣	魯含音啉	平	開洪	來	覃	異在聲勢
呂	力舉音旅	上	合細	來	來	語	或溷喻母如與	同盧	同盧	同盧	同盧	同盧	異在聲勢
良	呂張音糧	平	開細	來	來	陽		魯當音郎	平	開洪	來	唐	異在聲勢
離	呂文音驪	平	開細	來	來	支		魯河音羅	平	開洪	來	歌	異在聲勢
里	良士音李	上	開細	來	來	止		同來	同來	同來	同來	同來	異在聲勢
郎	魯當音狼	平	開洪	來	來	唐							同

魯	郎古音鹵	上	合洪	來	來	姥	或溷厚韻之嘍	同盧	同盧	同盧	同盧	同盧	異在四聲
練	郎電音鍊	去	開細	來	來	霰		落干音蘭	平	開洪	來	寒	異在聲勢

右十五字，爲來母常用字；凡來母，皆濁聲。

以上凡百三十六字，分屬十五字母，（複見齒音一字母。）十五聲類；古五聲類，總爲舌音。

字母家以端、透、定、泥爲舌頭音，知、徹、澄、娘爲舌上音，以日爲半齒音，來爲半舌音，以照、穿、牀、審、禪爲正齒音；然古音五聲類相爲雙聲，今但名之爲舌音，不復分析。

將	卽良音漿	平	開細	精	精	陽	或讀如姜見母	則郎音牂	平	開洪	精	唐	異在聲勢
子	卽里音梓	上	開細	精	精	止		祖才音哉	平	開洪	精	咍	異在聲勢
資	卽夷音咨	平	開細	精	精	脂		臧回音嗺	平	合洪	精	灰	異在聲勢
卽	子力音楖	入	開細	精	精	職	或讀如吉見母	子結音節	入	開細	精	屑	異在韻
則	子德	入	開洪	精	精	德							同
借	子夜	去	開細	精	精	禡	今讀韻變或溷見母	則洛音作	入	開洪	精	鐸	異在聲勢

茲	子之 音孜	平	開細	精	精	之		同子	同子	同子	同子	同子	異在聲勢
醉	將遂	去	合細	精	精	至	今或讀祭開細又或訛既見母	臧沒 音卒	入	合細	精	沒	異在聲勢
姊	將几 音秭	上	開細	精	精	旨		同資	同資	同資	同資	同資	異在聲勢
遵	將倫	平	合細	精	精	諄	今或讀尊又誤開洪	祖昆 音尊	平	合洪	精	魂	異在聲勢
祖	則古 音蒩	上	合洪	精	精	姥	今溷厚韻音走	則吾 音租	平	合洪	精	模	異在四聲
臧	則郎 音牂	平	開洪	精	精	唐							同
作	則落	入	開洪	精	精	鐸	或訛合洪						同

右十三字，爲精母常用字；凡精母，皆清聲。精，子盈切；古子經切，績平聲。

莊	側羊 音裝	平	開細	照	莊	陽	與臧無分或又訛樁知母	同將	同將	同將	同將	同將	異在聲類聲勢
爭	側莖 音箏	平	開洪	照	莊	耕	或訛貞知母	子經	平	開細	精	青	異在聲類聲勢
阻	側呂 音組	上	合細	照	莊	語	與祖無分或又訛渚知母	同祖	同祖	同祖	同祖	同祖	異在聲類聲勢
鄒	側鳩 音陬	平	開細	照	莊	尤	與陬無分或又訛輈知母	子侯 音陬	平	開洪	精	侯	異在聲類聲勢

簪	側吟音瓚	平	開細	照	莊	侵	要收脣或又訛礁知母	作含音鑽	平	開洪	精	覃	異在聲類聲勢
側仄	阻力音昃	入	開細	照	莊	職	與則無分或訛為謫知母	同則	同則	同則	同則	同則	異在聲類聲勢

右七字，為莊母常用字；字母家以此七字為照母之二等音；別有十二字，今列在舌音，字母家以為照母之三等音。凡莊母，皆清聲；古皆讀精母。

倉蒼	七岡音滄	平	開洪	清	清	唐							同
親	七人音瀙	平	開細	清	清	眞	或讀卿如溪母	倉先音千	平	開細	清	先	異在韻
遷	七然音𨞪	平	開細	清	清	仙	或讀愆如溪母	昨痕	平	開洪	清	痕	異在聲勢
取	七庾	上	合細	清	清	麌	或溷開細訛讀如此	千侯音諏	平	開洪	清	侯	異在聲勢
七	親吉音漆	入	開洪	清	清	質	或讀詰如溪母	千結音切	入	開細	清	屑	異在韻
青	倉經	平	開細	清	清	青	或讀卿如溪母						同
采	倉宰音宷	上	開洪	清	清	海		倉才音𧺆	平	開洪	清	咍	異在四聲
醋	倉故音厝	去	合洪	清	清	暮	或讀候韻如湊	倉各音錯	入	開洪	清	鐸	異在四聲

麤麁	倉胡音麤	平	合洪	淸	淸	模	或讀侯韻如謳						同
千	倉先音阡	平	開細	淸	淸	先	或讀如牽溪母						同
此	雌氏音跐	上	開細	淸	淸	紙	今讀開洪	七稽音妻	平	開細	淸	齊	異在韻
雌	此移	平	開細	淸	淸	支	今讀開洪	同此	同此	同此	同此	同此	異在韻

右十四字，爲淸母常用字；凡淸母，皆淸聲。淸，七情切；古音同靑。

初	楚居	平	合細	穿	初	魚	與麤無分或訛讀樗徹母	同麁	同麁	同麁	同麁	同麁	異在聲類聲勢
楚	創舉音礎	上	合細	穿	初	語	與麤無分或訛讀褚徹母或訛讀鯫入厚韻	同麁	同麁	同麁	同麁	同麁	異在聲類聲勢
創瘡	初良	平	開細	穿	初	陽	與倉無分或訛讀惷徹母	同倉	同倉	同倉	同倉	同倉	異在聲類聲勢
測	初力音惻	入	開細	穿	初	職	與墄無分	七則音墄	入	開洪	淸	德	異在聲類聲勢
叉	初牙音杈	平	開洪	穿	初	麻	或訛讀車穿母	同麁	同麁	同麁	同麁	同麁	異在聲類聲勢
廁	初吏	去	開細	穿	初	志	或訛讀熾穿母	同測	同測	同測	同測	同測	異在聲類聲勢

芻	測隅音犓	平	合細	穿	初	虞	與麤無分或又訛貙徹母	同取	同取	同取	同取	同取	異在聲類聲勢

右八字，爲初母常用字；字母家以此八字爲穿母之二等音，別有七字，今列在舌音，字母家以爲穿母之三等音。凡初母，皆清聲；古皆讀清母。

才	昨哉音裁	平	開洪	從	從	哈							同
徂	昨胡音殂	平	開洪	從	從	模							同
在	昨宰	上	開洪	從	從	海	今或訛載精母去聲	同才	同才	同才	同才	同才	異在四聲
前	昨先音錢	平	開細	從	從	先	或讀如乾羣母	昨千音殘	平	開洪	從	寒	異在聲勢
藏	昨郎	平	開洪	從	從	唐							同
昨酢	在各音作	入	開洪	從	從	鐸	或讀合洪或訛精母如作						同
疾	秦悉音嫉	入	開細	從	從	質	或訛精母如即或讀如吉見母	昨回音摧	平	合洪	從	灰	異在聲勢
秦	匠鄰	平	開細	從	從	眞	或讀如勤羣母	昨先音前	平	開細	從	先	異在韻
匠	疾亮音⿺走匠	去	開細	從	從	漾	今或訛醬精母又或訛強去聲見母	同藏	同藏	同藏	同藏	同藏	異在聲勢

慈	疾之音鶿	平	開細	從	從	之		同才	同才	同才	同才	同才	異在聲勢
自	疾二	去	開細	從	從	至	或讀如恣精母	昨沒音捽	入	合洪	從	沒	異在聲勢
情	疾盈音姓	平	開細	從	從	清	今或訛頸羣母	徂經丼平	平	開細	從	青	異在韻
漸	慈染音蔪	上	開細	從	從	琰	要收脣今或訛僭精母去聲又或訛趁見母去聲	昨兼	平	開細	從	添	異在四聲

右十四字，爲從母常用字；凡從母，皆濁聲。從，疾容切；古音徂紅切，音叢。

牀	士莊	平	開細	牀	牀	陽	與藏無分今或訛幢澄母	同藏	同藏	同藏	同藏	同藏	異在聲勢
鋤鉏	士魚	平	合細	牀	牀	魚	與徂無分或又訛除澄母	同徂	同徂	同徂	同徂	同徂	異在聲勢
豺	士皆	平	開洪	牀	牀	皆	與才無分或又訛豸平澄母	同才	同才	同才	同才	同才	異在聲勢
崱	士力	入	開細	牀	牀	職	與賊無分或又訛則精母	昨則音賊	入	開洪	從	德	異在聲勢
士仕	鉏里	上	開細	牀	牀	止	今多讀寺邪母去聲或又訛笥心母去聲	同才	同才	同才	同才	同才	異在聲勢

崇	鋤弓	平	合細	牀	牀	東	與淙無分，或又訛重澄母	藏宗音淙	平	合洪	從	冬	異在聲類聲勢
查	鉏加	平	開洪	牀	牀	麻	或訛音寀澄母	同徂	同徂	同徂	同徂	同徂	異在聲類聲勢
雛	仕于	平	合	牀	牀	虞	與徂無分，或訛音鄒在俟韻，或音徂精母模韻，或訛音阪精母俟韻，或訛音除澄母	徂鉤音鄒	平	開洪	從	侯	異在聲類聲勢
俟	牀史音涘	上	開細	牀	牀	止	與士無分，或訛心母去聲如笥，或訛音試審母去聲	同才	同才	同才	同才	同才	異在聲類聲勢
助	牀據音耡	去	合細	牀	牀	御	與劇無分，或訛精母去聲俟韻如奏，或訛音著知母	同徂	同徂	同徂	同徂	同徂	異在聲類聲勢

右十二字，爲牀母常用字；字母家以此十二字爲牀母之二等音；別有神母四字，今列在舌音，字母家亦併爲牀母，以爲三等音。凡牀母，皆濁聲；古皆讀從母。

蘇	素姑 音穌	平	合洪	心	心	模	今或讀開洪 侯韻如涑						同
素	桑故	去	合洪	心	心	暮	今或讀開洪 侯韻如嗽	同蘇	同蘇	同蘇	同蘇	同蘇	異在四聲
速	桑谷 音蔌	入	合洪	心	心	屋	今或讀開洪						同
桑	息郎 音霜	平	開洪	心	心	唐							同
相	息良 音湘	平	開細	心	心	陽	或讀如香曉母	同桑	同桑	同桑	同桑	同桑	異在聲勢
悉	息七 音膝	入	開細	心	心	質	或讀如絶曉母	先結 音屑	入	開細	心	屑	異在韻
思司	息茲 音絲	平	開細	心	心	之		蘇來 音鰓	平	開洪	心	咍	異在聲勢
斯	息移 音澌	平	開細	心	心	支	與思無分	先稽 音嘶	平	開細	心	齊	異在韻
私	息夷 音[illegible]	平	開細	心	心	脂	與思斯無分	素回 音膗	平	合洪	心	灰	異在聲勢
雖	息遺 音綏	平	合細	心	心	脂	或讀開洪如膗之開或讀魚韻如胥或與膗同	同私	同私	同私	同私	同私	異在聲勢
辛	息鄰 音新	平	開細	心	心	眞	或讀如欣曉母	蘇前 音先	平	開細	心	先	異在韻

息	相即 音熄	入	開細	心	心	職	與悉無分	蘇則 音塞	入	開洪	心	德	異在聲勢
須	詢趨 音需	平	合細	心	心	虞	或讀音西入齊韻	速侯 音涑	平	開洪	心	侯	異在聲勢
胥	相居 音蝑	平	合細	心	心	魚	或亦訛音西	同蘇	同蘇	同蘇	同蘇	同蘇	異在聲勢
先	蘇前 音躚	平	開細	心	心	先	或讀如掀曉母	蘇根	平	開洪	心	痕	異在聲勢
寫	息姐	上	開細	心	心	馬	今更韻又或訛讀曉母	蘇各 音索	入	開洪	心	鐸	異在聲勢

右十七字，爲心母常用字；凡心母，皆清聲。心，息林切；古音蘇含切，音毿。

徐	似魚 音徐	平	合細	邪	邪	魚	今或訛爲匣母又或訛如隨讀脂韻開細	同蘇	同蘇	同蘇	同蘇	同蘇	異在聲類聲勢
祥詳	似羊 音庠	平	開細	邪	邪	陽	今或讀牆從母	同桑	同桑	同桑	同桑	同桑	異在聲類聲勢
辭辝	似茲 音詞	平	開細	邪	邪	之	今或讀慈從母	同思	同思	同思	同思	同思	異在聲類聲勢
似	詳里 音祀	上	開細	邪	邪	止	與寺無分今或訛笥心母	同思	同思	同思	同思	同思	異在聲類聲勢
旬	詳遵 音樳	平	合細	邪	邪	諄	今或讀開細	蘇淵	平	合細	心	先	異在聲類

寺	詳吏音嗣	去	開細	邪	邪	志	今或讀字從母或讀笥心母	同思	同思	同思	同思	同思	異在聲勢
夕	詳易音穸	入	開細	邪	邪	昔	今與昔無分心母	同寫	同寫	同寫	同寫	同寫	異在聲勢
隨	旬爲	平	合細	邪	邪	支	今或訛爲開細又或訛爲開洪如攡之開	蘇禾音蓑	平	合洪	心	戈	異在聲勢

右十字，爲邪母常用字；凡邪母，皆濁聲；邪，似嗟切，今韻讀小變。古皆讀心母清聲。邪，古音同蘇。

疏疎	所葅音梳	平	合細	審	疏	魚	與蘇無分或讀侯韻心母如涑或讀審母如書	同蘇	同蘇	同蘇	同蘇	同蘇	異在聲勢
山	所間音邖	平	開洪	審	疏	山	與珊無分或讀審母如羶	蘇千音珊	平	開洪	心	寒	異在聲類
沙砂	所加音魦	平	開洪	審	疏	麻	或讀審母如奢	素何音娑	平	開洪	心	歌	異在聲勢
生	所庚音笙	平	開洪	審	疏	庚	或讀審母如聲	桑經音星	平	開細	心	青	異在聲勢
色	所力音嗇	入	開細	審	疏	職	與塞無分或讀審母	同息	同息	同息	同息	同息	異在聲勢
數	所矩	上	合細	審	疏	麌	或訛心母厚韻如藪或訛審母如黍	同須	同須	同須	同須	同須	異在聲勢

所	疏舉 音貶	上	合細	審	疏	語	與湑無分今皆讀心母果韻如瑣	同蘇	同蘇	同蘇	同蘇	同蘇	異在聲類聲勢
史	疏士 音使	上	開細	審	疏	止	或訛審母如始	同思	同思	同思	同思	同思	異在聲類聲勢

右十字，爲疏母常用字；（字母家以此十字爲審母之二等音；別有十四字，今列在舌音，字母家以爲審母之三等音。）凡疏母，皆淸聲；古皆讀心母。

以上凡百五字，分屬九字母，（複見舌音三字母。）九聲類；古四聲類，總爲齒音。字母家以精、清、從、心、邪爲齒頭音，以照、穿、牀、審、禪爲正齒音；然古音，九聲類相爲雙聲，今但名之爲齒音，不復分析。

邊	布玄 音籩	平	合細	邦	邦	先		北潘 音般	平	合洪	邦	桓	異在聲勢
布	博故	去	合洪	邦	邦	暮		博孤 音餔	平	合洪	邦	模	異在四聲
補	博古 音圃	上	合洪	邦	邦	姥		同布	同布	同布	同布	同布	異在四聲
伯百	博陌 音柏	入	合洪	邦	邦	陌		補各 音博	入	合洪	邦	鐸	異在韻
北	博墨	入	合洪	邦	邦	德	或與伯無分						同

博	補各音搏	入	合洪	邦	邦	鐸	要與戈同聲勢	同布	同布	同布	同布	同布	異在韻
巴	伯加音豝	平	合洪	邦	邦	麻		同布	同布	同布	同布	同布	異在韻
卑	府移音裨	平	合細	邦	非	支		邊兮音𨁈	平	合細	邦	齊	異在韻
并	府盈音栟	平	合細	邦	非	清		補丁	平	合細	邦	青	異在韻
鄙	方美音啚	上	合細	邦	非	旨	今或讀嚭滂母	布來	平	合洪	邦	咍	異在聲勢
必	卑吉音珌	入	合細	邦	非	質		布穴	入	合細	邦	屑	異在韻
彼	甫委音被	上	合細	邦	非	紙		博禾音波	平	合洪	邦	戈	異在聲勢
兵	甫明	平	合細	邦	非	庚		博旁音幫	平	合洪	邦	唐	異在聲勢
筆	鄙密	入	合細	邦	非	質		同必	同必	同必	同必	同必	異在韻
陂	彼爲音鑼	平	合細	邦	非	支	與卑賓同或訛同皮	同彼	同彼	同彼	同彼	同彼	異在聲勢
畀	必至音痺	去	合細	邦	非	至		博沒	入	合洪	邦	沒	異在聲勢

右十七字，爲邦母常用字；《廣韻》切語，以卑、并、鄙、必、彼、兵、筆、陂、畀九字，與下非類字同類互用；今依字母家。其用府、方、甫等字切卑、并、鄙、彼、兵等字者，字母家謂

之類隔也。凡邦母，皆清聲。邦，博江切，或讀同幫；古音布紅切，琫平聲。

方	府良 音肪	平	合細	非	非	陽	或讀如荒曉母	同兵	同兵	同兵	同兵	同兵	異在聲類聲勢
封	府容 音葑	平	合細	非	非	鍾	或讀如烘曉母	布紅	平	合洪	邦	東	異在聲類聲勢
分	府文 音鳻	平	合細	非	非	文	或讀如昏曉母	博昆 音奔	平	合洪	邦	魂	異在聲類聲勢
府	方矩 音腑	上	合細	非	非	麌	或讀如虎曉母	博侯	平	合洪	邦	侯	異在聲類聲勢
甫	方矩 音腑	上	合細	非	非	麌		同布	同布	同布	同布	同布	異在聲類聲勢

右五字，爲非母常用字；凡非母，皆清聲；非，甫微切。古皆讀邦母。非，古音布回切，音杯。

滂	普郎 音[illegible]	平	合洪	滂	滂	唐	或訛，同旁並母						同
普	滂古 音溥	上	合洪	滂	滂	姥		普胡 音鋪	平	合洪	滂	模	異在四聲
匹	譬吉	入	合細	滂	滂	質		普蔑 音撆	入	合細	滂	屑	異在韻
譬	匹賜	去	合細	滂	滂	寘		普激 音劈	入	合細	滂	錫	異在韻
披	敷羈 音鈹	平	合細	滂	敷	支		滂禾 音坡	平	合洪	滂	戈	異在聲勢

丕	敷悲音秠	平	合細	滂	敷	脂	與披無分或訛音邳	普來音娝	平	合洪	滂	咍	異在聲勢

右六字，爲滂母常用字；《廣韻》切語，以披、丕二字，與下敷類字同類互用；今依字母家。其用敷字切披、丕等音者，字母家謂之類隔也。凡滂母，皆清聲。

敷	芳無音尃	平	合細	敷	敷	虞	與夫無分或訛音扶奉母	同普	同普	同普	同普	同普	異在聲勢
孚	芳無音尃	平	合細	敷	敷	虞		匹貂	同	合細	滂	蕭	異在聲類
妃	芳非音菲	平	合細	敷	敷	微	與非無分或訛音肥奉母	同丕	同丕	同丕	同丕	同丕	異在聲勢
撫	芳武音俌	上	合細	敷	敷	麌	與府甫無分	同普	同普	同普	同普	同普	異在聲勢
芳	敷方音妨	平	合細	敷	敷	陽	與方無分或又訛房奉母	同滂	同滂	同滂	同滂	同滂	異在聲勢
峯	敷容音鋒	平	合細	敷	敷	鍾	與封無分或又訛逢奉母	普紅	平	合洪	滂	東	異在聲勢
拂	敷勿音佛	入	合細	敷	敷	物	與弗無分或又訛佛奉母	普沒音誖	入	合洪	滂	沒	異在聲勢

右七字，爲敷母常用字；凡敷母，皆清聲；古皆讀滂母。

蒲	薄胡音匍	平	合洪	並	並	模							同
步	薄故音荹	去	合洪	並	並	暮	或訛音布邦母	同蒲	同蒲	同蒲	同蒲	同蒲	異在四聲
裴	薄回音舊	平	合洪	並	並	灰	或訛讀毗合細						同
薄	傍各	入	合洪	並	並	鐸	或訛音博邦母	同蒲	同蒲	同蒲	同蒲	同蒲	異在韻
白	傍陌音帛	入	合洪	並	並	陌	或訛音伯邦母	傍各音亳	入	合洪	並	鐸	異在韻
傍	步光音旁	平	合洪	並	並	唐							同
部	蒲口音瓿	上	合洪	並	並	厚	或訛音布暮韻邦母	步矛音掊	平	合洪	並	侯	異在四聲
平	符兵音苹	平	合細	並	奉	庚		蒲經音萍	平	合細	並	青	異在韻
皮	符羈音疲	平	合細	並	奉	支		蒲波音婆	平	合洪	並	戈	異在聲勢
便	房連音箯	平	合細	並	奉	仙		部田音諞	平	合細	並	先	異在韻
毗	房脂音枇	平	合細	並	奉	脂		同裴	同裴	同裴	同裴	同裴	異在聲勢
弼	房密	入	合細	竝	奉	質	或訛入滂母	蒲沒音勃	入	合洪	並	沒	異在聲勢

婢	便俾，音庳	上	合細	竝	奉	紙	與髀無分去聲，或又訛賁，邦母去聲	部迷，音鼙	平	合細	並	齊	異在韻

右十三字，爲並母常用字；《廣韻》切語，以平、皮、便、毗、弼、婢六字，與下奉母字同類互用；今依字母家。其用符、房等字切平、皮、便、毗、弼等字者，字母家謂之類隔也。

凡並母，皆濁聲。竝，蒲迥切，上聲；或讀如柄，邦母去聲，非也；古音同傍。

房防	符方，音魴	平	合細	奉	奉	陽	或讀如黃，匣母	同傍	同傍	同傍	同傍	同傍	異在聲勢
縛	符钁	入	合細	奉	奉	藥	或訛讀博，或訛如弗	同蒲	同蒲	同蒲	同蒲	同蒲	異在聲勢
附	符遇，音祔	去	合細	奉	奉	遇	或訛音付，非母；或訛讀如戶，匣母	同部	同部	同部	同部	同部	異在聲勢
符苻	防無，音鳧	平	合細	奉	奉	虞	或讀如乎，匣母	同部	同部	同部	同部	同部	異在聲勢
扶								同蒲	同蒲	同蒲	同蒲	同蒲	異在聲勢
馮	房戎，音鄷	平	合細	奉	奉	東	或讀如紅，匣母	步崩，音朋	平	合洪	並	登	異在聲勢
浮	縛謀，音桴	平	合細	奉	奉	尤	或訛音符，虞韻；或讀如乎，匣母	薄聊	平	合細	並	蕭	異在聲勢
父	扶雨，音釜	上	合細	奉	奉	麌	與脯無分去聲，或又訛賦，非母	同蒲	同蒲	同蒲	同蒲	同蒲	異在聲勢

右十字，爲奉母常用字；凡奉母，皆濁聲，奉，扶隴切，上聲，與鳳無分；去聲或讀諷，非母去聲，非也。古皆讀並母。

奉，古音薄紅切，音蓬。

莫	慕各音漠	入	合洪	明	明	鐸		莫胡音模	平	合洪	明	模	異在韻
慕	莫故音募	去	合洪	明	明	暮	或訛入過韻同磨或訛音夢	同莫	同莫	同莫	同莫	同莫	異在四聲
模謨摸	莫胡音慕	平	合洪	明	明	模	或訛入戈韻同摩或訛音蒙						同
母	莫后音某	上	合洪	明	明	厚	或訛入姥韻音姥或訛入果韻音麼或訛音蠓	莫來音埋	平	合洪	明	咍	異在韻
明	武兵音盟	平	合細	明	微	庚		莫郎音邙	平	合洪	明	唐	異在聲勢
彌	武移音冞	平	合細	明	微	支	或讀音枚	莫桮音枚	平	合洪	明	灰	異在聲勢
眉	武悲音麋	平	合細	明	微	脂	與彌無分或亦讀枚	同彌	同彌	同彌	同彌	同彌	異在聲勢
綿	武延音矏	平	合細	明	微	仙		母官音芇	平	合洪	明	桓	異在聲勢

靡	文彼音靡	上	合細	明	微	紙	或讀音浼	莫婆音摩	平	合洪	明	戈	異在聲勢
美	無鄙音媄	上	合細	明	微	旨	與靡無分或亦讀浼	同彌	同彌	同彌	同彌	同彌	異在聲勢

右十二字，爲明母常用字；《廣韻》切語，以明、彌、眉、綿、靡、美六字，與下微母字同類互用；今依字母家。其用武，文等字切明等六字者，字母家謂之類隔也。 凡明母，皆濁聲。

無巫	武夫音毋	平	合細	微	微	虞	或訛喻母洪音如烏之濁或讀明母如模巫或讀訛音烏	同莫	同莫	同莫	同莫	同莫	異在聲勢
亡	武方音忘	平	合細	微	微	陽	或訛喻母洪音如汪之濁或讀明母如邙	同明	同明	同明	同明	同明	異在聲勢
武	文甫音舞	上	合細	微	微	麌	或訛影母洪音如鄔或讀明母如姥	同莫	同莫	同莫	同莫	同莫	異在聲勢
文	無分音聞	平	合細	微	微	文	或訛喻母洪音如溫之濁或讀明母如門	莫魂音門	平	合洪	明	魂	異在聲勢
望	巫放音妄	去	合細	微	微	漾	或訛爲母音如暀或讀明母如漭	同亡	同亡	同亡	同亡	同亡	異在聲勢

右六字，爲微母常用字；凡微母，皆濁聲；微，無非切，或讀爲母如幃，非也；或讀明母如眉。古皆讀明母。微，古音同彌。

以上凡七十六字，分屬八字母，八聲類；古四聲類，總爲脣音。

字母家以邦、滂、並、明爲重脣音，以非、敷、奉、微爲輕脣音；然古音四聲類，相爲雙聲，今但名之爲脣音，不復分析。

大凡四百四十一字，分屬三十六字母，復見四母。四十一聲類；古十九聲類，四音。

字母聲類古聲類分合表

編者按：左六表原係一表，其序次應依喉舌齒脣排列。

音別	字母	聲類	古音	古聲類
喉	影	影	（鴦）	影
	喻	喻	（謳）	
	字母併喻	爲	（倭）	
	曉	曉	（蒿）	曉
	匣	匣	（俠）	匣

音別	字母	聲類	古音	古聲類
喉	見	見	（干）	見
	溪	溪	（溪）	溪
	羣	羣	（坤）	
	疑	疑	（皚）	疑

音別	字母	聲類	古音	古聲類
舌	端	端	（端）	端
	知	知	（隄）	
	照	照	（刀）	
	透	透	（蓧）	透
	徹	徹	（鐵）	
	穿	穿	（湍）	
	審	審	（探）	
	定	定	（亭）	定
	澄	澄	（騰）	
	字母併牀	神	（田）	
	禪	禪	（檀）	
	泥	泥	（懮）	泥
	娘	娘	（囊）	

音別	字母	聲類	古音	古聲類
舌	日	日	（涅）	
	來	來	（來）	來
齒	精	精	（經子）	精
	字母併照	莊	（臧）	
	清	清	（青）	清
	字母併穿	初	（龕）	
	從	從	（叢）	從
	牀	牀	（藏）	
	心	心	（慘）	心
	邪	邪	（蘇）	
	字母併審	疏	（蘇）	

音別	字母	聲類	古音	古聲類
脣	邦	邦	（博紅）	邦
	非	非	（杯）	
	滂	滂	（滂）	滂
	敷	敷	（鋪）	

音別	字母	聲類	古音	古聲類
脣	竝	竝	（傍）	並
	奉	奉	（蓬）	
	明	明	（邙）	明
	微	微	（枚）	

聲類與注音字母比較

聲類	注音字母	說明
影		皆屬韻母其表韻母者爲ㄧㄨㄩㄚㄛㄜㄝㄞㄟㄠㄡㄢㄣㄤㄥ等字其表聲勢者爲ㄧㄨㄩ等字其對於支脂之齊日母字又同ㄦ字爲韻
喻		爲影母之濁音不別立字母凡平聲字屬喻母者不過於韻母下右角加一，以爲符號而已上去入則同影
爲		與喻母同法
曉	ㄏㄒ	ㄏ施於洪音ㄒ施於細音

匣		爲曉母之濁音不別立字母凡平聲字屬匣母者不過於韻母下右角加一,以爲符號而已上去入則同曉
見	ㄍㄐ	ㄍ施於洪音ㄐ施於細音
溪	ㄎㄑ	ㄎ施於洪音ㄑ施於細音
羣		爲溪母之濁音不別立字母凡平聲字屬羣母者不過於韻母下右角加一,以爲符號而已上去入則同見
疑	ㄫㄬ	ㄫ施於洪音ㄬ施於細音
端	ㄉ	
知	ㄓ	
照		與知母同法或與精母同法
透	ㄊ	
徹	ㄔ	
穿		與徹母同法或與淸母同法
審	ㄕ	

定		為透母之濁音不別立字母凡平聲字屬定母者不過於韻母下右角加一，以為符號而已上去入則同端
澄		為徹母之濁音不別立字母凡平聲字屬澄母者不過於韻母下右角加一，以為符號而已上去入則同知
神		或與澄同法或與禪同法
禪		為審母之濁音不別立字母凡平聲字屬禪母者不過於韻母下右角加一，以為符號而已上去入則同審
泥	ㄋ	
娘		或與疑之細音同法或與泥同法
日	ㄖ	其韻母之儿實皆ㄖ母也
來	ㄌ	
精	ㄗ	
莊		或與精同法或與知同法
清	ㄘ	
初		或與清同法或與徹同法

從		爲清母之濁音不別立字母凡平聲字屬從母者不過於韻母下右角加一，以爲符號而已上去入則同精
牀		或與從同法或與澄同法
心	ㄙ	
邪		爲心母之濁音不別立字母凡平聲字屬邪母者不過於韻母下右角加一，以爲符號而已上去入則同心
疏		或與心同法或與審同法
邦	ㄅ	
非	ㄈ	
滂	ㄆ	
敷		與非無分
竝		爲滂母之濁音不別立字母凡平聲字屬竝母者不過於韻母下右角加一，以爲符號而已上去入則同邦
奉		爲敷母之濁音不別立字母凡平聲字屬奉母者不過於韻母下右角加一，以爲符號而已上去入則同非
明	ㄇ	

微	万	

聲類與湖北音比較

聲類	湖北音有無	湖北音所溷之母
影	有	喩疑
喩	有	影日
爲	無	喩曉日
曉	有	溪審非
匣	有	曉奉
見	有	知
溪	有	曉匣見徹
羣	有	見知澄

疑	有	影喻
端	有	
知	有	見精莊
照	無	見精莊知
透	有	
徹	有	溪清初
穿	無	溪徹清初
審	有	曉心疏
定	有	端透
澄	有	見溪羣知照初牀從
神	無	審澄禪從邪疏
禪	有	曉知照澄審牀邪疏

泥	有	娘來
娘	有	喻疑泥來
日	有	喻娘來
來	有	喻
精	有	見
莊	無	知精
清	有	溪
初	無	徹穿清
從	有	見羣精
牀	無	知審澄精從心邪
心	有	曉
邪	有	匣從心

疏	無	審心
邦	有	
非	有	曉
滂	有	竝
敷	無	非
竝	有	邦滂
奉	有	匣邦非
明	有	
微	無	喻明

求本字捷術

昔人求本字者，有音同、音近、音轉三例，至爲閎通；然亦非歟于溷亂者所可藉口。茲抽其緒條，以告同道：

音同有今音相同、古音相同二例：今音相同者，謂於《唐韻》、《切韻》中爲同音，此例最易了。

古音相同者，必須明於古十九紐之變，又須略曉古本音；譬如涂之與除，今音兩紐，然古音無澄紐，是除亦讀涂也；又如罹之與羅，今音異韻，然古音無支韻，是罹亦讀羅也。

音轉者，謂雙聲正例。一字之音本在此部，而假借用彼部字；然此部字與彼部字雖非同韻，的係同聲，是以得相通轉。

音近者，謂同爲一類之音；如見溪與羣疑音近。影喻與曉匣音近；古者謂之旁紐雙聲。然求音近之假借，非可意爲指斥；須將一字所衍之聲通爲計校，視其所衍之聲，分隸幾紐；然後由其紐以求其字。雖喉音可以假借舌音也，雖齒音可以假借脣音也；若不先計校，率爾指同，均爲假借，則其過甚宏。朱駿聲于此不甚明憭，猶不若王筠之愼也。

大氐見一字，而不了本義，須先就《切韻》同音之字求之。不得，則就古韻同音求之，不得者，蓋已尠。如更不能得，更就異韻同聲之字求之。更不能得，更就同韻、同類或異韻、同類之字求之。終不能得，乃計校此字母音所衍之字，衍爲幾聲，如有轉入他類之音，可就同韻異類之字求之。若乃異韻、異類，非有至切至明之證據，不可率爾妄說。此言雖簡，實爲據借字以求本字之不易定法。王懷祖、郝恂九諸君罔不如此。勿以其簡徑而忽之。

爾雅略說

論爾雅名義

《大戴禮記・小辨篇》載孔子之言曰：「爾雅以觀于古，足以辨言矣。」張揖上《廣雅》表引之，以爲即今《爾雅》。此《爾雅》名見于載籍之始。《漢書・藝文志》：《六藝》、《孝經》家，《爾雅》三卷，廿篇。此《爾雅》著在目錄之始。劉熙《釋名》云：「爾雅，爾，昵也；昵，近也；雅，義也；義，正也；五方之言不同，皆以近正爲主也。」張晏《漢書》注，亦云：「爾，近也；雅，正也。」是則《爾雅》之作，本爲齊壹殊言，歸于統緒。又聖云：觀古，可知兼有絕代離詞，不獨當時方語。然子駿校理舊文，何緣必附之《孝經》之列。而不入諸小學家？鼂公武未之深思，遽以爲非，是亦可怪也。詳《論語・述而篇》云：「子所雅言，詩書執禮，皆雅言也。」孔曰：「雅言，正言也。」鄭曰：「讀先王典法，必正言其音，然後義全，故不可有所諱；禮不誦，故言執。」此文於六藝但舉三者，餘從可知。特舉「子所雅言」，則子之常言，亦從方俗。上古疆域未恢，事業未繁，故其時語言亦少；其後幅員既長，謠俗亦雜，故多變易之言。變易者，意同而語異也。事爲踵起，象數滋生，故多孳乳之言。孳乳者，語相因而義稍變也。時王就一世之所宜，標京邑以爲四方言語之樞極。故《周禮・大行人》：「王之所以撫邦國諸侯者，七歲屬象胥，諭言語，協辭命；九歲屬瞽史，諭書名，聽聲音，正于王朝，達于諸侯之國。」此謂雅言。然而五方水土，未可強同，先古遺言，不能悉廢；綜而集之，釋以正義，比物連類，使相附近；此謂爾雅。凡《六藝》，皆掌在王官，四術所以教士，必以雅爲主。然則《爾雅》之附《孝經》，義見于此矣。雅之訓正，誼屬後起，其實卽夏之借字。《荀子・榮辱篇》：「越人安越，楚人安楚，君子安雅。」《儒效篇》則云：「居楚而楚，居越而越，居夏而夏。」二文大同，獨雅、夏錯見，明雅卽夏之假借也。明乎此者，一可知《爾雅》爲諸夏之公言，二可知《爾雅》皆經典之常語，三可知《爾雅》爲訓詁之正義。王充曰：「《爾雅》之書，《五經》之訓故。」《論衡・是應篇》。鄭玄曰：「《爾雅》所以釋六藝之旨。」《駁五經異義》。劉勰曰：「《爾雅》者，詩書之襟帶」，陸德明曰：「《爾雅》所以訓釋《五經》，辨章同異。」先師皆云《爾雅》釋經，後儒乃云《爾雅》汎論訓詁，不亦淺窺《爾雅》乎？

論爾雅撰人

《爾雅》撰人，凡有三說，今依說出之時代前後序列之：

一曰：鄭玄《駁五經異義》曰：「玄之聞也，《爾雅》者，孔子門人所作，以釋《六藝》之旨。蓋不誤也。」《西京雜記》引楊子雲之言，亦曰：「《爾雅》，孔子門徒游、夏之儔以解釋六藝者也」；此說與鄭同，惟《雜記》書晚出，難以取證。劉彥和、賈公彥之流亦同斯說。康成之學，囊括大典，網羅衆家，審《六藝》之指歸。翼古文之正訓，其言足以爲信。其云釋《六藝》之旨者。宋林光朝《艾軒詩說》曰：「《爾雅》，六籍之戶牖，學者之要津也。古人之學，必先通《爾雅》，則六籍百家之言，皆可以類求。及散裂《爾雅》而投諸箋注，說隨意遷，文從義變；說或拘泥，則文亦牽合。學者始以訓詁之學爲不足學，不知《釋詁》、《釋言》、《釋訓》，亦猶《詩》之有六義，小學之有六書也。」此說最能得《爾雅》釋六藝之旨，卽《漢志》列《爾雅》于《孝經》之理，亦明矣。或疑《爾雅》既出孔徒，何以毛、鄭釋《詩》，同據《爾雅》而有異說？不知鄭君曾云：「《爾雅》之文雜，非一家之注。」《詩·鳧鷖》疏引鄭志答張逸而申之曰：則孔子門人所作，亦非一人。是則經師各有取捨，何足怪也。漢文時，《爾雅》置博士，見趙岐《孟子題辭》。王伯厚曰：《白虎通》引《親屬記》，卽《爾雅·釋親》。皆足爲證。

二曰：張揖上《廣雅》表云：「昔在周公踐阼，理政六年，制禮以導天下，著《爾雅》一篇以釋其義。《西京雜記》引向言：以爲《外戚傳》稱史佚教其子以《爾雅》，又《記》言孔子教魯哀公學《爾雅》，《爾雅》之出遠矣；舊傳學者，皆云周公所記也。此說同於稚讓，而《雜記》書不足徵信。今俗所傳三篇，或言仲尼所增，或言子夏所益，或言叔孫通所補，或言沛郡梁文所考；皆解家所說，先師口傳，疑莫能明也。」案張氏之說，獨以《爾雅》出周公爲無疑義，自餘作者，亦但約稱舊說，不能證實。然周公所著《爾雅》一篇，蓋指一卷言。觀下云：俗傳三篇，卽今三卷可知。而陸德明說此不審，遽云《釋詁》一篇，周公所作；《釋言》以下，或言仲尼所增，云云，大誤也。竊謂《爾雅》之名，起于中古，而成書則自孔徒；故毛公釋《詩》，依傍詁訓；《小雅》之作，比擬舊文。使出于後來，何足以爲《六藝》之喉衿哉？三曰：以《爾雅》爲漢儒所作。朱子且以爲取傳注而作《爾雅》，此說出于歐陽修《詩本義》。而紀昀《四庫提要》且爲之證明；云：「《爾雅》，大抵采諸書訓詁名物之同異，以廣見聞，實自爲一書，不附經義；特說經之家，多資以證古，故從其所重，列之經部。」其言絕不足憑，而敢於疑古，亦不足譏議也已矣。

論爾雅與經傳百家多相同

張揖上《廣雅》表，引《春秋元命包》云：「子夏問夫子作《春秋》，不以初、哉、首、基爲始何？」

據此，是《爾雅》之文興于孔氏之前，故子夏得據成文以發問，必非漫舉四字而已。傳記訓詁之詞，有與《爾雅》畢同者，彙而觀之。亦可知《爾雅》非後起之作也。

《周書・謚法篇》，作自周公。其中訓故，如：勤，勞也；肇，始也；怙，恃也；典，常也；康，虛也；惠，愛也；綏，安也；考，成也；懷，思也；皆與《爾雅》同。

《易・十翼》，孔子所手著也。其中訓故，如：師，衆也；比，輔也；晉，進也；遘，遇也；履者，禮也；頤者，養也；震者，動也；皆與《爾雅》同。

《喪服傳》，先儒以爲子夏作，親屬稱謂，無一不與《爾雅》同。又子夏《易》傳，散見他籍者，如：元，始也；芾，小也；皆與《爾雅》同。

《穀梁》之學，出於子夏，其傳又穀梁子之所自爲。其中訓故，如：平之爲言以道成也；胥之爲言猶相也；實來者，是來也；俟，待也；皆與《爾雅》同。

此皆《爾雅》遠出周世之徵。至於毛公釋《詩》，專據詁訓；史遷釋《書》，純用雅言；《倉頡》作於秦世，義多與《雅》相同；如：廷，直也；革，戒也；赦，舍也；樂，喜也；戢，聚也；阬，壑也，皆同于《雅》。《樂記》錄自河間，訓皆本之《雅》故。如：紹，繼也；夏，大也。自餘漢世經師，學無今古，其訓釋經文，無不用《雅》者。下至百家諸子，亦無不與《雅》訓同符。乃有人言《爾雅》有漢人附益，邵二雲引雁門、霍山、小驪三條，疑之，亦非是。或竟謂《爾雅》作自漢儒，掇之傳注，亦僨已。

《四庫提要》以《爾雅·釋天》：暴雨謂之涷，《釋草》云：卷葹草，拔心不死，爲取《楚辭》之文；《釋天》云：扶搖謂之猋，《釋草》蒺蔾，蝍蛆，爲取《莊子》之文；《釋詁》云：嫁，往也，《釋水》：瀵，大出尾下，爲取《列子》之文；乃至《釋鳥》：爰居，雜縣，爲取《國語》之文。其文甚繁，憚于詳舉。邵氏譏之，以謂涷雨之名，亦見《淮南》。將謂《爾雅》更在《淮南》之後？侃謂《國語》但有爰居之名，初無雜縣之號；雜縣二字，復取何文乎？《四庫提要·經部》多有妄說，尤以《爾雅》、《穀梁》兩提要爲可笑。善乎！張稚讓之言曰：「《爾雅》之爲書也，文約而義固；其陳道也，精研而無誤；眞七經之檢度，學問之階路，儒林之楷素也。」宋人好陳新義，以反舊說爲長，不足怪也。紀氏號爲漢學，亦迂謬至此乎！

論經儒備習爾雅

毛公作《詩詁訓傳》。正義曰：「詁、訓、傳者，注解之別名，毛以《爾雅》之作，多爲釋《詩》，而篇有《釋詁》、《釋訓》，故依《爾雅》訓而爲《詩》立傳。傳者，傳通其義也。《爾雅》所釋，十有九篇，獨云詁、訓者，詁者，古也，古今異言，通之使人知也；訓者，道也，道物之皃以告人也。《釋言》則《釋詁》之別；《釋親》已下，皆指體而釋其別，亦是詁訓之義。故唯言詁、訓，是總衆篇之目。」据沖遠此言，《毛詩詁、訓、傳》云者，無異言《毛詩、爾雅》傳矣。其云《爾雅》之作，多爲釋《詩》者，如：《釋詁》云，「關關、噰噰，音聲和也」；《釋言》云，蒸，塵也；戎，相也；飫，私也；孺，屬也；此專釋《小雅·常棣》。《釋訓》引《淇澳》之詩而釋之，又引「既微且尰」，「是刈是濩」，「履帝武敏」，「張仲孝友」，「有客宿宿」，「有客信信」，「其虛其徐」，「猗嗟名兮」，「式微式微」，「徒御不驚」；《釋天》引「是類是禡」，「既伯既禱」，「乃立冢土」，「戎醜攸行」，「振旅闐闐」；《釋畜》引「既差我馬」；此皆明引《詩》文而釋之。雖毛公有用有否，而《爾雅》釋《詩》爲多，亦可見矣。

《漢書·藝文志》云：「書者，古文讀應爾雅，故通古今語而可知也。」太史公受《書》孔安國，故其引《尚書》，而以訓故代之，莫不同於《爾雅》。以《堯典》一篇考之：協合和萬邦國，欽敬若順昊天，歷數象法日月星辰，宅居嵎夷郁夷，寅敬賓道出日日出，厥其民析，允信釐飭百工官，庶衆績功咸皆熙興，共工方旁鳩聚僝布功，有能俾使乂治者，方負命圮毀族，師衆皆錫帝曰。言於堯曰帝曰堯曰，俞然，克能諧和以孝，不格至姦，釐飭降下二女于於嬀汭。史公所易詁訓，無不本於《爾雅》。是知通《書》者，亦尠能廢《雅》也。

自餘三家之《詩》，歐陽、大小夏侯之《書》，劉、賈、許潁之《左傳》，杜、鄭、馬、鄭之《禮》，所用訓詁，大抵同於《爾雅》，或乃引《爾雅》明文。（鄭注《周官》多有之。）至於楊子雲纂集《方言》，實與《爾雅》同旨。（郭景純序《爾雅》云：「所以通詁訓之指歸，敘詩人之興詠，總絕代之離詞，辨同實而殊號。」序《方言》云：「考九服之逸言，標六代之絕語，類離詞之指韻，明乖途而同致。」）今考其書，大氐可與《爾雅》相證明。若夫鳲鳩一物，爲鴶鵴與戴鵀之共稱；自李巡、孫炎、高誘外，前之郭璞，近之戴震，皆不能明；亦可知子雲深於《爾雅》矣。

郭氏序云：「豹鼠既辨，其業亦顯。」案《爾雅》久在孔門中，置博士；業之顯著，不待終軍也。（漢舊儀云：「武帝初置博士，取學通有修，博識多藝，曉古文《爾雅》，能屬文章者，爲之。」又《儒林傳》：「稱武帝詔令，文章爾雅，訓詞深厚。」是武帝時，《爾雅》之學已大行之證。）

論爾雅注家一

《爾雅》注家，分三科說之：一、郭璞以前諸家，二、郭璞，三、郭璞以後迄邢昺。其宋人《爾雅》之學，清儒考訂之業，皆別章說之。

郭璞以前諸家，據《隋書·經籍志》及《經典釋文·序錄》，有犍爲文學、劉歆、樊光、李巡、孫炎五家。郭氏序則云：「雖註者十餘，然猶未詳備，並多紛謬，有所漏略。」是郭氏所見舊注，實有十餘家，（近人于前所舉五家外，益以鄭玄，實則鄭並無《爾雅》注，此考之未審也。）而今不可見也。郭序又云：「錯綜樊孫，博關羣言，剟其瑕礫，搴其蕭稂。」是郭於舊注中，本之樊、孫爲多。《經典釋文》備載諸家，郭氏因仍樊孫之跡，多可考見。今按舍人以下，皆係《爾雅》古義，具有師說；卽有訛誤，亦有由來。晉世集解之學盛行，郭氏亦以纂集見長耳。然師說從此溷淆，致足惜也。郭於《釋草》以下諸篇，頗多實驗，能補前人所不及；故其書獨行。近世儒先，始從古籍中采輯舊注五家之說；雖至今尚未完備，而大體則可見矣。茲分論之於左：

一、犍爲文學

《釋文》：犍爲文學注三卷。一云，犍爲郡文學卒史臣舍人，漢武帝時待詔；闕中卷。案舍人或云人名，稱臣舍人者，如《漢志》稱臣步昌，《漢書音義》中有臣瓚注一家之例。或云官名，蓋先爲犍爲郡之文學卒史，後又待詔而爲舍人。然不知其姓，僅《文選・羽獵賦》注中，一引《爾雅》郭舍人注；說者遂以爲舍人姓郭，且引《漢書・東方朔傳》之郭舍人以實之。竊謂《文選》注之郭舍人，或係衍字，下文卽引犍爲舍人一條，如果爲一人，豈宜一篇之中錯見？或係顧舍人之訛，《爾雅・釋言》：「緉，介也；」《音義》引李、孫、顧舍人本，作緉，羅也，介，別也；顧舍人爲顧野王。顧訛爲郭，不足爲舍人姓郭之塙證。又皆稱舍人，所以致斯謬誤；惟其人在漢武時，此釋經之最古者。然細案其學，疑爲今文家；故釋履帝武敏，與毛公不同，而與齊、魯、韓詩合。《爾疋・釋言》：「履帝武敏」；武，迹也；敏，拇也。《釋文》：拇，舍人本作畝，（今本訛謬不可通，爲訂正如此。）云：「古者姜嫄履天帝之迹于畎畝之中而生后稷。」此注之成，近古；故近本《爾雅》中，俗別之字，其本皆不然。

如《釋畜》:「前足皆白,騱;後足皆白,狗」;舍人本騱、狗作雞、狗,乃是借它物爲名之例。由此尚可考見,至如九扈之義,爲賈景伯所宗;糝涔之義,與《詩傳》獨合。蓋雖零文隻義,皆可葆珍。探討《爾雅》者,究不能不首及于此焉。

二、劉歆

《隋志》:「梁有漢劉歆《爾雅》三卷,亡。」《釋文》云:「劉歆注三卷,與李巡注正同,疑非歆注。」今可見者,僅《說文》虫部蝝下引劉歆說:蝝,復陶也,蚍蜉子。陸璣《詩義疏》引蓷,臭穢。又徐景安《樂書》引宮謂之重一節注五條。《釋文》引注五條,餘無可見;從陸氏之說,則李注卽劉注,古人于師說,不嫌襲取。觀于鄭氏注經,多同馬說,而不明言。然則李之同劉,無足怪也。李說:蝝爲蝗子,與劉不同。然則所謂正同者,亦言其大略耳。

三、樊光

《隋志》:「《爾雅》三卷,漢中散大夫樊光注。」《釋文》:「樊光注六卷,京兆人,後漢中散大夫,句沈旋疑非光注。」唐人引之或作樊光,又或引作某氏,蓋由沈旋疑非光注,引家遂從蓋闕之義;證以「椵木,槿;櫬木,槿」注。《詩正義》引作樊光,《禮記正義》引作某氏;「隹其夫不」注,《春秋正義》引作樊光,《詩正義》、《爾雅疏》引作某氏,可知某氏卽樊光也。說本臧庸《拜經日記》。樊氏之學，兼通今古，故常引《周禮》、《左氏傳》爲說，而引《詩》：「民之攸呬」，「攸攸我里」，「有蒲與茄」，「譬彼瘣木」，「其麎孔有」諸條，又與毛、韓不同，蓋本魯詩；至《本草》，始見《樓護傳》，而樊注引兩條，「莞、苻蘺」一條，「苕、陵苕」一條。皆今本所無。可知今本《本草》，屢經後人竄易也。反語之起，舊云自孫炎。今觀樊注中反切，塙爲注文，非依義作切者，如：「尸，寀也」；寀，七在反；「明明、斤斤，察也」；斤，居親反二條。可知反語在後漢時，已多用之；特自孫氏始大備耳。

四、李巡

《隋志》：「梁有中黃門李巡《爾雅》三卷，亡。」《釋文》：「李巡注三卷，汝南人，後漢中黃門。」案李巡見《後漢書・宦者傳》稱汝陽李巡。又熹平石經，巡實發其端，亦見傳。漢世宦人往往通書，不足爲異；巡書又多同劉歆，蓋有師授。其本亦有與他本絕異者：如《釋地》：「九夷八狄七戎六蠻謂之四海」下更有三句；其注文亦多同古文，故釋俘之義，同于賈逵；釋殂落之義，同於《說文》。其餘異文殊義，不可勝數。郭序但云：「錯綜樊、孫」，其實襲取李注亦不少也。

五、孫炎

《隋志》：「《爾雅》七卷，孫炎注。」又：「梁有《爾雅音》二卷，孫炎撰。」《釋文·序錄》：「孫炎注三卷，音一卷。」《唐志》：「注七卷。」觀《三國志·王肅傳》曰：「時樂安孫叔然授學鄭玄之門人，稱東州大儒，徵爲祕書監。」郭序言「錯綜樊、孫」。實則郭多襲孫之舊，而不言所自。以今攷之：如以「闓明發行」釋「愷悌，發也」；以「絜者水多約絜」釋九河之絜；以「鉤盤者水曲爲鉤流，盤桓不直前也」釋九河之盤；又釋蘆、薍爲二草，以鶀老爲一名；皆郭同孫之顯然可見者。然又時加駁議。如《釋詁》：「覭髳，茀離也」；注云：「孫叔然字別爲義，非矣。」孫叔然字別爲義者，覭猶言溟溟，髳猶言蔽蔽，茀猶言茀茀，離猶言離離。凡叠字及雙聲叠韻連語，其根柢無非一字者；字別爲義，正叔然之精卓也。《釋蟲》：「莫貈，蟷蜋，蛑。」注云：「孫叔然以方言說此義，亦不了。」《方言》：「螳蜋謂之髦，或謂之虰，或謂之蛑」；孫氏本此，以下文「虰蛵負勞」之虰上屬；郭氏以虰下屬，同於《說文》。然師讀不同，不必強合。皆加以非難。然叔然師承有自，訓義優洽；《爾雅》諸家中，斷居第一，正不因郭氏訾謷而貶損云。鄭君于《爾雅》至深，而不作注；惟《周禮疏》引《爾雅》鄭康成注，然本傳不言注《爾雅》。《周禮疏》所言，蓋《鄭志》中釋《爾雅》之辭。顏之推《家訓》曰：「孫叔然創《爾雅音義》，是漢末人獨知反語。」據此，是反語爲叔然所創，而以施之《爾雅》。然他書所引漢人音，如應劭、服虔等《漢書音義》已有反語，宜不始于叔然。而顏氏獨爲此言者，蓋反語條例，至叔然始成立。魏世大行，雖以高貴鄉公不解反語，而亦不能不承用。今觀孫音存在者，其反切上一字，多爲六朝、唐人諸作音家所同。如喉牙音，用五、羊、虛、許、香、古、吾、戶、九、牛、況、於、居、語、苦、巨、餘、于、輕、丘、胡、魚、火等字；舌音，用大、都、知、徒、他、丁、直、豬、之、人、力、昌、勑、汝等字；齒音，用七、子、仕、莊、徂、辭、慈、思等字；脣音，用方、房、敷、亡、芳、蒲、匹、苻、甫、備等字；後之作音者，未之有改也。意叔然必有反語條例，李登、呂靜始得因以爲韻書。然則叔然非但《爾雅》之素臣，抑亦音學之作者已。

唐代別有孫炎。邢疏序云：「爲義疏者，俗間有孫炎、高璉。」《宋志》稱孫炎疏十卷，今輯佚家往往誤以爲孫叔然。如「蔦山蒜」、「中馗菌」注，皆非叔然之文，顯而易見。以上五家，並爲《爾雅》舊義。說《爾雅》者，只宜疏通其說，考其由來，而不必輕用譏訶也。

論爾雅注家二

郭璞好經術，博學有高才，好古文奇字，見《晉書》本傳。其所撰小學書，自《爾雅注》外，尚有《方言注》，今存。《三倉解詁》，亦可知其業之廣矣。《爾雅注》序，言其「沈研鑽極，歷二九載」；《方言序》云：「余少玩雅訓。」乃「綴集異聞，會粹舊說；考方國之語，釆謠俗之志；錯綜樊孫，博闕羣言;劉其瑕礫,搴其蕭稂;事有隱滯,援據徵之;其所易了,闕而不論。別爲音圖,用啓未寤」。此文卽其注經之發凡;自其注行,而前此諸家,幾于悉廢。《經典釋文·序錄》云:「先儒於《爾雅》多億必之說,乖蓋闕之義。惟郭景純洽聞強識,詳悉古今,作《爾雅注》,爲世所重。」陸氏《音義》既專據郭本,邢氏疏亦就郭注疏明;于是《爾雅》古注巋然獨存者,徒有一郭氏。今試評其中失如下:

其中者:一曰,取證之豐。「陽如之何」,稱引魯詩;「釗我周王」,援據《逸書》;「考妣延年」,則文遵《倉頡》;「豹文鼮鼠」,則遠本終童;此一事也。二曰,說義之愼。歲陽以下,說者紛然,郭氏以義有難明,多從區蓋。《山經》、《穆傳》,郭並有注本,而釋《爾雅》西王母,不引彼書片言。此一事也。三曰,旁證《方言》。《方言》之作,與《雅》相通,咨惟子雲,能知古始。郭氏兼綜二學,心照其然,註《雅》引揚,二途俱暢。此一事也。四曰,多引今語。《釋草》一篇,言今言,俗言,今江東者,溢五十條。故知其學實能以今通古,非徒墨守舊說,實乃物來能名。此一事也。五曰,闕疑不妄。《爾雅注》中稱未詳、未聞者,百四十二科。(實不止此,侃計之有百八十條事,此據翟灝所云。)邢氏疏補言其十,近代多爲補苴。然訓詁所闕,近儒誠有補正精當者;名物所闕,則補者多非。是疑闕之多,反足爲賅洽之證。此一事也。其失者：一曰，襲舊而不明舉。郭注多同叔然，而今本稱引叔然者，不過數處；又或加以駁詰，一似叔然注皆無足取者。其視鄭氏注《周禮》，韋昭注《國語》，凡有發正皆明白言之者，有間矣。二曰，不得其義，而望文作訓。如「載、謨，僞也」；注云：「載者言而不信，謨者謀而不忠。」鄭樵輩指爲臆說，今亦不能爲諱也。自餘傳鈔訛謬，若「霍山爲南嶽」注，今本與郭意全相違反，幸賴《詩》疏、《周禮》引其文，得以訂正。而究非郭之誤，不足指斥。古書蠹蝕，此注要爲近古，而有不可廢者。是以近代疏家，仍據此爲主焉。

論爾雅注家三

郭氏之後，詮解《爾雅》，遺文可見者，惟有數家。今敘列于左：

沈旋集注

《釋文・序錄》：「梁有沈旋，約之子。集衆家之注。」《南史》旋傳云：「約子旋，字士規，集注《邇言》行於世」；案《邇言》，卽《爾雅》之傳譌。士規之書，殆亦如何晏之《論語集解》之例，且駁正舊說處必多；觀其疑樊光注非眞，後來引用，遂但稱某氏；則沈說必有可從也。《釋文》多引沈音，蓋集注又兼音矣。

施乾音

《釋文・敍錄》：「陳博士施乾撰音。」

謝嶠音

《釋文・敍錄》：「陳國子祭酒謝嶠音。」《陳書・謝岐傳》：「岐弟嶠爲世通儒。」今本郭注《釋草》：「蚍，莜衃」下引謝氏一條，錢大昕說卽謝嶠。蓋邢疏采《詩正義》，連引郭、謝；後人復取邢疏益郭注，遂致此謬。非別有一謝氏在郭前也。

顧野王音

《釋文・序錄》：「陳舍人顧野王撰音。」既是名家，今亦采之，附於先儒之末。案此文兼稱沈、施、謝也。

案《釋文》屢引顧舍人本，其文字多與郭異。近人所輯之外，日本傳來原本《玉篇》中尙多有其說。如言部：諈下，引《爾雅》：諈，諉累；郭璞曰：以事相屬，累爲諈也。謐下，引《爾雅》靜也，愼也；野王案，韓詩賀以謐我□，是。諼下，引《爾雅》：有斐君子，終不可諼兮，道盛德至善，民之不能忘也；郭璞曰：言常思念之。詒下，引《爾雅》：詒，遺也；郭璞曰：謂相歸遺也。誑下，引《爾雅》：侜張，誑；郭璞曰：書，無或侜張爲眩；眩，欺誑人也。誃下，引《爾雅》：誃，離也。此類，溢于百條。大氐顧氏多從郭璞；其中專引經注者，可校今本之文；稱野王案者，可以知顧氏之說；卽略無詮論者，亦可考顧氏之音；眞珍籍也。

裴瑜注

《宋志》：「唐裴瑜注《爾雅》五卷。」其序見《中興書目》。馬國翰以《龍龕手鑑》中所引舊注爲裴瑜注，無所據。

陸德明音義

此《經典釋文》中之一種，凡三卷。其條例曰：「《爾雅》之作，本釋五經，既解者不同，故亦略存其異。」又云：「《爾雅》本釋墳典，字讀須逐五經；而近代學徒，好生異見，改音易字，皆采雜書。唯止信其所聞，不復考其本末；且六文八體，各有其義；豈必飛禽卽須安鳥，水族便應著魚，蟲屬要作虫旁，草類皆從兩屮；如此之類，實不可依。今並校量，不從流俗。」其次第曰：「《爾雅》周公，復爲後人所益，故殿末焉。」案《釋文》用郭本爲正，而犍爲文學已下之注，孫叔然已下之音，並加甄采。今紬其義例：一曰，存舊說。如《釋詁》之詁，擧樊、李別本；林烝之烝，擧一本異文；元胎之胎，載叔然異音；圖漠之漠，取舍人別解；此皆存舊說也。二曰，自下己意。或辨字體，如俶下云：字又作俶，是也；或擧直音，如肇下云：音趙，是也；條例云：其或音一音者，蓋出於淺近，示傳聞見。或引他證，如詁下云：《說文》云，詁，故言也,《字林》同,是也;或加考辯,如泆下云:姑犬反,顧徒蓋反,字宜作泆,是也。惟書中間有稱本今作某,如皃下云:本今皆作齯;倮下云:本今作果之類,皆出校《釋文》者之辭;近人或竟以爲陸氏原文,斯爲巨繆。詳陸書體例,可謂閎美;雖尙有漏闕,待後來之補苴;要之治《爾雅》者,必以此爲先導矣。惟唐世義疏,引《爾雅》舊義,皆雜取諸家,不專以景純爲主;其兼引景純,必列衆家之下。如《詩疏》:逑,匹,引孫炎注,不引郭注;皇,黃鳥,則兼引舍人與郭,而以郭說寘舍人後;是刈是濩,濩,煑之也,則兼引舍人、孫炎,而不引郭璞。蓋《詩疏》本之二劉,河北《爾雅》之學,猶不專以郭爲主也。獨有《玉篇》載《爾雅》之義,取景純者爲多;然則專尙郭注,江南之學如此也。今欲研撢舊義,自當于《釋文》之外,鉤取沈佚,庶無憾焉。

孫炎爾雅義疏

見邢叔明《爾雅疏》自序,又見《宋志》;謂其淺近俗儒,不經師匠。戴東原云:「陸佃《埤雅》所引孫炎注,俗間孫炎也。」吳騫云:「《埤雅》每引其說,必曰孫炎正義,或曰孫炎《爾雅正義》。」周廣業以爲五代時人,郅塢。其書可見者,如釋:蒚,山蒜,以蒚爲山名,其上出蒚;此等皆鄉壁虛造,宜爲邢氏所譏。陸農師喜采俗說,故往往搴擇及之也。

邢昺等義疏

《義疏序》：舒雅代邢昺作。「今既奉勅校定，考按其事，必以經籍爲宗；理義所詮，則以景純爲主。」此作疏之主恉也。其同修者，爲杜鎬、舒雅、李維、孫奭、李慕淸、王煥、崔偓佺、劉士元八人。爲卷凡十。自此疏列於學官，考郭注者，不得不依于此，遂與《釋文》同爲不可廢之書。自南宋來，于邢疏每有異同之論。今且抄撮淸師說數條于次，加以論斷焉。

《四庫提要》云：「昺疏亦多能引證。如《尸子·廣澤篇》、《仁意篇》，皆非今人所及覩。其犍爲文學、樊光、李巡之注見於《釋文》者，雖多所遺漏；然疏家之體，惟明本注，注所未及，不復旁搜。此亦唐以來之通弊，不能獨責于昺。」

阮君《校勘記序》云：「邢昺作疏，在唐以後，不得不綷唐人語爲之。」

錢大昭《爾雅釋文補》自序云：「北宋邢叔明專疏郭景純注，墨守東晉人一家之言，識已拘而鮮通。其爲書也，又不過鈔撮孔氏經疏，陸氏釋文，是學亦未能過人矣。」

邵晉涵《爾雅正義》序：「邢氏疏成於宋初，多掇《毛詩正義》，掩爲己說，間采《尚書》、《禮記》正義，復多闕略；南宋人已不滿其書，後取列諸經之疏，聊取備數而已。」

右近世品騭邢疏之辭略如此。案十三經疏，惟孟子疏，俚儒所爲，久應廢去。自餘諸疏，皆有所長，非淸儒所能竟奪其席也。卽《爾雅疏》言之，邢氏所長，當不僅如紀氏所云惟明本注而已。以愚觀之，有三善焉：所以新疏縱行，邢疏仍不能庋閣也。

一者，補郭注之闕。注所未詳，邢氏雖不能全補，而尌、肇、逐、求、卒、廩、宧、徒駭、太史、胡蘇十事，則皆依據經籍，確能爲郭氏拾遺。

二者，知聲義之通。近儒知以聲訓《爾雅》，而其耑實啓于邢氏。卽以首卷爲例，凡說哉、怡、漠、諶、亮、詢、蘦、迥、蒿、茂諸文，皆能由聲得其通借，特不能全備耳。

三者，達詞言之例。近人多言《爾雅》有例。言此者，以嚴元照爲最通。然邢疏隨事指陳，如云：《釋詁》不妨盡出周公，題次初無定例，造字與用字不必盡同諸條，隨便卽言；《爾雅》與經文，異人之作，所以不同諸說；皆闓通之極。雖淸儒有時遜之矣。

論宋人爾雅之學上

自邢叔明以後，戴東原之前，治《爾雅》之學者，惟四家略可稱道：一，王雱；二，陸佃；三，鄭樵；四，羅願。

項安世王雱《爾雅》跋曰：「予讀元澤《爾雅》，爲之永歎，曰：嗚呼！以王氏父子之學之苦，即其比物引類之博，分章析句之工，其用力也久，其用功也精，以此名家，自足垂世。視楊子雲、許叔重，何至多遜？」案元澤書今久佚，無以知其懿否；然王氏之學，好爲新解，以陸農師之說《爾雅》比例之，度元澤書亦其象類。項安世之譽，蓋溢辭也。

陸農師有《爾雅新義》。《爾雅新義》，四庫亦未著錄。前此全謝山嘗見之。（朱竹垞《經義考》未見。）乾隆中，丁杰得景宋鈔，其書始傳于世。農師自序曰：「萬物，汝故有之，是書能爲爾正，非能與爾以其所無也。名之曰《爾雅》，以此。莊子曰：中無主而不止，外無正而不行。」又曰：「予每盡心焉，雖其微言奧旨，有不能盡，然不得爲不知者也。豈天之將興是書，以予贊其始。譬如繪畫，我爲發其精神；後之涉此者致曲焉，雖使璞擁篲清道，跂望塵躅可也。」陳振孫《書錄解題》譏此書：「大率不出王氏之學，與劉貢父所謂不徹薑食、三牛、三鹿戲笑之語，殆無以大相過也。書曰：玩物喪志，斯其爲喪志也宏矣。」江藩《國朝漢學師承記》稱：余古農撰《注雅別鈔》專攻是書及《埤雅》，及蔡卞《毛詩名物解》等書，就正于惠松厓，松厓曰：陸佃、蔡卞，乃安石新學，人知其非，不足辨。古農瞿然。是清世經師，亦多不滿于其書矣。惟阮元、孫志祖稱其所據經文，猶是北宋善本。今案農師所用本，如華皇也，四氣和謂之玉燭，當途梧丘，蕭荻，卷施草拔心不死，鸞白鷺之類，皆可信從。

惟其說經，純乎傅會，展卷以觀，令人大噱。卽其首條注云：「初，氣之始；哉，事之始，亦物之始。首，體之始；基，堂之始；祖，親之始；元，善之始，亦體之始；胎，形之始；俶，于人爲叔，於天爲始；落，於花爲落，於實爲始；權，量之始；輿，車之始。」又釋「京，大也」云：「詩曰：三后在天，玉京金闕，在天之謂也。」又釋「隹其夫不」曰：「鵻，一宿可期焉；一，妻道也，夫或不然。」此等純乎望文生義。宋大樽乃云：「善讀者能心領神會於尋常訓釋之外，獲益必多；若拘泥視之，是同於高叟之爲詩矣。」噫！斯言過矣。陸氏又有《埤雅》，言爲《爾雅》之輔，其術亦與《爾雅新義》同，今不論。

論宋人爾雅之學下

鄭漁仲之書，《四庫提要》頗左袒之，稱其於《爾雅》家爲善本，案其自序云：「《爾雅》訓釋六經，極有條理。然只是一家之見，又多昧於理而不達乎情狀。故其所釋六經者，六經本意，未必皆然。」又後序云：「一字本一言，一言本一義。饘自饘，餬自餬，不得謂餬爲饘；訊自訊，言自言，不得謂訊爲言；襺自襺，袍自袍，不得謂袍爲襺；袞自袞，黻自黻，不得謂袞爲黼。不獨此也，大抵動以十數言而總一義。今舉此四條，亦可知其昧于言理。《釋言》：峨峨，祭也；《釋訓》：丁丁嚶嚶，相切直也。舉此二條，亦可知其不達物之情狀。樵注《爾雅》而先攻《爾雅》，此謂蟲自木生，還食于木；所謂昧言理不達物情者，由今觀之，乃樵之昧與不達耳。」樵又云：「《爾雅》在《離騷》後」；又力主作《爾雅》者，爲江南人，此皆妄也。汪師韓有《書鄭氏箋注》一篇，議其經文有闕，增改未當，肊斷無證，仍誤不能改，諸條大致不誤。至《四庫提要》所稱後序中諸條爲精確，則爲樵所愚。又稱其注中之善者，蓋皆常義，又多因襲。《釋詁》：台朕陽之予爲我，賚畀卜之予爲與。說多本陸農師。不過在宋世《爾雅》家，尚爲佳書耳。

羅端良《爾雅翼》自序云：「因《爾雅》爲資，略其訓詁，山川星辰，研究動植，不爲因循。有不解者，謀及芻薪，農圃以爲師，釣弋是親，用相參伍，必得其眞；此書之成。爲《雅》羽翰。」王伯厚後序云：「覽故考新，揆敘物宜，根極六藝，冰渙昔疑。囊括百家。抉庾摘疵，豈惟傳《騷》，說《詩》亦解頤；簒次有典則，班、馬可追。爲《雅》忠臣，翼之以飛。」《四庫提要》稱此書考據精博，而體例謹嚴，在陸佃《埤雅》之上。今案鄂州是書，引證誠爲浩博。陳櫟遽加刊節，宜爲紀曉嵐所譏。然如謂：旨鷊爲鳥，與上防有鵲巢偶；謂：鵲善相地而累巢，若有驚懼，則不累也。鷊，善相天而後吐綬。若有戕賊之疑，則吐也。此直以藹爲吐綬鳥，爲前說所未有。他若以鶉爲淳，以鳩爲九，皆不脫王氏《字說》之惡習。其書多引《字說》。雖援據載籍極多，治《爾雅》者，亦祇能等之於《埤雅》之流；以視陸璣《毛詩義疏》，陶弘景《本草注》，固不逮遠甚矣。

論清儒爾雅之學上

元、明二代，治《爾雅》者寥寥，其見於《經義考》、《小學考》者，數家而已。爰及清世，小學大興；其始也，由小學以探經傳百家之門庭；其卒也，用經傳百家以富小學之左證。小學古籍存者，以《爾雅》爲最古，以《說文》爲最豐；于是左右撢尋，參驗稽決，而古籍疑滯，豁然壔斯。雖近儒專力訓詁者多，推求名物者鮮；而榛蕪既闢，軌躅可求，小學之祕奧，亦不難盡窺矣。要而言之，治《爾雅》之始基，在正文字，其關捩在明聲音。字不明，則義之正假不能明；音不明，則訓之流變不能明；故使《說文》之學不昌，古韻之說未顯，雖使《爾雅》至今蒙晦可也。惟聲音文字，講求纖悉，然後訓詁之道，得其會歸；惟詁訓漸卽闓明，斯名物漸知實義。一學之立，必待與之相關諸學，盡有紀綱。清世《爾雅》之業獨隆于前古者，正由此爾。

今且疏紀清儒《爾雅》專著如左方，次評其中失，而以邵、郝兩疏殿其後。

凡見於謝啓昆《小學考》者：

譚吉璁《爾雅廣義》，《經義考》：五十一卷，存。

《爾雅綱目》《浙江通志書目》：一百二十卷，未見。

姜兆錫《爾雅補注》一作《爾雅參義》。《四庫書目》：六卷，存。

翟灝《爾雅補郭》一卷，存。

附載周春《爾雅補注》四卷。

戴震《爾雅文字考》一卷，存。

任基振《爾雅注疏箋補》，見《戴東原集》，存。

邵晉涵《爾雅正義》，二十卷，存。

此中諸書，以戴氏爲最懿。其《爾雅文字考》自序曰：「援《爾雅》以釋《詩》、《書》，據《詩》、《書》以證《爾雅》。由是旁及先秦已上，凡古籍之存者，綜覈條貫；而又本之六書音聲，確然於訓詁之原，庶幾可與於是學。」案自戴氏後治《爾雅》諸人，雖所得有淺深，皆循戴氏之塗轍者也。展闢門戶之功，亦可云偉矣。

論清儒爾雅之學下

其見於《學海堂經解》者：專著則有邵氏《正義》，次之則郝氏《義疏》。而郝疏非足本，胡珽刻郝疏，前有宋翔鳳一序，稱阮公所輯經解，及沔陽陸制府建瀛刻本相同。嘉興高君又得足本，以校阮、陸兩本，多四之一。或云：刪去之文，出高郵王石渠先生手。或云：他人所删，而嫁名於王。此經解本郝疏未爲完善之證。

阮伯元《十三經校勘記》中有《爾雅校勘記》六卷，又附《釋文校勘記》於後，此爲覽《爾雅》者必治之書。其序有云：「《爾雅》經文之字，有不與經典合者，轉寫多歧之故也。有不與《說文》合者，《說文》於形得義，皆本字本義；《爾雅》釋經，則假借特多，其用本字本義少也。此必治經者深思而得其意。」阮公此言，郅爲閎通。其中小小罅漏，如以《釋詁》：「犯奢果毅勝也」之毅爲衍文，《釋草》：「蘢從水生」之生爲衍文，固自不免，而大體則精善矣。其但取一篇而推衍評議者，有程瑤田之《釋宮小記》、《釋草小記》、《釋蟲小記》，雖不盡關於《爾雅》，而可詮解《爾雅》者爲多。《釋草小記》中，論諸物稱名相同，或以形似，或以氣同，相因而呼，大率不可爲典要，而其埶有不得不相借者；觀書者於此，眼當如月，罅隙畢照，其旨蓋亦微矣。此論精深之至。自有此說，而後《釋草》已下七篇諸物名，稍稍可解。又《釋蟲小記》中有云：「簡策之陳言，固有存人口中之所亡；而其在人口中者，雖經數千百年，有非兵燹所能劫，易姓改物所能變；則其能存簡策中之所亡者，亦固不少。」此說直以今世方言本之皇古。明乎此，則今語之名物皆有所由來，即今語之訓詁，亦無不有所由來。是程氏此言，雖爲《爾雅》物名而發，其勳績正不獨專在《爾雅》矣。

其在羣經總義中，載有《爾雅》說者：武億《經讀考異》中，別載《爾雅》句讀互異十餘條。王引之《經義述聞》，說《爾雅》者，凡三卷。其最精者，謂一義不嫌同條；如林烝爲羣聚之羣，天帝爲君上之君。聲近而有二名，如主謂之宰，亦謂之宲；官謂之宰，亦謂之宲；皆其義之精者。惟好以意破字，如改「坎律銓也」之坎爲次，「振古也」之古爲自，皆嫌專輒。至釋《釋魚》篇首六魚，足以破郭，乃云《詩傳》以鯉釋鱣之非，不知鮪屬之鱣，《爾雅》可無釋也。此亦千慮一失也。

其見於《南菁書院經解》者，專著則有如下列數種：

一、翟灝爾雅補郭

灝自序云：「郭氏注《爾疋》，未詳未聞者百四十二科。邢氏疏補言其十，（葝、肇、逐、求、卒、廩、宧、徒駭、太史、胡蘇。）

餘仍闕如。今據謭識，參衆家，一一備說如左。」今案郭注未詳者，實不止此數；其從蓋闕者，蓋謹愼之意。觀《釋天篇》注云：自歲陽至此，其事義皆所未詳通，故闕而不論。次觀舊注，則如閼逢、旃蒙之類皆有解釋；郭非不知，所以俄空不說者，以有所未信耳。然則郭所未詳，非必不知，明已。至如逐之訓病，東北隅謂之宧，信是常義，而郭亦云未詳者，蓋偶不省記耳。翟氏所補，如「神重」、「䈾勤」、「徽止」、「衞嘉」、「郡乃」、「臻乃」、「揚續」、「萌萌在也」諸條，皆無明證。又《釋草》諸篇，郭由目驗者多，其所未聞，多難代補。翟說「蔄艼熒」、「搴蔚」、「薜牡䕲」、「瀸百足」、「貢綦」、「髦柔英」諸條，多意必之論，未爲佳書。

二、錢坫爾雅古義

書僅二卷。略考文字異同及他書可爲證左者，大致精宷。其釋「神愼也」一條，引《檀弓》：「其愼也」注，愼當爲引，禮家讀然；據此、知《爾雅》愼字與引通，「神愼」卽「神引」。此條各家皆未道及。然如「鱧鯇鰷鮦」，異說不能宷正，亦小疏也。

三、錢坫爾雅釋地四篇注

錢自序有云：「名者，實之徵。古人之言，何嘗虛造；率以鄙見就所遐瞻，括成卷册，媿非孫、樊所及道，郭君所及推。」其書大旨於《釋地》四篇，必求其實地，故「下濕曰隰」之類，皆求郡縣或山名以實之。孫星衍爲之作序云：「《釋地》諸篇之義旣古，其所釋皆是《夏書》、《山海經》之山，而郭、李、舍人僅隨義解釋，不著所在。郭璞注：中嶽嵩高山，蓋依此爲名，亦未知其卽釋嵩高山也，可不謂惑歟？」陳惕庵《爾雅釋例》言：「《爾雅釋地》四篇有專言，有泛言；專釋者，當求其地以實之；泛言者，不必求其地以釋之。」以此譏錢氏。侃謂：郭注依此爲名之說最精。《水經注》釋霍山，《爾疋》舊注釋嶧山，《元和郡縣志》釋灊湖，亦皆引《雅》爲說；必處處求其地，斯鑿矣。孫謂郭爲惑，此非郭之惑也。

四、嚴元照爾雅匡名

勞經原笙士序，載九能自言曰：「《爾雅》，近邵氏撰《正義》，注解精當，而於俗本之誤及載籍所引文字異同，闕焉不錄。因著此書以補其未逮。」侃案：攷《爾雅》殊文者，莫詳於是書，雖偶有闕遺，如鴳鶡異文，陳玉樹謂嚴未及。謬誤，如謂說文無媞字。又往往儀毫失牆，如《釋水篇》末：「從《釋地》已下至九河皆禹所名也」十三字，乃九河下郭注；不知何時以爲正文。陸佃《爾雅新義》亦據爲經文，加之解釋。自此邵、郝諸人紛紛訂辨，絕不檢覆吳元恭本。嚴氏此書，亦未加舉正。然於大體固無害爾。嚴氏先有《娛親雅言》六卷，最後一卷皆說《爾雅》之文。其中有一條，言《爾雅》之例，至閎通，足以藥近人拘攣之弊。錄如左：

《釋詁篇》，首訓始，篇末訓死，兩端具矣；篇內次第亦各以義類相從。《釋言篇》，有一字兼兩義者，則彙置一所，基經、基設之類，是也；有字異而義同者，則彙置一所，錭明、茅明之類，是也；有義訓遞嬗而下者，彙置一所，速徵、徵召之類，是也；或字義皆異而音同者，彙置一所，挾藏、浹徹之類，是也。次序皆有深義，蓋非適然。而中間不無小有舛錯者，亦必非摩滅失次。古人行文錯綜變化，正以見嚴密之中又未嘗拘謹也。

又有一條，論物名相同云：草木蟲魚之同名者，多矣。莪蘿，草也；蛾羅，蟲也。蟲之螒，鳥之鶾，皆名天雞。芣苢、馬舃，草木同名。又草名果贏，蟲亦名果贏，鳥亦名果贏。見《廣雅》。草名蘆萉，蟲亦名蠦蜰。草名蚍衃，蟲亦名蚍衃。草名天蘥，鳥亦名天鸙。草名蒺蔾，蟲亦名蒺蔾。木名時，獸亦名時。槐爲守宮，榮原亦名守宮。蠮螉名蒲盧，蜄盦亦名蒲盧。散見《國語》、《夏小正》、《廣雅》諸書。蟲名精列，《考工記》注。鳥亦名精列。見《說文》、《廣雅》。鳥名鷫鷞，《說文》。馬亦名肅爽。《左傳》。草名射干，見《荀子》、《大戴禮》、《廣雅》諸書。獸亦名射干。見《子虛賦》。又牛之黑脣者，馬之黑脣者，皆名犉；雉、羊、雞，絕有力者，皆名奮；兔、牛，絕有力者，皆名欣。郭於《釋草》：「㭫，茥蕻，《釋木》又見。《釋蟲》有密肌、繫英，《釋鳥》又見。皆疑其重出，非也。

案《爾雅》實有重出；如「密，靜也」，《釋詁》一篇，前後兩見。

五、龍啓瑞爾雅經注集證

凡三卷。略取阮元、盧文弨、郝、邵、臧鏞堂、錢大昕、嚴元照、孔廣森、全祖望、武億、段玉裁諸家之說，間有駁辨，皆是常義。而號爲集證，一若袞然鉅册者，可云名實不相中也。

羣經總義中，釋《爾雅》者，如下一種：其不分卷，廑見一二條者，不具。

俞蔭甫先生《羣經平議》第三十四卷。

侃謹案：俞君此書，中失參半。今取其最精者，說之：如釋耇壽，謂卽痀之異文，而皆受義于句；从疒，从老，皆其孳乳寖多者。釋劉陳，謂劉讀爲留，陳猶塵也；塵者，久也。釋禴祭爲通名，引干寶《易》注：非時而祭曰禴。釋衞垂，謂衞爲圍之借字，引《詩》：九圍證之。釋神治，引《廣雅》伸理之訓以明之。釋揚續，引《說文》：易，一曰長也，謂易爲揚之本字。釋祔祪祖也，謂祔、祪皆爲祖，駁郝疏之祪祖連讀爲非。釋坎律銓也，謂坎當讀爲科，引《孟子》注：科坎爲證。釋昆後，謂卽昆孫之昆。釋妻之姊妹同出爲姨，謂姨猶娣也，因妹而連言姊。釋東北隅謂之宧，引孫炎義：日側之明謂宧，與熙聲近義通。釋夏獵爲苗，謂本字當作覒，引《說文》：覒，擇也，讀若苗爲證。釋滭沙出，謂滭卽灘字，引《說文》灘水濡而乾爲證。釋莙牛藻，謂牛藻者，馬藻之異名，駁郝以郭爲誤之說。釋薇垂水，謂非《詩》及《史記・伯夷傳》之薇。釋蒺藜蝍蛆，謂即《廣雅》之蝍蛆，蛆蟝，又即本書下文之蝭馬蜭。釋蠭醜螸，引《廣韻》轉載《爾雅》作螽，謂螽即蝗之異文，蝗見赤友氏注以爲貍蟲。此諸條類皆前人所未道。而隨意破字之病，較高郵王氏爲尤多。如艾歷也，歷秭算數也，謂歷也之也爲衍文。允任壬佞也，謂允爲㕣之誤字。佻佻契契愈遐急也，謂愈遐當乙轉。夫之兄爲兄公，謂下兄字爲衍文。室有東西廂曰廟，謂室當作堂。融謂之鬵，謂融上有若字。革中辨謂之韏，謂辨爲辮字之誤。大篪謂之沂，謂沂爲齗之誤。炎荽荾，謂荽荾當乙。中馗菌，謂當云中馗地蕈。鶨欺老鳸鴳，謂老鳸下屬，爲《左傳》義，違《爾疋》。舊讀狗四尺爲獒，謂獒止作豪。此諸條皆無顯證，輒以己意疑經。淸儒固往往有此病，治《爾雅》者，尤不能免。雖師承所自，亦不敢阿其所好也。

邵、郝二疏，皆爲改補邢疏而作。然邵書先成，郝書後出；先創者難爲功，紹述之易爲力。世或謂郝勝於邵，蓋非也。據邵自序，其撰是書之例有六：一曰，校文。序云：「世所傳本，文字異同，不免譌舛；郭注亦多脫落，俗說流行，古義寖晦。爰據唐石經及宋槧本及諸書所引者，審定經文，增校郭注。」是也。二曰，博義。序云：「漢人治《爾雅》，若舍人、劉歆、樊光、李巡之注，遺文佚句，散見羣籍。梁有沈旋集注，陳有顧野王音義，唐有裴瑜注，徵引所及，僅存數語。或與郭訓符合，或與郭義乖違，同者宜得其會通，異者可博其旨趣。今以郭氏爲主，無妨兼采諸家，分疏於下，用俟辨章。」是也。三曰，補郭。序云：「郭注體崇矜愼，義有幽隱，或云未詳。今考齊、魯、韓詩，馬融、鄭康成之《易》注，以及諸經舊說，會粹羣書，取證雅訓。其跡涉疑似，仍存而不論；確有據者，補所未備。」是也。四曰，證經。序云：「郭氏多引《詩》文爲證。陋儒不察，遂謂《爾雅》專用釋《詩》。今據《易》、《書》、《周禮》、《儀禮》、《春秋三傳》、《大小戴記》，與夫周秦諸子、漢人撰著之書，遐稽約取，用與郭注相證明。」是也。五曰，明聲。「聲音遞轉，文字日孳；聲近之字，義存乎聲。自隸體變更，韻書割裂，古音漸失，因致古義漸湮。今取聲近之字，旁推交通，申明其說。」是也。六曰辨物。序云：「草木蟲魚鳥獸之名，古今異稱；後人輯爲專書，語多皮傅。今就灼知副實者，詳其形狀之殊，辨其沿襲之誤；未得實驗者，擇從舊說，以近古爲徵，不敢爲億必之說。」是也。淸世說《爾雅》者如林，而規模法度，大抵不能出邵氏之外。雖篤守疏不破注之例，未能解去拘攣；然今所存《雅》注完書，推郭氏最善；堅守郭義，不較勝于信陸佃、鄭樵乎？惟書係創作，較後人百倍爲難。故其校文，於經，於注，多所遺漏；不如嚴元照《爾雅匡名》、王樹柟《爾雅郭注補正》。其博義，於諸家注義，搜采不周；不如臧鏞堂《爾雅漢注》。其補郭，則特爲謹愼，勝於翟晴江之爲。其證經、明聲，略引其耑，而待郝氏抽其緒。其辨物，則簡略過甚，又大抵不陳今名；然郝氏搜采，略多於邵，其所指今名，往往局於一隅，不足徧喻學者。至於物名由來，本於訓詁，則什九不能說；其去《廣雅疏證》之屢解物名取義所由者，固覺無等級以寄言矣。郝疏晚出，遂有駕邢軼邵之勢。今之治《爾疋》者，殆無不以爲啓闢戶門之書。宋于庭序郝疏也，曰：「邢疏但取唐人《五經正義》綴輯而成，遂滋闕漏。乾隆間，邵二雲學士作《爾疋正義》，翟晴江進士作《爾疋補郭》，然後郭注未詳未聞之說，皆可疏通證明；而猶未至於旁皇周浹，窮高極遠也。迨嘉慶間，郝疏最後成書。其時南北學者，知求於古字古言。於是通貫融會諧聲、轉注、叚借，引端竟委，觸類旁通，豁然盡見。且薈萃古今，一字之異，一義之偏，罔不搜羅；分別是非，必及根原，鮮逞匈肊。蓋此書之大成，陵唐轢宋，追秦漢而明周孔者也。」其推崇繩譽，可謂盡量矣。然郝疏刻於《學海堂經解》者，經王懷祖先生刪節，或云非王所刪，于庭則以刪去爲非是。黃茂重刊本書後，至云：褘通作衞，止亦此之訓，嫠婦合聲爲罶，寡婦合聲爲笱，以及衞蹶嘉也、晙明也、月在甲曰畢一節，皆要義微言，重賴發明；阮刻經解徑多刪節，乃益見原本之足徵也。案褘非本字，正當作偉；而郝氏云衞者，禕之叚音也。嫠婦之笱，據叔然說，以其功易而名；《詩・大田》云：「彼有不穫穉，此有不斂穧；彼有遺秉，此有滯穗，伊寡婦之利。」此言不自耕穫而得之，亦明其易，寡婦之笱正與此意同。凡取魚無不勞身手者，惟此以笱承梁，《周禮・獻人》先鄭注：梁，水偃也；偃水爲關空，以笱承其空。而魚自入；取之之易，亦與捃拾他人所收刈者同矣。郝氏以寡婦、嫠婦巧合笱、罶之切音；然古音婦與負同，不與笱（侯）罶（蕭）同部，因知寡婦取義當如孫說矣。晙者，晉之後出字，《易》曰：「明出地上晉」，引申爲早；郝氏不知，而曰晙者，浚之或體也。月在甲曰畢一節，廑壬終癸極，其義顯然，餘則舊說盡亡，郭氏亦闕而不論；而郝氏率意補之，惡覩所謂要義微言者乎？高郵之徑爲删汰，未嘗非成人之美也。郝書席邵、臧二家之成，凡邵所說幾於囊括而席卷之；而引據《爾雅》舊說，臧所輯者，郝亦輯之；臧所未見而遺漏者，郝亦闕之。至於推明本字，誠多於邵，然如孰爲臯之借，笑爲妖之借，《說文》：妖，女子善笑皃；以漢字釋古字。鴻代之鴻爲傭之借，《考工記・梓人》：「博身而鴻」注：鴻，傭也；是鴻傭以同部而借；《說文》：傭，均直也。苦爲盬之借，此皆常義易了，而郝不言。其釋物名，多據目驗，然以稷爲高粱，承程瑤田之謬說；以薇垂水爲卽《詩》之薇，不能分別；皆其疏也。

論治爾雅之資糧

上來《爾雅》源流及歷代爲此學者，詮述略竟。茲更舉研治斯學之資糧：

一、說文

《爾雅》之作，大抵依附成文爲之剖判。成文用字，大抵正借雜糅，初無恆律。此由於太古用字，已有依聲託事之條，不獨用以行文，抑且用以造字。是故一壬也，既借爲朝廷，（望所從之壬，即作朝廷解。）又借爲徼幸；（坙所從之壬，即作徼幸解。）一辛也，既以爲辠，（見辠下說解。）又以爲熟；（見燮下說解。）右訓手，（見若下。）字宜作又；戌訓悉，（見咸下。）字卽宜爲悉；侖訓理，（見侖下。）而本解但爲思；囟訓雷，而本解但象回轉；曾訓益，（會下。）論字只宜作增；麋訓惑，本字止宜作迷；至於祀、禩異文，从已有意，而从異者，卽已之借；裯、騆異文，從壽者，禱省，而從周者，又禱之借。其佗一字殊讀，有若廿，（二十幷。）廿，（疾古文。）㗊，（讀戢。）㗊；（讀呶。）一義引申，有若長，（長短。）長，（尊長。）令，（使令。）令；（令尹。）凡皆造字之假借，約定俗成而不移，又何怪用字之有假借乎？雖然，用字不能無假借者，勢也；解字必求得本根者，理也。使無《說文》以爲檢正羣籍之本根，則必如顏之推所云：「冥冥不知一點一畫有何意義矣。」《爾雅》之文，以解羣籍，則綽綽然有餘裕；試一詢得義之由來，必有扞格而不通者。此如：始也，君也二條，初、首、基、祖、元、胎、俶，天、帝、皇、王后，或爲本義，或自本義引申，此字形字義相附者也。哉訓言之間，無始義，其訓始者，當作才；何以知之？以《說文》訓才爲草木之初也。肇訓擊，無始義，其訓始者，當作犀；何以知之？以《說文》訓犀爲戶始開也。落訓木葉隊，無始義，其訓始者，當爲反言；何以知之？即以胎、殆同從而義反，知之也。權、輿，一爲黃華，一爲車輿，無始義，其訓始者，當作灌渝；何以知之？以《說文》夢字說解曰：灌渝，知之也。林訓君者，當由羣義蛻嬗，二木爲林也；烝訓君者，當由衆義引申，烝即衆之變；其本字爲气上行，無君義也。辟訓法，君能執法，故以爲君；但據辟之形，初無君義也。是故字書之作，肅然獨立，而羣籍皆就正焉。辭書之作，苟無字書爲之樞紐，則蕩蕩乎如繫風捕影，不得歸宿。欲治《爾雅》者，安可不以《說文》爲先入之主哉？

二、古韻學書

《爾雅》總絕代之離詞，其中蘊蓄先世逸言，異國殊語。當時九服聲音，相離未遠，縱以聲類比方假借，而聆音知義，不至淆譌。迨世遠聲遷，文字之著於竹帛者，不能相逐而同軌；于是覩文而不知義，音從世讀而不諧於古初。治《爾雅》者，不明乎此，上之不過如邢叔明之守文，次乃儕于陸佃、王雱，舍望文生義外，無復他技，且以新得自矜，至可忿疾者也。尙考郭氏注文，其於音理知之甚深，故其功績一在通故言，一在證今語。通故言者：如「隕、磒，落也」注曰：磒猶隕也，方俗語有輕重耳；「卬，我也」注：卬猶姎也，語之轉耳；「賚、畀、卜，予也」注：賚、卜、畀，皆賜與也，與猶予也，因通其名耳；「迅，疾也；駿，速也」注：駿猶迅，速亦疾也；「慴，懼也」注：慴卽懾也；「覭髳，茀離也」注：茀離卽彌離，彌離猶蒙蘢耳；「輔，俌也」注：俌猶輔也；「迺，乃也」注：迺卽乃；「淈，治也」注：淈，《書序》作汩，音同耳；「繇，喜也」注：引《禮記》曰。詠斯猶，云猶卽繇也，古今字耳；「任、壬，佞也」注：壬猶任也；「在、存，察也」注：存卽在；「徂、在，存也」注：以徂爲存，猶以亂爲治，以曩爲曏，以故爲今，此皆詁訓義有反覆旁通，美惡不嫌同名；「薦、摯，臻也」注：薦，進也，摯，至也，故皆爲臻；臻，至也；「祔，祖也」注：祔，付也；「疾、齊，壯也」注：齊亦疾；「奘，駔也」注：駔猶麤也；「夫之兄爲兄公」注：今俗呼兄鍾，語之轉耳；「路、旅，途也」注：途卽道也；「斛謂之疀」注：皆古鍫鍤字；「不律謂之筆」注：蜀人呼筆爲不律也，語之變轉；「邸謂之柢」注：邸卽底；「秋爲旻天」注：旻猶慼也；「春祭曰祠」注：祠之言食；「丘一成」注：成猶重也，此皆依據音理。通古今之異言者也。證今語者：如「嗟、咨，𨁲也」注：今河北人云𨁲歎，音兔罝，此以兔罝之音悟其爲《爾雅》之𨁲也；「恀、怙，恃也」注：今江東呼母爲恀，音是，此以是之音悟其爲《爾疋》之恀也；「逮，遝也」注：今荆楚人皆云遝，音沓，此以沓音悟爲《爾疋》之遝也；「蝃蝀謂之雩」注：江東呼雩音芋；「潬，沙出」注：今江東呼水中沙堆爲潬，音但；「萿，接余」注：江東食之，亦呼爲萿，音杏；「未成鷄僆」注：江東呼少鷄曰僆，音練；此由芋、但、杏、練之音，悟爲雩、潬、萿、僆之字；使非音理通明，豈可綜合古今，知其部類哉？

自郭氏以後，此風莫紹；無往不復，乃中興于清世諸師。

清世古韻之書甚夥，擇其要者：厥惟顧、寧人《音學五書》中，《唐韻正》最要。江、愼修《古韻標準》。戴、東原《聲類表》。段、若膺《六書音韻表》，須佐以門人江沅子蘭《說文解字音均表》。錢、曉徵《潛研堂答問》。王、懷祖《韻表》，見《經義述聞》。孔、撝約《詩聲類》。嚴、鐵橋《說文聲類》。劉申受《詩聲衍》。數家；流覽既周，乃知古聲、古韻之概。

古聲類之說，萌芽於顧氏；錢氏更證明古無輕脣，古無舌上；本師章氏，證明娘、日歸泥。案此理本於《切韻指掌圖》、《切韻指南》，而興化劉融齋亦能證明。自陳蘭甫作《切韻考》，劃分照、穿、牀、審、禪五母爲九類，而後齒、舌之介明，齒、舌之本音明。大抵古聲於等韻只具一、四等，從而《廣韻》韻部，與一、四等相應者，必爲古本韻；不在一、四等者，必爲後來變韻。因是求得古聲類，塙數爲十九。凡變音，皆當歸納于本音之內，而後古雙聲可明。古雙聲明，而後音近音轉之字，皆得其鰓理矣。

古韻部之說，由簡趨繁。其最能致用者：

一、爲戴氏異平同入之理

戴氏《聲類表》分九類：一曰，歌、魚、鐸之類；二曰，蒸、之、職之類；三曰，東、侯、屋之類；四曰，陽、宵、藥之類；五曰，庚、支、陌之類；六曰，眞、脂、質之類；七曰，元、月之類；八曰，侵、緝之類；九曰，覃、合之類。雖配合小乖，而孔氏《詩聲類》陰、陽對轉之說，卽出于此。今謂不獨古韻陰、陽對轉，卽今韻亦陰、陽對轉，詳在他篇。

二、爲嚴氏諸韻會通之理

嚴氏書分韻十六類。之、支、脂、歌、魚、侯、幽、宵、蒸、耕、眞、元、陽、東、侵、談。後附《說文聲類出入表》，云：櫂母爲紐，必在本類；其子有往適他類者，案如㞢省聲，有屵，讀如躍，由之入宵。亦有他類之子來歸本類者；案如嶷從疑聲，本在脂類，而來入之。以及重文讀若，往來無定。既嚴其畛域，復觀其會通；所謂分則豪氂有辨，合則一統無外。其表惟之與陽，及支與侯、蒸、陽、東、侵，無出入，所謂非竟不通，謂《說文》無此也。得此說而韻部皆可相通，可省無數拘攣之苦。

三、爲劉氏分韻廿六之理

劉氏《詩聲衍》分韻廿六，冬、東、蒸、侵、鹽、陽、青、眞、文、元、支、錫、歌、灰、職、蕭、屋、肴、藥、魚、陌、愚、微、未、質、緝。此爲古韻分部最多之書。若案前條一、四等爲古本韻之理，劉氏亦大氏近之。惟未韻，應分爲二類；從章氏，今定名爲沒類、曷類。緝韻，應分爲二類；從戴氏，今定爲名合類、帖類。而後古韻部始全。

春秋名字解詁補誼

高郵王君爲《春秋名字解詁》，訓誼塙固，信美矣。蓋闕而不說者，無慮二十事。德清俞君作爲《補誼》，猶未盡詮明。湘潭胡元玉者，奮筆正王君之誤，此二十事，亦赫然具陳；然穿穴傅會，徒以破字爲卹，卒又自亂其例；(如謂楚公子貞之貞爲騰之叚藉。)蓋無足觀。侃以爲名雖有五，字則要曰自證其名之誼。故《白虎通德論》曰：「聞名卽知其字，聞字卽知其名。」亮非回互繳繞，使人難通；破字而誼章，孰與拘牽而誼晦。矧以聲音轉迻，簡册變易，本字如是，何道知之？明明王君，蓋非元玉所可議也。居多暇日，於此二十事，亦嘗爲之考索；又時有所聞於師。俞君舊解，頗有增易；要求其是，不敢自謂能補二君之闕。次而錄之，以待正於大雅宏達之君子。著雍涒灘修禊之月。(山居少書比對，未審所說與前人同否。然絕非勦襲。胡元玉不知師法，於其說未嘗徵引。)

晉寺人勃鞮，字伯楚，(《晉語》。)**一名披。**(僖五年《左傳》。案勃鞮之合聲爲披。)

侃謹案：披與柀通。柀，(《說文》：「一曰，析也。」經傳訓析、訓分、訓解、訓散者，皆以披爲之。)《說文》「柀，檆也。」《爾雅·釋木》：「柀，煔。」(案此誤字。)注：「似松，生江南。」楚者，《說文》：「楚，叢木也，一名荆。」名柀，字楚，取其同類。

宋公子目夷，字子魚。僖八年《左傳》。

侃謹案：《老子》：「視之不見曰夷。」夷，蓋無色之謂。《爾雅·釋畜》：「馬二目，白，魚。」白即無色矣。又章先生引《莊子》注曰：「魚在水中不見水。」疑晉惠公夷吾、管夷吾，皆取斯誼。魚、吾，聲通故也。《水經》濟水注：「魚山即吾山也。」

魯公子買，字子叢。僖二十八年《左傳》。

侃謹案：買、密，聲轉得通。襄三十一年《左傳》：「莒密州字買朱鉏。」密者，買之聲轉，州者，朱鉏之合聲。密有聚誼。《易》：「密雲」，是也。叢者，《說文》云：「聚也」；《漢書·酷吏傳》：「罔密事叢」；密、叢對舉，顯誼通已。又密訓閉，《樂記》注。叢訓收，《廣雅·釋詁》。收、閉，誼亦近。《詩·旱麓》：「瑟彼作棫」傳：「瑟，衆皃。」古同聲之字，誼多通。

楚公子嬰齊，字子重。宣十一年《左傳》注。

侃謹案：《說文》：「賏，頸飾也，從二貝」；「嬰，頸飾也，從女賏」；「賏，貝連也。」齊者，整也，《周語》注。列也。《淮南·原道訓》注。命名之誼在斯。重者，《廣雅·釋言》：「重，再也。」《說文》：「緟，增益也。」重、緟通。

楚公子貞，字子囊。成十五年《左傳》注。

侃謹案：《廣雅・釋詁一》：「貞，正也。」囊，讀爲𤕦。《說文》：「𤕦，亂也；從爻工交吅。」亂者，治也。《禮記・大傳》注曰：「治，正也。」商書曰：「殷其弗或亂正四方。」亂、正蓋一誼。此不同太史公誼。

鄭良霄，字伯有。襄十一年《左氏經》注。

侃謹案：霄讀爲消。《說文》：「消，盡也。」《墨子・經說上》：「霄，盡蕩也。」消、霄亦通。有者，《說文》：「有，不宜有也」；引《春秋傳》曰：「日月有食之。」此不誤，亦非約文，章先生有說。或曰，有，富有之有，與消相反爲誼。或曰，霄讀爲稍，《說文》：「稍，出物有漸也。」

鄭罕嬰齊，字子齹。昭十六年《左傳》注。

侃謹案：嬰齊，誼如前說。齹者，《說文》：「齹，參差」；「𪗋，齒差跌皃」；引《春秋傳》，「鄭有子𪗋。」是齹、𪗋，字通誼同。引申爲凡參差不齊之訓。名齊，字齹，相反爲誼。或曰，齹，從差聲，誼同差；《說文》：「差，貳也」；「差，不相値也」。據前訓則相應，據後訓則相反，竝通。

楚伍員，字子胥。昭二十年《左傳》注。

侃謹案：俞君說是也。或曰，員，物數也。《說文》。胥與疋通，疋，記也。《說文》。又與疏通，

《漢書・蘇武傳》集注：「疏，謂條錄之。」

魯季公亥，字若。昭二十五年《左傳》。

侃謹案：亥與孩通。《廣雅・釋詁三》：「孩，小也。」若者，順也，善也。並見《爾雅》。名孩，字若，譬猶陳公良孺字子正矣。此用俞君誼。

宋樂祁，字子梁。定八年《左傳》。

侃謹案：昭二十七年、定六年，三家經文，並作樂祁犂。齊杞殖，字梁，王君《解詁》讀殖爲植，是也。侃謂植者，祁犂之合聲。《爾雅・釋宮》：「植謂之傳，杗廇謂之梁，楣謂之梁。」此亦本王君說。並宮中物，故名植字梁也。

衞公孫彌牟，字子之。哀十二年《左傳》注。

侃謹案：章先生說：見《春秋左傳讀》中，此約其文。彌牟者，蠛蠓之聲轉。《爾雅・釋蟲》：「蠓，蠛蠓」，注：「小蟲，似蜹，喜亂飛。」之讀爲⿱山羽，《說文》：「⿱山羽，飛盛皃。」名蠛蠓，字⿱山羽，以其能爲字也。侃以爲豁然確斯，不可易矣。

齊顏濁聚，字庚。哀二十三年《左傳》注。

侃謹案：濁聚字諸書不同，《漢書・古今人表》作燭雛，本或作濁鄒；《晏子春秋・外篇》作燭雛；《淮南・氾論訓》作喙聚，喙蓋啄之誤；《孟子》作讎由；《說苑・正諫》作燭趨。並聲轉得通。其合聲爲續，《說文》：「續，聯也」；古文賡，從庚。庚亦續也。《詩毛傳》。名續，字庚，誼正相應。或曰，其合聲爲《立政》「克由繹之」之由，由與摇通，《說文》：「摇，引也」；庚者，續也；續，引誼通。

宋樂茷，字子潞。哀二十六年《左傳》。

侃謹案：茷與旆通。《詩・六月》：「白旆央央」，定四年《左傳》：「綪茷」，茷，卽旆也。古者將帥所建，載之於車；故《左傳》曰，「拔旆投衡」；又曰，「以兵車旆之」。潞讀爲路車之路，《釋名・釋車》：「路，亦車也。」名旆，字路，連類爲誼。

晉士蔿，字子輿。《晉語》注。

侃謹案：俞君說是也。或曰，蔿讀爲轙；《說文》：「轙，車駕具也。」此朱駿聲說。

晉祁奚，字黃羊。《呂氏春秋・去私篇》注。

侃謹案：俞君說是也。觟與羳同類，《爾雅》羳羊黃羊。故或以爲名字。或曰，奚讀爲騱；《說文》：「騱，驒騱也」，又讀爲良馬奚斯之奚。奚又作雞，《淮南・道應訓》注：「雞斯，神馬也。」《藝文類聚》獸部，引《六韜》曰：「太公與散宜生得犬戎文馬，毫毛朱鬣，目如黃金，名雞斯之乘。」魯公子奚斯，字子魚；魚吾虞通，《淮南》云：「騶虞雞斯之乘」，是也。黃羊者，疑卽乘黃。《周書・王會》曰：「乘黃者，似騏，從原本。背上有兩角」；《海外西經》：「白民乘黃」，殆卽雞斯。黃者，朱鬣目如黃金之謂。羊者，殆以背有兩角而名。簡册無聞，不敢定耳。《漢書·禮樂志》曰：訾黃，疑訾者雞斯之合音。

齊雝人巫，字易牙。《史記·齊世家》引賈逵《左傳》注。

侃謹案：巫讀爲巫鼓之巫。《法言》注：「猶妄說也。」通作誣，《禮記》注：「誣，罔也」，《樂記》注。「妄也」。《曾子問》注。易牙者，合聲爲雅。牙、雅同聲，古在魚類。雅者，正也。《毛詩序》。名巫，字雅，相反爲誼。

魯孔箕，字子京。《史記·孔子世家》。

侃謹案：俞君說是也。或曰，箕讀爲鯕；《說文》：「鮇鯕魚，出東萊」；鯕，魚名。京讀爲鯨，《說文》：「鱷，海大魚也」，或作鯨。

魯冉雍，字仲弓。以下並見《史記·仲尼弟子列傳》。

侃謹案：儀徵劉申叔說：「雍者，辟廱，弓與宮通；躳或作躬，營或作营，冬蒸之轉。宮者，頖宮；《王制》曰：天子曰辟廱，諸侯曰頖宮。」侃以爲審也。

武城澹臺滅明，字子羽。

侃謹案：滅明與彌牟，皆蠛蠓之聲轉；字羽者，與彌牟字之略同。《詩》曰：「蜉蝣之羽」；蜚蝨之翼，故可名羽。

江東矯疵，字子庸。

侃謹案：疵與呰通；《說文》：「呰，窳也」；《漢書·地理志》徐廣注曰：「呰窳，苟且惰嬾之謂也。」庸者，《方言三》：「庸謂之倯。」名呰，字庸，故同誼矣。《漢書·儒林傳》作橋庇，橋矯聲通，庇誤字。

淳于光羽，字子乘。

侃謹案：光者，明也；光羽，猶言熠燿其羽；《詩鄭箋》：「熠燿，鮮明貌。」此取於鳥爲名。乘者，《方言六》：「飛鳥曰雙，鴈曰乘」；《聘禮記》曰：「宰夫始歸乘禽」；注：「乘禽，乘行之禽也，謂鴈鶩之屬，其歸之以雙爲數。」然記又曰：「士中日則二雙」，是雙、乘通名。字乘者，取鳥之數也。

魯公夏首，字乘。

侃謹案：首有上誼，《易·大過》虞注：「頂，首也」；《方言》：「頂，上也」；以此知首可訓上。乘亦有上誼；《呂氏春秋·貴直篇》注：「乘，陵也」；《周語》注：「上，陵也」；乘、陵上同訓，以此知乘可訓上。故名首，字乘。或曰：首也者，直也；《郊特牲》文。乘與繩通，《詩·緜》：「其繩則直」，箋：「乘，聲之誤」，當爲繩也。繩者，直也。《廣雅·釋詁三》。

魯縣成，字子祺。上與榮旂字子祺相連，疑因此誤衍字子祺三字。

侃謹案：俞君說：成者，終也；祺，讀爲基，始也。俞君並推以解成然字子旗之誼。侃謂成者，善也；《檀弓》注。祺者，祥也；《爾雅·釋言》。《說文》：「祥，一曰：善也」；是祥、善誼通。名戌，字祺，不破字亦得。

衛廉絜，字庸。

侃謹案：絜者，修整也。《荀子·不苟篇》注：又《周語》：「姑洗，所以修潔百物。」《釋名·釋言》：「潔，確也，確然不羣貌也。」庸者，凡庸也。《齊語》注。名絜，字庸，相反爲誼。

魯公西葴，字子上。上與公西輿如字子上相連，疑因此誤衍字子上三字。

侃謹案：王君說是也。或曰：葴讀爲減；《說文》：「減，省也」；上者，與尙通，《廣雅·釋詁二》：「尙，加也。」名減，字尙，亦相反爲誼。

蘄春語

《廣韻》去聲廿八翰：釬，釬金銀令相著，亦作銲；矦旰切。今吾鄉謂之走釬，音正同《廣韻》。案釬者，著金於銀上，有扞衞之意；當從本義臂鎧引申，或即扞之借。

《說文》衣部：衦，摩展衣；古案切。《廣韻》：古旱切。今吾鄉有衦衣、衦麪之語。凡摩展物之字皆當作此，今音與《廣韻》同。

《廣韻》入聲一屋：萺，萺䕭菜；莫六切。廿六緝：䕭，䕭茵，水草；出《埤蒼》；似入切。案䕭茵當作萺䕭；《說文》：萺，艸也；莫報切。今武昌有此菜，生野田中，二三月間冇之；細葉，黃華，葉似蘐蕢而短，有香，可以作葅。音正同《廣韻》。萺䕭，即《史記·大宛傳》之苜蓿，漢書作目宿，《廣韻》一屋引《爾雅》注作牧蓿，皆聲轉也。《本艸》陶弘景注云：長安中乃有苜蓿園；北人甚重此，江南人不甚食之，以無味故也。寇宗奭《衍義》曰：陝西甚多，飼牛馬，嫩時，人兼食之；微甘，淡，不可多食；有宿根，刈訖又生。

《說文》疒部：癆。朝鮮謂飲藥毒曰癆；郎到切。今吾鄉有此，音正同《唐韻》。《方言》三：凡飲藥傅藥而毒，北燕、朝鮮之間謂之癆；郭璞音澇，此即許所本。

《說文》食部：餾，飯氣烝也；力救切。《廣韻》：力救，又力求切。《廣雅·釋器》：餾，饙也。今北京語謂食冷復烝，曰餾，音正同《廣韻》。

《說文》鬲部：䰞，炊釜溢也；蒲沒切。今吾鄉有此語，音轉平，略如蒲。

《說文》肉部：腯，牛羊曰肥，豕曰腯；陀骨切。今吾鄉語狀小兒肥盛，曰胖（即伴字，方音讀若滂去聲。）腯腯；或曰，胖腯了底。腯音轉在端紐，（《廣韻》：他骨切，則在透紐。）而讀開口。

《廣韻》入聲十一沒：榾，果子榾也，出《聲譜》；戶骨切。案今吾鄉謂果覈爲榾，音正如此。然榾字，《說文》所無，即覈字之音轉，後出字耳。（作核者，亦覈之借。）

《說文》水部：瀎，拭滅皃；莫達切。（《廣韻》：莫撥切。）泧，瀎泧也，讀若椒榝之榝；（榝，《廣韻》：所八切。）又火活切。字亦作末殺，《漢書·谷永傳》：欲末殺災異；集注：埽滅也，亦作抹摋。《廣韻》入聲十三末：抹，摋摩也。今北京語謂衣既褻縐，復整理之，爲瀎泧，音如麻沙；（古語有摩挱、挼莎，皆此一語之轉爾。）吾鄉謂之摸。（讀慕。）

《說文》手部：捾，捾取也；烏括切。今吾鄉有此，音作窊，字作挖。

《廣韻》入聲十九鐸：袥，開衣領也；他各切。今吾鄉謂單衣領下別加裏一圍，曰袥肩，即此字。（《說文》：袥，衸也。）

《說文》：藄，月爾也；本《釋艸》文，注：即紫藄也，似蕨，可食。《廣雅·釋艸》：茈藄，蕨也。馬融《廣成頌》：茈萁芸蒩；以萁爲之。《集韻》引《廣雅》作棊；又有萁字，云或从基。吾鄉通稱蕨爲蕨蓁，其粉曰蕨蓁粉；蓁，居之切，與《廣韻》同。

《廣韻》入聲廿三錫：墼，土墼；古歷切。今北方和炱與泥，可以焚，曰炭墼；音如稽。揚州語亦然。

《廣韻》上平聲一東：檧，尖頭擔也；倉紅切。今蘄州謂擔束薪之器，曰檧擔；音正同《廣韻》。檧字，《說文》不載，當爲鏓之後出字。鏓，大鑿平木者。

《廣韻》去聲四絳：胮，脹臭皃；匹絳切。今四川語狀物之臭，曰胮臭底，音略近平。又上平聲四江：胮，脹；匹江切，又音龐。此二，皆癰之後出字。

《爾雅・釋天》：螮蝀，虹也；《釋文》曰：虹，俗亦呼爲青絳也。是虹有絳音。《廣韻》上平聲一東：「虹，螮蝀也；戶公切，又古巷切。」今北京語正讀虹爲絳；吾鄉謂之虹美人，其語亦古；美人讀爲買寅。

《說文》八部：曾，辭之舒也。《方言》十：訾，何也；湘潭之原，荊之南鄙，謂何爲曾；或謂之訾，若中夏言何爲也。案以曾爲何，經傳恆見，不獨荊南。今通語謂何爲爭麽、怎麽，皆卽曾字。而漢口以南迄長沙，謂何曰麽子；子卽訾也，語有逆順耳。

《說文》血部：𥁓，血也；引《春秋傳》曰：士刲羊，亦無𥁓也；呼光切。今吾鄉語謂鳥獸血，皆曰𥁕子，讀類裝潢之潢；貴州語亦然，讀類潑𧷤之𧷤。

《說文》革部：鞔，量物之鞔；一曰，抒井鞔，古以革。重文𩊚，鞔或從宛；於袁切。今吾鄉語謂盛泥之畚，曰鞔兜；音正同《廣韻》。

《左傳》襄十五年：師慧過宋朝，將私焉；杜注，私，小便。案今江蘇語謂小便，曰私。讀自如恆。北京語亦謂小便，曰私，讀若綏。

《廣韻》上平聲七之：脏，豕息肉，今謂之豬脏；與之切。案今吾鄉猶有此語，又以豬膏和皂莢爲丸，以瀚衣，曰脏皁。《集韻》：胰與脏同，今多作胰。《說文》：胂，夾脊肉；胰、脏，皆其別字。

《說文》肉部：脢，背肉也；莫桮切。《易下經》咸九五：「咸其脢」疏，引子夏《易傳》曰：在脊曰脢。馬融云：脢，背也。鄭玄云：脢，脊肉也。王肅云：脢在背而夾脊。又《廣雅・釋親》：胂謂之脢。《廣韻》上平聲十五灰：脢，背側之肉。此諸說皆是，而以子雍說爲最憭。惟王弼云：心之上，口之下；爲掤說。疏乃云：諸說大體皆在心上；斯益繆矣。質以方言，豕腹中有兩肉，下鄰腎，後依脊；聯屬于膏而不屬脊骨者，吾鄉謂之膂脊肉，膂俗皆書作裏，吾鄉讀力舉切；字皆爲良止切。亦或謂之脢子肉。脢正讀梅。若揚州語，則祇有脢子肉之一名。固知三古遺言，散存方國；考古語者，不能不諭之于今；考今語者，不能不原之于古。世之人或徒慕艱深而多書古字，或號稱通俗而昧於今言，其皆未爲懿也。脢，《禮記·內則》、《楚辭·招魂》皆作胲；《周禮·內饔》作膴。

《廣韻》入聲廿二昔：鐴，鐴土犂耳；必益切。案吾鄉謂犂耳爲鐴耳，音如避。鐴卽《說文》錍字之別。

《說文》夨部：吴，一曰，大言也，从夨口；五乎切。徐鍇曰：詩曰：「不吴不揚」；《周頌·絲衣》。今寫詩者改吴作吳，又音乎化切；其謬甚矣。案《詩傳》：吴，譁也；《釋文》引何承天云：吴字誤，當爲吳，從口下大；故魚之大者名吳，胡化反，此音恐驚俗也。據此，是改吴作吳者，本於何承天，誠爲妄作。然胡化與五乎，音本非遠，方俗亦間有其音，又吴字同義者有訏、《玉篇》言部引《說文》：齊楚謂大言曰訏。誇、《說文》：譀也；《文選·長楊賦》注引《字林》：大言也。譁《說文》：讙也。諸字，皆轉入曉、匣、見諸紐；《廣韻》去聲四十禡：吳，大口；胡化切。則吴讀乎化，未足欳也。吾鄉謂人作大言，曰誇，讀苦滑切；尋其實，正應作吴字爾。

《周禮·考工記》：梓人爲飲器，勺一升。《禮記·中庸》：一勺水之多。是勺爲酒器而又小；故玄應《一切經音義》四引《說文》：勺，料也。字又作杓。《漢書·息夫躬傳》：將行於杯杓。《廣韻》入聲：杓，杯杓；市若切。然杓，本音甫遙切，又音撫招切；則勺宜亦有脣音。从勺之字，豹、箹，皆在脣音。吾鄉謂酒杯圓而小者，曰勺；音匹皃切。或曰：此卽《周禮·鬯人》：「瓢齎」，《論語》：「一瓢飲」之瓢；然不如勺之塙。《詩·公劉》：酌之用匏；箋云：酌酒，以匏爲爵，言忠敬也。鄉語或當卽匏字。

《方言》三：凡草木刺人，北燕、朝鮮之間謂之茦，或謂之壯；注：今淮南人亦呼壯；壯，傷也。案吾鄉謂刀刃微傷，如鬄髮見血之類，曰打壯子；音初兩切，或諸兩切。正以《說文》，當即刅字。《廣韻》上聲三十六養有㓒字，云：皮傷；初兩切；亦刅之後出字也。

《方言》五：簟，自關而西謂之簟，或謂之銌；注：今云銌，篾篷也。《廣雅・釋器》：銌，席也；曹憲音：之舌。《廣韻》去聲十三祭：銌下引《方言》此文，音征例切。今吾鄉有此語，音之列切，（與藉牀之簟微異；銌，用以支壁或纍物。）與曹憲音同。（銌、簟一聲之轉，即蜥之後出字。）

《方言》六：牀，齊、魯之間謂之簀；注：牀版也，音迮。《說文》竹部：簀，牀棧也；阻厄切。正本《方言》。今吾鄉有此語；音側八切，則音之轉也。

《方言》七：佻，縣也，趙、魏之間曰佻；燕、趙之郊，縣物於臺之上謂之佻。注：了佻，縣物皃；音丁小反。案今吾鄉亦有此語；字作弔、釣者多，音多嘯切。正以《說文》，佻亦釣之借爾。（《廣韻》上聲廿九篠有了字，云：懸皃；都了切。此即彴之異文；段玉裁以為即杓字，不確。）

《方言》八：鳩，自關而西，秦、漢之間，謂之鵴鳩；其大者謂之鳻鳩。鳻，音班；今吾鄉凡鳩皆曰班鳩；字但作班，猶鵓鳩音浮，後字但作浮耳。（今音或作鵓鳩。）

《說文》虫部：蚜蚗，蛁蟟也；《方言》十一：蛥蚗，自關而東謂之虭蟧，或謂之蝭蟧。虭蟧、貂聊二音；蝭音帝。《廣雅·釋蟲》：蟧蟧，蛁蟟也。《夏小正》：「七月寒蟬鳴」，傳曰：寒蟬也者，蝭蠑也。郭注《方言》云：江東人呼蟂蟧，宋本作蠔蟧。案蛁、虭、蟧、蝭皆雙聲，蟟、蟧、蠑亦皆雙聲，蛁蟟、虭蟧、蟂蟧皆叠韻，隨音作字，要一名耳。今北方謂青色小蟬六七月間鳴者，曰蝭蟧，音低了。《本草》蚱蟬，陶弘景注曰：七月鳴者名蛁蟟，色青；是矣。《方言》十一又云：蜻謂之寒蜩；寒蜩，瘖蜩也，與《夏小正》《月令》不合。吾鄉謂之蟬蟟，蟟讀若溜。

《爾雅·釋魚》：蜃，小者珧。《國語·晉語》注：小曰蛤，大曰蜃。《廣韻》上聲十六軫：蜃，時忍切，又時刃切。案蜃，蚌類，今閩中以田種之；形狹長，名曰蟶，味頗鮮美；亦可暴乾，謂之蟶乾。《廣韻》下平聲十四淸：蟶，蚌屬；丑貞切。吾鄉正讀時刃切，知其卽彖蜃名；蟶特後製字爾。

《說文》艸部：菌，地蕈也。《爾雅·釋草》：菌，小者菌。从舍人讀。《廣韻》十六軫：渠殞切。吾鄉凡菌皆曰菰，亦或作菇；菇俗字。惟桑萸，曰木耳；其生樹上似釘蓋者，曰香蕈，亦曰香菰；其生地上色黃而味鮮者，通曰菰。案《蜀本草》注：苽，其根生小菌，曰菰菜；《爾雅·釋草》注：蘧蔬似土菌，生菰草中。據此，則菌之爲菰，卽彖苽蔣之苽而得此稱也。

《廣雅·釋草》：胡豆，𧿲𧾷雙也；曹憲音：𧿲，胡江；𧾷雙，雙。案𧿲、𧾷雙俗字，正當作棒雙，或作筌雙。《說文》木部：棒，棒雙也；竹部：筞，筌雙也。《廣雅·釋器》：筌雙謂之筞。《廣韻》上平聲四江：栙，栙雙，帆未張。《說文繫傳》竹部，引《字書》：䉶雙，帆也。胡豆取名於此者，以豆在莖上兩兩對垂，如帆葉之張也。音變爲豇，《廣韻》：豇，豇豆，蔓生，白色；古雙切。匣、見兩紐，今古皆相溷移，故有此音。今通語皆曰豇豆，吾鄉亦然；無復跭𨇅之名。

《釋名·釋衣服》：汗衣，近身受汗垢之衣也，或曰鄙祖，或曰羞祖；作之，用六尺裁足覆胸背，言羞鄙於祖而衣此耳。案吾鄉有衣曰背褡，裁足覆胸背，左右齊肩甲而止；質以《釋名》，正鄙祖之音轉爾。

《說文》尸部：㞒，尻也；詰利切。㞒通作機；《釋名·釋形體》：尻又謂之機，（從吳志忠校。）要（案此字衍。）髀股動搖如樞機也。案古者，前、後陰之名多溷；如𡱂从尾，鳥獸交接曰尾；涿，訓流下滴，而尾亦曰𧳜、曰豚，是也。今人通謂前陰曰㞒巴，吾鄉謂赤子正陰，曰㞒兒，正應作㞒字；蜀人曰㞘，亦尻之音轉也。

《說文》衣部：襱，絝踦也。《廣雅·釋器》：襣謂之袴，其綰謂之襱；（從《集韻》引。）曹憲音：綰、管。案今通語袴脚，曰袴管；而吾鄉稱袴，但有兩踦冢袴上者，曰袴襱；音盧紅切。《唐韻》：襱，丈冢切；《廣韻》，襱亦有盧紅一音，通語則稱韜袴。

《廣雅．釋器》：裲襠謂之袙腹。案《釋名．釋衣服》：裲襠，其一當胸，其一當背，因以名之也；帕腹，横帕其腹也；抱腹，上下有帶抱裹其腹，上無襠者也。據此，是三物異製；兩當，前蔽心，後蔽背，今通語之嵌肩也；帕腹、横陌腹而上有襠親膚者，俗謂之兜肚；在衣外禦垢汙者，吾鄉謂之抹腰，抹卽袙、帕、陌之音轉也；抱腹，亦横陌腹而上無襠，婦人用之，北京語所謂主腰也。《廣雅》以裲襠爲袙腹，不如《釋名》之晰。

《爾雅．釋魚》：科斗，活東；注：蝦蟆子。活東，舍人本作顆東；活又音古活切，與顆皆雙聲；科、活、斗、東，亦皆雙聲，今北謂蝦蟆子爲蝦蟆骨朵，又以雙聲而變。吾鄉謂之蝦蟆稊。

《說文》黽部：䵹鼀，詹諸也；《詩》曰：得此䵹鼀，言其行鼀鼀；式支切。案今《詩》作施，海寧語謂之癩鼀，亦曰癩鼀格博；格博卽蝦蟆音轉也。吾鄉謂之癩格譜；格譜亦蝦蟆之異音。揚州人謂之癩猴子；猴亦蝦之音轉。

《漢書．東方朔傳》：置守宮盂下；注：盂，食器也，若盋而大，今之所謂盋盂也。案盋盂亦今通語，吾鄉謂之盋兒。

《廣韻》上平聲十虞：鑐，鎖中鑐也；相俞切。案鑐俗字，正當作須髮之須，古者謂之牡。

《漢書．五行志中之上》：門牡自亡；注引晉灼曰：牡是出籥者；師古曰：牡是下閉者也，亦以鐵爲之，非出籥也。《淮南子・說林》：盜跖見飴曰，可以黏牡；注：牡，門戶籥牡也。據此，則晉、高二說相同。吾鄉謂鎖之在簧中爲籥所施者，曰鎖須，讀先稽切；魚，虞韻字，方語蓋多讀支、脂、之、齊韻。其在外下閉者，曰鎖柱。師古之言，未爲晰也。

《禮記・樂記》：煦、嫗，覆育萬物；注：氣曰煦，體曰嫗。《詩・巷伯》傳：柳下惠嫗不逮門之女。《廣韻》：嫗，衣遇切。今吾鄉謂以體相温曰嫗，讀若烏，或讀若漚。此字之本，疑即燠字。

《說文》部首，卵，凡物無乳者卵生。此卵之本誼，引申之，則睪丸形，用皆如卵，亦冡此名。丸即卵之借，《呂氏春秋・本味》：「有鳳之凡」，注：凡，古卵字。實則凡即丸字，而借爲卵耳。更引申之，則陽道亦爲卵；《廣韻》上聲卅四果：卵，郎果切。吾鄉呼男子陰器正作此音，而呼睪丸爲卵，仍力管切。

《說文》爪部：孚，卵孚也。後出字爲孵，爲菢。《廣韻》上平聲十虞：孵，卵化；芳無切。玄應《成實論音義》引《通俗文》：雞伏卵，北燕謂之菢。《廣韻》去聲三十七號：菢，鳥伏卵；薄報切。今吾鄉謂鳥伏卵，曰菢，正同《廣韻》音；亦曰匍，讀若捕；皆一聲之轉也。

《御覽》八百六十四引《通俗文》：脂在脊曰肪；在骨曰䏲，音珊；獸脂聚曰䐈，音窨。案今人通謂鳥臁脛，曰胭肝，正以爲脂所縈裹耳。

玄應《俱舍論音義》引《通俗文》：辛甚，曰辣；江南言辣，中國言辛。《廣韻》入聲十二曷：辢，辛辢；盧達切。今通語謂辛皆爲辣；尋其本字當作⿰⿺乚囟叓，《說文》⿺乚囟部云：列也，讀若迅⿰⿺乚囟叓，从叓聲；與辣、烈皆雙聲，辣、列古一音耳。

《說文》厽部：厽，絫拔土爲牆壁；土部：垒，墼也；皆力軌切。《廣韻》，皆力委切。今吾鄉有此語，音變作魯過切；磚石相次謂之垒，凡物體相重亦謂之垒；垒音小變爲⿰阝朵、爲埵。玄應《長阿含經音義》引《通俗文》：積土曰⿰阝朵；《十誦律音義》引《字林》：⿰阝朵，積土也，吳人謂積土爲⿰阝朵。《說文》土部：埵，堅土也，讀若朵。《妙法蓮華經音義》引《字林》：埵，丁果反，聚土也。《廣韻》：⿰阝朵，丁果切。今吾鄉計甎石之積，及凡數牆壁云：一⿰阝朵磚，一⿰阝朵牆；音都唾切。

《說文》𠬪部：寽，五指持也，讀若律；呂戌切。後出字爲捋，手部云：取易也；郎括切。今吾鄉謂以五指持物揗摩上下，曰捋，音郎過切；或曰卽挼莎之挼，則聲類亦近。

《詩・小雅・都人士》：「臺笠緇撮」傳：緇撮，緇布冠也。是撮爲冠之別稱，俗字作䙇；《廣韻》入聲十三末：䙇，緇布冠，《詩》作撮；倉括切。婦人之髻，亦蒙此名；《文選・西京賦》注引《通俗文》：露髻，曰⿱髟截，以雜麻爲髻，如今撮也。是漢、魏之際，謂婦人假髻爲撮。今北方謂此爲纂兒，纂與撮正對轉音也；吾鄉謂之髮，卽由切。《廣韻》作鬙。

《大般涅槃經音義》引《通俗文》：手把曰掊；掊，蒲交反。吾鄉有此語，音正同服氏。

《說文》韋部：韉，收束也，讀若酋；韉，或從要；揫，或从手。手部：揫，又爲正篆，云：束也；皆卽由切。《廣韻》有揫無韉。字變作瘷，《廣雅·釋詁三》：瘷，縮也；《僧祇律音義》引《通俗文》：縮小曰瘷，皺不申曰縮朒；《廣韻》去聲四十九宥：瘷，縮小；側救切。今吾鄉謂物體由長而短，曰瘷，音卽就切。

《說文》部首，𡈼，一曰，象物出地挺生也。緣此而有挺、拔也。侹、長皃。梃、一枚也。頲、俠頭頲頲也。戥、利也。莛、莖也。珽、大圭長三尺。娗、女出病。桯、牀前几。諸字。今吾鄉狀物之突出，曰挺；狀物之暴起，曰挺；江蘇人狀物之平直，曰挺；吾鄉又謂動力向前，曰挺；北京語亦有之。挺之爲言，與瘷相反者也。

《御覽》百八十一引《通俗文》：客堂曰庌；五下反。今北京酒食肆設坐以待客，曰雅坐，卽此庌字。

《廣韻》入聲二十一麥：篇，篇子竹障，出《通俗文》；古核切。案卽隔字之後出。吾鄉凡編竹或連板爲障蔽，皆曰篇子。

《廣韻》上平聲廿七刪：櫦，關門機，出《通俗文》；數還切。今通語也；實卽關之聲變。俗字作閂。

《說文》：犗，騬牛也；古拜切。《廣韻》：古喝切。字變作羯；羊部云：羊羖犗也。字又變作羠；羯、羠平入爲疊韻。羠羊也。此皆有正篆者也。由羯而變，有犍；新附曰：犍，犗牛也。有劇；《正法念經音義》引《通俗文》：以刀去陰曰劇。有𤛓；《廣雅·釋獸音》：𤛓，居言反。有扇；《五代史·郭崇韜傳》：至于扇馬亦不可騎。俗字作騸。有𠞩；《廣韻》上聲廿八獮：𠞩，以槌去牛勢；旨善反。曹憲音《釋言》：止善、鋤限二反，音《釋畜》：叉進反，此卽扇之古字。吾鄉謂去牛馬犬陰，皆曰扇；稱閹人，亦曰扇；豕，曰𤛓，或曰羯；雞，曰𠞩，讀鋤限反。

《說文》女部：嫴，保任也；古胡切。引伸爲綜計之詞，《廣雅·釋言》：嫴，榷也；《釋訓》：嫴榷，都凡也。字亦作辜；《漢書·陳咸傳》：「沒入辜榷財物」；注：辜榷，專固也。字又作估；今世謂不知物之實數，而約略計之以出財，謂之估價；讀公戶切。惟吾鄉謂買物舉其所貯而得之，曰嫴；音古胡切。其公戶之音，惟用于估價。

《禮記·中庸》：「樂爾妻帑」注：古者謂子孫爲帑。今吾鄉謂小兒，曰帑；長者呼卑幼，雖壯大，亦每曰帑；音絮，乃亞切。其居近谿水者，讀爲齊齒；如北京音，則帑音乃夜切。

《說文》口部：固，四塞也；金部：錮，鑄塞也。俗字爲箍；《廣韻》上平聲十一模：箍，以篾束物，出《異字苑》。今世通有此語，但多讀苦胡切。箍，蓋从手、从竹、从俗币字；俗會意字也。

《說文》口部：圖，畫計難也；《廣雅·釋詁》一：圖，度也。字亦作𢾑，作剫：《書·梓材》：惟其𢾑丹雘；《說文》剫見刀部，又爲𢾑之重文。凡塗飾、塗圬字，皆當作剫，而語根出于圖。𢾑，《廣韻》：徒古切；剫，徒落切。吾鄉謂塗物爲剫，書字不工曰亂剫，音轉爲他達切。圖、𢾑之後出字，又有鍍；《廣韻》：鍍，以金飾物；同都切，又音度。今通語皆音度；吾鄉雖度亦讀豆音，故鍍亦田候切。

《說文》水部：澌，土得水沮也，讀若麴；竹隻切。《廣韻》：知義切，又場伯切，又直炙切。吾鄉謂池塘通水溝，可隨時以泥閉塞者，曰澌溝；其塞之曰浩側伯切，鄉音則落切，或側八切。塘澌；澌，音充豉切。

《說文》竹部：箅，蔽也，所以蔽甑底；必至切。《廣韻》：博計切。吾鄉謂此爲炊箅；炊，讀如虛；箅，讀如壁。

《說文》米部：𥽒，酒母也；𪌂，或从麥。《廣韻》，字作麹；驅匊切。今世多作麴，音如《廣韻》音小變。製字曰酵；《大般涅槃經音義》引呂靜《韻集》：酵，古孝反；酒酵也，謂起麴酒也。吾鄉凡以麴和熟米麥使成酒，曰麴；以麴與水和生米麥屑，使發張爲餻及曼首者，曰酵子；其發張，曰發酵；音正同呂氏。

《說文》炎部：燅，於湯中爚肉；从炎，从熱省；小徐：熱省聲。𤓯，或从炙；徐鹽切。《大集日藏分經音義》引《通俗文》：以湯去毛，曰燅。案吾鄉謂殺禽獸已，納之沸湯去毛，曰燅毛。或書作撏；去田草，亦曰燅，或書作薅；音正同《廣韻》，而于《說文》本訓稍有不合。北京語謂薄切魚鳥畜獸肉，以箸賓沸湯中，略動搖卽熟可食，曰汕羼子；讀所晏切。此燅字之音變，一也。四川以東，謂縷切魚鳥獸禽肉，以勺藥卽「作料」二字之正字。和之，俟湯沸傾入，俄頃盛出，曰參湯；讀倉含切。此燅字之音變，二也。吾鄉又謂納肉水中，以火煨之，久而後熟，曰燂湯；讀徒亙切。燂，《說文》云：火熱也；與燅蓋約略同義。《唐韻》大甘又徐鹽切，《廣韻》又昨鹽切。參湯之參，卽昨鹽而讀洪音者，方音清濁每相溷。

《說文》虫部：𧓉，毒蟲也；蠚，或从䖵。字變作𧊅；案毒蟲謂之蠆，爲蟲所毒，亦謂之蠆。字變爲蛆，爲蜇；《左傳僖廿二年》正義引《通俗文》：蠍毒傷人，曰蛆；張列反。字或作蜇；作蜇者，《列子》：楊朱蜇于口；《釋文》：痛也。吾鄉謂爲蟲所蜇，曰蜇；暑熱傷膚，亦曰䵍；汗垢積身膚，爲之痛蛘，亦曰䵍；讀陟格切。薛韻字，方音多讀入陌。

《說文》臼部：臿，舂去麥皮也。由是孳乳，有插，刺內也；有鍤，郭衣箴也；有㞕，从後相臿也。㞕，楚洽切；《廣韻》：側洽切，又初立切。今諸方鄙語，謂中冓之事，曰㞕；南方讀如測角切，北方讀如七到切。或曰：此卽涿字，流下滴也。質以蜀語，謂中冓之事，曰擣；則謂爲涿字，亦是。

《說文》欠部：欶，吮也。《廣韻》入聲四覺：欶，口噏也；嗽，上同；所角切，又蘇奏切。案今語以口內吸，曰欶，讀所角切；气上而欬，曰嗽，讀蘇奏切。

《說文》虫部：蠚，螫也；螫，蟲行毒也。蠚，呼各切；《廣韻》作䖆。今吾鄉有此語，音同《唐韻》。

蠆，亦讀入來母；从蠆聲者，若厲、犡，皆是也。後起字曰蝲；《集韻》入聲十二曷引《廣雅》：蝲，蠍也；盧達切。吾鄉有蟲生烏臼樹上，徧體皆毛，著人身，所過立成瘡；採烏臼子者，極畏之，曰楊蝲子。人之爲害於鄉里，使人不敢親狎者，亦稱之曰蝲子。昔鄭子產始爲政，鄭人怨之，比於蠆尾；固知語言之情，今古同也。

《說文》𠂢部：衇，血理分衺行體者；脈，或从肉；䘑，籒文；莫獲切。今吾鄉謂人身血理可見者，曰𧖴，此通語也。又謂精爲𧖴，或謂之釆，河南謂之雄。

《左傳》襄九年：棄位而姣；注：姣，淫之別名。《廣韻》，姣有古巧切一音。今吾鄉謂淫事爲姣，或讀洪音則如杲，或讀細音則如矯；或書作攪，非也。

《說文》部首，干，犯也，从反入，从一；女部：奸，犯淫也；皆古寒切。今鄉俗亦謂淫事曰奸，讀古案切。或謂之戰；《小爾雅·廣言》：戰，交也。或謂之玩；《說文》：弄也。或謂之胖；《喪服傳》：夫妻胖合也，讀若件。或謂之通，其旁淫謂之相與。

《爾雅·釋魚》：鮂，黑鰦；注：即白鯈魚，江東呼爲鮂。《埤雅》云：鰷（即鯈之別。）魚，形狹而長，江淮之間，謂之餐魚。案鮂、鯈，疊韻；鮂、鰦、餐，雙聲。今吾鄉水中有此魚，長者不過二寸，好羣游沙石上；謂之餐子，亦可食。

《說文》魚部：𩿡，鮦也；盧啓切。《爾雅》作鱧，《本草》作蠡，《廣雅》作鱺。《埤雅》云：鱧，今玄鱧，是也。《爾雅翼》云：鱧魚，圓長而斑點；有七點，作北斗之象。今吾鄉謂之烏魚，或謂之烏𩿡。（力兮切。）俗人多不敢食，以有戴星之。異檢《韓詩外傳》：南假子曰，聞君子不食鱺魚。然則此風已古矣。

《廣雅·釋魚》：鰱，鱮也。《詩·齊風·敝笱》箋云：鱮，似魴而弱；義疏云：鱮，似魴而頭大，魚之不美者。故里語曰，網魚得鱮，不如啗茹。其頭尤大而肥者，徐州人謂之鰱，或謂之鱅；幽州人謂之鴞鷍，或謂之胡鱅。《埤雅》云：鱮魚色白，北土皆呼白鱮。案吾鄉人家池塘中蓄魚皆鰱，其頭大者，曰胖頭；（讀匹江切。）頭小者，曰鰱子；其鯤，曰魚苗；稍大者，曰魚秧。取魚秧寘塘中，若水肥，則不及一歲，已重二三斤，兩歲卽十餘斤矣；味極鮮美，尤以胖頭之頭爲佳，其身可膾，較之野魚皆過之。（吾鄉謂以人力養之者，曰家魚；自生池澤者，曰野魚。）去鄉歷年，每對海鮮，輒憶斯味。陸氏乃云，不如啗茹；豈古今殊產，抑吳楚殊嗜耶？

《說文》水部：氿，水厓枯也；引《爾雅》：水醮，曰氿。今《爾雅·釋水》作厬。又通作鞫；《詩·公劉》：「芮鞫之卽」，傳：鞫，究也。《爾雅·釋丘》，李巡、孫炎本：厓內爲隩，外爲鞫；今本鞫作隈。字亦作阸；《詩》：鞫，韓《詩》作阸。亦作坈；見《周禮·職方》注引《詩》。亦作泦；見《玉篇》。今吾鄉謂兩山之間，狹長中容居人、田池，曰溝；讀古侯切。地之以溝名者，甚多，卽氿字之音轉也。（字亦作究；《水經》溫水注：山溪瀨中，謂之究水。）

《漢書·匡衡傳》：南以閩佰爲界；注：初元元年，郡圖誤以閩陌爲平陵佰；師古曰：佰者，田之東西界也；閩者，佰之名也；佰，音莫客反。後出字，作陌；《史記·秦本紀》：開阡陌；《風俗通》：河東以南北爲陌；《廣雅·釋室》：陌，道也。案田間塍埒謂之陌；

古詩有《陌上桑》，是也。市間大道，亦謂之陌；樂府有南陌，洛陽有銅駝陌，是也。字變爲垻；《廣韻》去聲四十禡：垻，蜀人謂平川爲垻；必駕切。又作壩；《集韻》：堰也。吾鄉謂地之平迤者，曰壩；溪上隄，亦曰壩；亦竝作垻，訛作埧；音與《廣韻》同。攷佰字，《唐韻》：博陌切；壩，正其去聲也。

《說文》金部：鏨，小鑿也。《廣雅·釋器》：鐫，謂之鏨。《御覽》七百六十三引《通俗文》：石鑿，曰鏨；作濬切。案鏨與鑯，一曰：鑴也；鑴，當作鐫。鑱，銳也。略同。字變作鋟；《公羊》定八年傳：鋟其版，是也。吾鄉謂鑿石之鑿，曰鏨子；鐫字于石，曰鏨字；音與服氏同。

《說文》艸部：藍，瓜菹也；《廣韻》：魯甘切。通作濫；《釋名·釋飲食》：桃濫水漬而藏之，其味濫濫然酢也。字亦作涞，作醂，作漤；《廣韻》上聲四十八感：涞，藏梨汁也，出《字林》；醂，桃菹；菹，葅之別。漤，鹽漬果；竝盧感切。此皆藍之後出也。漬果，曰濫；漬之，亦曰濫。吾鄉謂細切菜，加少許鹽揉之，宿昔饗食，曰藍菜；讀盧盍切。其揉之，曰濫。讀盧感切。

《說文》艸部：蘪，蘪菜也，似蘇者；強魚切。《廣韻》：又音巨；上聲八語云：蘪，苦蘪；江東呼爲苦蕒。案今語亦曰蘪蕒。蘪音近曲，蕒音近馬。

《儀禮·有司徹》：執挑、匕、枋以挹湆；注：挑謂之歃。案吾鄉稱匕，曰挑兒；讀近調。亦曰歃匙。（音如茶池。）

《說文》木部：料，勺也。案勺，挹取也，則料亦挹取之稱；斥物曰料，言物之用亦曰料。料，之庚切；《廣韻》：又當口切。吾鄉謂以勺挹糞，以瓢挹糞，皆曰料；讀當侯切。

《說文》木部：株，木根也。今吾鄉謂竹木根，皆曰兜子；析木爲薪，其檮柮，亦曰兜子；株之古音，正如兜。

《說文》水部：滫，久泔也；息有切。字亦作糔，作餿；《廣韻》上聲四十四有：糔，糔溲；下平平聲十八尤，餿，飯壞；所鳩切。今鄉語謂饔飯壞，皆曰餿；讀所鳩切，或謂之酸。

《玉篇》艸部：藠，胡了切，草名。今吾鄉謂䪥，曰藠頭，音叫。案此字卽芍之後出；《說文》曰：芍，鳬茈也；胡了切。《爾雅・釋草》郭注曰：生下田，苗似龍須而細，根如指頭，黑色，可食。鳬茈，今語謂之葧臍；䪥之苗、根皆似之，故冡芍之名矣。

《廣雅・釋草》：蓊，薹也。《廣韻》去聲一送：蕻，草菜，心長；胡貢切。案吾鄉有菜，曰蕻菜，熟時中心特長而空；方音讀若甕。又凡菜擂心，曰起蕻，蕻讀貢；武昌語，曰起薹。質以《說文》，當卽空字；以引長之義言之，當卽控字。《廣韻》上平聲一東，有䅝字，訓稻稈；䅝，䅝心草也；皆卽空字之別，而與蓊、蕻，音訓並近。

《說文》艸部：茭，牛蘄艸也；《爾雅·釋草》郭注：今馬蘄，葉細銳似芹，亦可食。《本草》唐本注云：馬蘄，生水澤旁。苗似鬼鍼、恭菜等，花青白色，子黃黑色，似防風子；或曰，馬蘄，一名野茴香。案《玉篇》艸部：茴，香草名；又《嵇康集》有茴香賦；茴，殆卽蘄之音轉。今茴香有二種；曰大茴，曰小茴，皆可以爲勺藥。

《說文》黑部：⿰黑見，⿰黑見謂之⿺辶垔；⿺辶垔，滓也；堂練切。《廣韻》云：藍，⿰黑見染者也。亦通作澱；《廣韻》：澱，澱滓，亦藍澱也。字亦作靛；《集韻》：以藍染也。吾鄉呼藍草，曰靛草；取其汁以瓨盛之，俱曰靛；音堂練切，與古不異。有染青、染藍二種：染青者，曰青靛；染藍者，曰藍靛。

《說文》：樣，栩實；徐兩切。《廣韻》作橡，云：櫟實。今吾鄉謂櫟樹子，曰櫟樣子；樣，讀蘇佞切。

《說文》竹部：篅，判竹圜以盛穀也；市緣切；⿱竹屯，篅也；徒損切。《廣韻》：篅，又作圌；徒損切。下又有囤字，云：小廩也；蓋卽⿱竹屯之別。吾鄉謂編竹爲簟，寬二三尺，蝸徙而上，虛其中以盛穀，曰⿱竹屯；正音徒損切；其納之，曰篅；音私箭切。

《爾雅·釋草》：蒧，寒漿；注：今酸漿草，江東呼曰苦蒧，音針。《本草》陶弘景注：處處人家多有，葉亦可食；子作房，房中有子如梅李大，皆黃赤色。蜀本注云：酸漿，卽苦葴也；根如菹芹，白色，絕苦。案今北京有此草，曰燈籠草；其實成於夏秋間，儥者摘取之，反披其房，挾以兩葦，每十枚爲一串；剖之，中多子，味絕酸；云可以袪煩暑，俗名紅姑娘。昨過市見此，購而歸，檢書乃得其名。

《說文》瓜部：䌛，瓜也；餘昭切；《廣韻》：又式昭切。吾鄉有此瓜，五六月間生，大如拳，可生食，曰𤬩瓜；音蘇遭切。𤬩，俗字也。

《文選》、木玄虛《海賦》：𩆍昱絕電，百色妖露，呵歘掩鬱，矆睒無度；此以矆睒狀電也。矆睒，李善音居縛、失冉切。《說文》，矆，音許縛切。今吾鄉電曰矆，謂雲中出電，曰掣矆；皆音虛郭切。四川謂電爲矆睒；揚州謂電曰睒；彼以方音讀虛檢切。北京謂電曰睒，音同《廣韻》。

《說文》土部：坎，陷也；苦感切。後出字作磡；《廣韻》去聲五十三勘云：巖厓之下；古紺切。今吾鄉有此語，字作墈，音同《廣韻》。

《說文》𠂤部：𠂤，小𨸏也；都回切。音轉入痕韻，作敦；《爾雅·釋丘》：丘一成，爲敦丘；注：今江東呼地高堆爲敦。俗字作墩；《廣韻》上平聲廿三魂：墩，平地有堆；都昆切。吾鄉凡土堆圜而上平者，曰墩；人物體上縣起而高與四圍異者，亦曰墩子；音都痕切。

《說文》衣部：𧜐，艸雨衣也。由𧜐而轉，後出字作繖；《御覽》七百二引《通俗文》：張帛避雨，謂之繖蓋；《廣韻》：繖，今作繖蓋字。俗字作傘，《廣韻》云：傘，傘蓋。此俗以爲象形字；其實由𧜐古文⿱亼𣛧而變。⿱亼𣛧，《集韻》書作⿱亼⿰从从，《類篇》書作⿱亼⿰从从，更變則爲傘矣。吾鄉凡蓋謂之繖，其冡以布者，姓時用之，曰日照傘；其冡以紙，塗以桐子油者，曰雨傘，亦曰雨蓋。

《說文》匚部：⿷匚贛，小杯也；古送切；《廣韻》又音感。吾鄉謂甑中箅，曰甑⿷匚贛；書作⿱竹⿷匚贛，讀若紺。此義與《說文》不合，當卽間隔之間耳。

《廣韻》四十八感，⿷匚贛下引《方言》云：箱類。案字亦作⿱竹贛，作篢；篢，又古紅切。吾鄉爲死者作齋，編竹爲小匧以盛紙錢，曰篢；而讀籠上聲。恆言箱匧，亦多曰箱篢。

《說文》金部：鍾，酒器也；職容切。今吾鄉稱酒杯，亦曰酒鍾；稍大者，曰茶鍾。必其形高圜而深，乃得此名。

《說文》竹部：箱，飯筥也，受五升；山樞切；箱，一曰飯器，容五升；所交切。《廣韻》有𥳓，其籀作筲，亦所交切。今吾鄉謂盛飯之箕，曰筲箕；其形圜而中窊，若中平者，曰簸箕；視筲箕為大，筲疏而簸密，口侈者，曰擢箕。

《說文》竹部：箬，楚謂竹皮曰箬；而勺切。今吾鄉謂笠，曰箬笠。唐人張志和詞：青箬笠，綠蓑衣；知此語傳承自古也。

《說文》衣部：袁，長衣貌；雨元切。俗字作褤，䙃，皆見《集韻》。吾鄉或謂長褂子即衫。為長䙃，讀王眷切；閭里書師所作七言雜字云：絮袴緜襖青長䙃，是也。

《廣雅・釋器》：襄謂之袠，曹憲音：於劫反。《說文》：襄，書囊也。今謂以布或皮為帙，可摺疊啓闔，寘之韡中，曰韡襄子；音正同曹氏。其稍大者，曰護書，與襄同制。

《說文》癶部：登，上車也。《釋名・釋牀帳》：榻登，施大牀之前，小榻之上，所以登牀也。字亦作凳，亦通作橙。《廣韻》去聲四十八嶝：凳，牀凳，出《字林》；橙，几橙；並都鄧切。今通語也；字皆作凳。

《說文》巾部：幐，囊也；徒登切。新附有帒字，云：囊也，或从衣；徒耐切。《廣雅・釋器》：幃謂之幐。《方言》七：幐，儋也；注：今江東呼擔兩頭有物，曰幐；幐，音鄧。案吾鄉謂囊兩頭盛物，適中啓口，而可以圍繫於腰者，曰纏袋；卽兩頭有物之謂也。

《說文》木部：梡，棞木薪也；苦緩切。梡與斷義近，引伸之則訓几。《禮記・明堂位》：俎，有虞氏以梡；注：梡，斷木爲四足而已；正義：梡形四足如案；禮圖云：梡長二尺四寸，廣尺二寸，高一尺。據此，是梡與案音義皆近。案，《說文》：几屬也。今語謂斷木爲四足，上平無倚者，皆曰杌凳。杌卽梡之借，而讀五骨切；此猶元从兀聲，髡从兀聲，兀讀若夐之例，由寒而變之沒也。

《儀禮・既夕》：「皆木桁」注：所以庪苞筲甕甒也。是桁爲橫置閣物之具。《文選・景福殿賦》：「桁梧覆疊」注：梁上所施也。桁，《廣韻》：戶庚切。今吾鄉謂承瓦者，曰桁條桷子；縱者，曰桷子；橫以承桷子，次于梁上者，曰桁條。求之《說文》，殆卽橫字；特由闔口變開口爾。《說文》竹部有笐字，云：竹列也；古郎切。亦由橫字而孳乳。疑以竹爲桁也。

《一切經音義》十一引《說文》：磉，石磉也。今《說文》無之。《廣韻》：磉，柱下石也；蘇朗切。案此字卽礎磶之對轉。《一切經音義》十八引《淮南子》許注：楚人謂柱磶，曰礎。《集韻》引《廣雅》：磶，礩也。字亦作舃；《墨子・備城門》：柱下傅舃。是磉、礎、磶，實皆藉字之後出。今吾鄉謂柱下石，曰磉登；登，讀都肯切。亦作不，蓋俗象形字。

《說文》水部：湑，莤酒也；息呂切；《廣韻》：又相居切。手部：揟，取水沮也；相居切。

案由此變而作酥；《廣韻》：酥，酥酪也；素姑切。案作酥者，取乳煎之，使水氣盡而酥成；故取義于湑揟。今南人固不嗜淳酪，然以米麥麵爲餅餌，多納脂膏，成而如酥者，亦皆謂之酥。假借以形容物體之疏散舒脫，亦曰酥。

《釋名·釋飲食》：䐄，銜也；銜炙細密肉，和以薑椒鹽豉已，乃以肉銜裹其表而炙之也。《廣韻》：䐄，戶韽切。案今通語以餅中所裹肉菜諸纖爲䐄，音正如《廣韻》。然《說文》訓䐄爲食肉不厭；則䐄非本字，當卽銜與含字之借。

《釋名·釋船》：船，其前立柱，曰椳；椳，巍也，巍巍高貌也。案《廣韻》：椳，烏恢切。又通作桅；《廣韻》：桅，小船上檣竿也；五回切。案今吾鄉謂凡船檣竿，皆曰桅；而音如椳。然椳本訓門樞臼，則檣竿之椳本字，但應作巍，或作鍡。

《說文》：擥，撮持也；盧敢切。字亦作攬；《廣韻》：魯甘切。後出字有纜；《廣韻》去聲五十四闞：纜，維舟；引《吳書》曰：甘甯常以繒錦維舟，去輒割弃以示奢；盧瞰切。今吾鄉謂曳船以行之索，曰纜子；讀魯甘切。

《說文》欠部：欿，欲得也，讀若貪；他含切。《廣韻》：胡感切；《博雅音》：口感切。案與欿聲義相近，有歁，食不滿也，讀若坎；苦感切。有歉，歉食不滿；苦簟切。吾鄉謂心有所欲，曰歆；離別相憶，曰歆；讀若欠。

《說文》車部：軵，反推車令有所付也，从車，从付，讀若胥；从大徐。《唐韻》讀而隴切。手部：搑，推擣也；亦而隴切。案軵，讀若胥，此古音也。吾鄉凡引物向後，更前推之，曰軵，讀若⿰彳茸；⿰彳茸卽胥之轉爾。俗語曰：推人向前，曰送，或以爲卽送字而讀上聲。

《說文》仌部：朕，仌出也；或篆作凌；力膺切。《廣雅・釋言》：朕，仌也。吾鄉稱冰，曰凌冰；凍，亦曰凌；其木氷，曰油光凌；凌，皆讀里甑切。

《說文》竹部：筦，竹挺也；古寒切。字變作筧；《廣韻》：筧，以竹通水；古典切。《類篇》又作梘，通水器；古典切。今吾鄉以竹通水，曰梘水；其器，曰梘；音同《廣韻》。

《說文》戶部：戾，古文戶，从木。《廣韻》上聲五十三豏：戾，牖也；一曰，小戶；苦減切。《善見律音義》引《通俗文》：小戶，曰戾。今吾鄉謂凡窗皆曰戾子；音正同《廣韻》。此語可謂古雅極矣！戶之讀苦減，蓋卽敍从古聲，虓音呼濫之例。然《說文》自有槏字，云：戶也；亦苦減切。是則戶之後出字也。

《說文》木部：樛，大木，可爲鉏柄；詳遵切；《廣韻》：相倫切。案由此引申爲栒虡之栒；《詩・有瞽》傳：衡者爲栒，植者爲虡；由虡受栒，故凡柄可以入鑿者，謂之栒。俗字作榫；《集韻》：悚尹切，剡木入竅也。今吾鄉謂木枘爲榫頭，字及音皆同《集韻》。
《說文》辵部：迮，迫也；阻革切；《廣韻》：側伯切。俗字作窄；《廣雅·釋詁》一：窄，陿也。今吾鄉恆語：淺房窄屋，字或作㡿。
《說文》广部：序，東西牆也。引申之，但有牆而無室謂之序。故《禮記·鄉飲酒義》疏：無室謂之序。字亦作榭；《爾雅·釋宮》：無室，曰榭。更引申之，則但有屋而無室壁者，亦謂之榭；《爾雅·釋宮》：闍謂之臺，有木者謂之榭，是也。古字多作謝；但序，本在堂之兩旁，故引申有旁義。吾鄉謂於正室旁依牆作屋，斜而下，其外更無壁者，曰披廈；廈，讀所駕切；見《集韻》，云：旁屋也，或作庌。求之古義，正應作序爾。
《說文》肉部：𦞦，肉羹也；呵各切；《廣韻》又火酷切，作臛。《釋飲食》：𦟀，蒿也，香氣蒿蒿也；則字作𦟀。吾鄉謂凡羹皆爲𦞦兒；𦞦，讀火酷切，而略近去聲，似護。
《北戶錄》注引《字林》：媆，女饋也；音乃管反。字亦作餪；《集韻》引《廣雅》：餪，饋也；《廣韻》：女嫁三日，送食，曰餪。案今鄉俗凡食于事前，謂之餪；生日前夕之宴，曰餪生；昏期前夕之宴，曰餪房；其享叢社小神，召巫行法，亦曰媆；音如呂氏。然媆本無饋意，尋其本字，疑當作䬯；《說文》：相謁食麥也；奴兼切。寒、談古多通轉，此或其一與？

餂之为餫，亦猶稉之訓黏稻；《爾雅・釋草》釋文引《字林》云：稉，黏稻也。

《說文》𠬜部：𠬜，引也，从反廾；作㩼，从手，樊聲。字亦作攀，作扳；由𠬜而衍，絆、樊，皆其後出。今吾鄉凡以一物繫兩端，皆謂之絆；如罐有罐絆；籃有籃絆；衣有紐襻，劉峻詩：襻帶雖安不忍縫，是也；門有門闆；（字見《玉篇》，訓門中視也。此當是盼之後出。今所謂門闆，以鐵爲之，用施鎖。）皆𠬜義之引申，音皆爲普半切。

《說文》木部：樘，衺柱也；丑庚切；棖，杖也；宅耕切；《廣韻》：直庚切。此二皆有牚柱之義。字亦作撐；《爾雅・釋宮》：棖謂之楔；注：兩旁木也。今吾鄉謂門後衺柱，一端當門中，一端鐏地者，曰門棖；施棖卽謂之棖，讀除更切；其用力支持謂之樘；病而強起亦謂之樘；皆同音。（門棖字作門，俗字也。）

《說文》手部：掔，固也，讀若《詩》「赤舄几几」；《唐韻》：苦閑切；《廣韻》：又苦堅切。引伸之，固持有遴惜之意，故後出字作慳；《廣韻》：慳，恪也；苦閑切。吾鄉謂人儉不中禮，吝惜財物者，曰慳；讀若肌，卽几之平聲也；亦或讀堅。

《說文》又部：𠬛，入水有所取也，从又在回下；回，古文回；回，淵水也，讀若沫；莫勃切。後出字有𩓷，內頭水中也；有㲴，沈也。吾鄉謂入水取魚者，曰𠬛魚師；恆人入水，曰刺浸子；浸，讀眉至切。

《說文》土部：塹，阬也；七豔切；字亦作壍，見《廣韻》。吾鄉凡高岸種竹木，下臨阬谷者，曰塹；字亦作篟。（篟見《集韻》，倉甸切；無阬義。）

《說文》木部：柴，小木散材；士佳切。徐鉉曰：師行野次，豎散木爲區落，名曰柴籬。後人語訛，轉入去聲；又別作寨字，非是。《廣韻》有寨，云：羊栖宿處；又有砦，云：山居以木柵；皆犲夬切。案今吾鄉謂山居築城保，以木，以石，皆曰砦；讀在懈切。以土曰圍，或曰圈。（讀書卷之卷。）

《楚辭·離騷》有菌桂。據《文選·蜀都賦》劉逵注，引神農《本草經》：菌桂出交趾，員如竹；則菌爲箘之借，此桂之似竹者。《山海經·中山經》有桂竹，注：今桂陽出筀竹；則字作筀。吾鄉有筀竹，細葉長節；質以《說文》，蓋即箘簬之箘。《中山經》注云：箘亦篠類，中箭；《山海經》以爲桂竹，蓋竹文取象於箘桂乎？

陸璣《毛詩義疏》云：甘棠，今棠梨；一名杜梨，赤棠也。吾鄉呼此木爲杕栗樹；杜栗、杜梨，皆音轉；杕音陀，或作柁。

《說文》皿部：盦，覆蓋也；烏合切。徐鉉曰：今俗別作罯，非是。《廣韻》正作罯，又安盍、烏含，皆作盦。今吾鄉謂作酒煑米和籥已，置甖中，以草蓋之，俟其成，曰盦酒；正烏合切。陳肇一說。

《說文》疒部：瘢，痍也；薄官切。今吾鄉瘡痕，曰疤，讀博華切；卽瘢之音轉。

《說文》尸部：居，蹲也，从尸；句古者居从古。俗篆作踞，九魚切；踞，《廣韻》居御切。字又作跍；《廣韻》上平聲十一模：跍，蹲皃；苦胡切。今吾鄉謂蹲曰跍，亦曰蹲；蹲，讀如敦；跍，音同《廣韻》。

《爾雅·釋魚》：「鱊鮬，鱖鯞」注：小魚也，似鮒子而黑；俗呼爲魚婢，江東呼爲妾魚。鮬，郭音步施、蒲悲反。《爾雅翼》云：鱖鯞，似鯽而小，黑色而揚赤；今人謂之旁皮鯽，又謂之婢妾魚；其行以三爲率，一頭在前，兩頭從之，若媵妾之狀，故以爲名。案鯞字，《說文》所無，當卽婦之後出，言此魚猶鱖之婦也。鱊郭音古滑切。鮬，又鱖婦之音轉後出字。羅氏云：今人謂之旁皮鯽；吾鄉至今猶然，其字作鰟魮，讀滂𦧺；旁皮二字，卽婢之緩音，不當製字。魮卽鮬之借。

《說文》土部：塍，稻中畦也；食陵切；《廣韻》亦作堘。今吾鄉謂田埂亦爲田塍。

《說文》車部：軶，轅前也；於革切。今吾鄉謂牛項曲木，施以引犂者，曰牛軶；俗字作靰，讀吾革切。鄉音：影母多讀疑母，如安讀牛寒切，翁讀牛紅切。

《說文》木部：桊，牛鼻上環也；居倦切。字又作棬，《呂氏春秋·重己》：使五尺豎子引其棬，而牛恣所以之。今吾鄉猶有此語；以木作之，兩端略巨，防其捝，中網之，系繩焉，謂之牛桊；音如《廣韻》。

《爾雅·釋器》：斛謂之疀，注：皆古鍬、鍤字。《說文》又有銚，一曰，田器。《廣韻》：鍫，七遙切；亦作鐰，字變又作耖；《廣韻》：重耕田也；初教切。今吾鄉耕皆三次：始耕發土用犂，曰耕；次耕，曰耙；最後耕，曰耖，視耙齒益長；既耖而施種矣。

《說文》金部：䥯，枱屬，讀爲嫣；彼爲切。字或作䥯，又作䎱；《廣雅》：䥯，䎱耕也。俗字又作耙，或作鈀，讀必駕切；吾鄉謂次耕曰耙，其器亦曰耙；其器如犂而橫闊，下施多齒，以破塊；分秧時相謁而食，曰買耙齒；言乞其餘力，以相歡樂也。

《說文》艸部：藃，艸皃，引《周禮》曰：轂弊不藃；許嬌切。文見《考工記·輪人》鄭注：藃，藃暴。案藃與喬、蹻、翹，聲義均近，謂暴起也。吾鄉稱木器先溼後澂，而暴起者，曰藃；凡物之驟起向上者，亦曰藃；作事欲成而中變者，亦曰藃；彎曲不伸者，亦曰藃；小兒始樂而後怒者，亦曰藃；讀牽遙切，亦讀苦要切。

講尚書條例

今《尚書》，除二十八篇外，皆僞書，已無待論。然亦出自魏人；故就文、義而論，仍有可取。且其采摭豐富，語有根依，精理雅言，在在皆是。故今之講授，仍兼僞書。

《尚書》師說，至今皆殘闕不完，惟有孔《傳》獨在。孔《傳》僞託之人，或云王肅；假使眞出於肅，肅善賈、馬之學，其說必本於賈、馬者多。且作僞必有據。無所據而作僞者，其書定僞，如明人之子貢《詩傳》、《古三墳》、《天祿閣外史》之流，是也。有所傍而作僞者，其僞中勢必雜眞；以非此不足以欺世故也。今謂僞《書》自不可據，而僞《傳》則過半可從；與其信後人肊說，何如僞《傳》尚爲近古乎？今講授以僞《傳》爲主，參稽他說，定其從違。《尚書》有今、古文之分，而甚膠葛難憭。今文無序，獨古文有之，古文說即從此出；而世之崇今文者，乃稱今文有序，并駁古文《書序》。此宜理董者，一也。史公從孔安國問故；遷書所載《堯典》諸篇，多古文說，此見於《儒林傳》者。然《史記》之說，實不盡同古文，而或者遂謂《史記》皆今文。此宜別白者，二也。鄭注《古文尚書》，號爲古文，而每用今文說；又今文自有說，鄭又廢之；以是考其依據，頗爲不易。此宜分析者，三也。王肅爲好駁鄭之人，而所操之術，則與鄭類；故常有陰主今文以駁鄭者；然孔《傳》亦不純爲古文。此宜覈實者，四也。至如文字訓故，小有異同，既於大義無傷，不足斷斷爭說。

古人詞言之情，自與今異。觀《史記》以訓詁代經字，王莽《大誥》準的周《書》，驟讀之，往往有不詞者；豈漢世之儒，獨不諳文律哉？亦以古人之文，非可以後世文法求之。且今釋經文，專用魏以前舊說；語詞句度，固自有例可尋，不必以後儒之說剖析文句也。說經分例，大抵可析爲事、制、文、義四端。今之所急，惟在文、義；至於事、制，詳言之，若文王之稱王，周公之攝政，《禹貢》山川，《洪範》災咎，一爲覶縷，更僕難終；止可觕誦師說，略表異同而已。

治《尚書》，可以三意求之：一、求其文字，以考四代之文章。二、求其義理，以考舜以來、孔子未生以前倫紀性道之說。三、求其事、制，以爲治古史之資糧。則二十八篇，爲用弘矣。神州故籍，唯此最先；懷古之儒，曷可不于此留意也？

禮學略說

禮學浩穰，遽數之不能終其物；悉數之乃留，更僕未可終也。於是提其綱維，撮其指意，其言著略，故曰略說。凡所稱引，悉本舊聞，我無加損焉。扶微輔弱，予病未能；聚訟佐鬬，我亦未暇；誦數而已，無能往來，慎之至也。

六藝經傳以千萬數，而禮文尤簡奥。今即以二經、二記計之：《周禮》四萬五千八百六字，鄭畊老所計。《儀禮》五萬六千六百二十四字，閻若璩所計。《禮記》九萬九千二十字，鄭所計。《大戴禮記》三萬七千八百七十五字。據孔廣森所計，得此總數。較之《春秋三傳》，雖差爲少，然其歷時修短，含義廣侷，則迥不侔。故曰：累世不能通，當年不能究；非虛言也。然經禮三百，曲禮三千，見《記禮器》。其數彌多；先哲制作之舊，今不過存什一于千百耳。欲考古禮之詳，尚患其少，寧患其多哉？

禮學所以難治，其故可約說也：一曰，古書殘缺；一曰，古制茫昧；一曰，古文簡奥；一曰，異說紛賾。古禮自孔子時而不具；班爵祿之制，孟子已不聞其詳。《周禮》，廑存五篇；其中全職亡失者，則有司祿、軍司馬、輿司馬、行司馬、掌疆、司甲、掌察、掌貨賄、都則、都士、家士。其它闕捝廢滅，猶不計焉。古文《記》，二百十四篇；今合大小戴，猶不能足此數。且《石渠奏議》、《五經異義》、《六藝論》、《聖證論》、何承天《禮論》、劉秩《政典》，莫非禮家要籍；而無一全者。此一事也。《史記》言封禪，曠遠者千有餘載，近者數百載；故其儀闕然堙滅，其詳不可得而記聞。漢世儒者，已不能辨明封禪事。故劉子駿稱國家將有大事，若立辟雍、封禪、巡狩之儀，則幽冥而莫知其原也。夫封建之制，稅斂之法，學校以教民，禘祫以追遠，宮室則有明堂，飲食則有大饗；此皆大事，非復微瑣儀文之比也。而說者紛錯，迄無定論；夫非古制茫昧，明文難徵之故與！此二事也。《周官》有故書、今書，《儀禮》有古文、今文，即《禮記》亦非一本；故序、謝制異，因聲近而挹殺；觚、觗形殊，緣寫亂而爭駁；英蕩之義，變从竹而意歧；郊宮之名，改爲蒿而說詭；此文字之難定也。古之立文，有詳此而略彼，有舉外以包中，有互文，有變例；數其科別，亦已猥繁。《三禮》之中，《儀禮》尤爲難讀；鄭君作注，其辭簡質，有時字少于經。《禮記》可諷誦者，無過通論諸篇；其詮釋《禮經》者，微通《經》亦無由通《記》；況羨文錯簡，往往有之。此文辭之難通也。宮正，司農舊讀，鄭以爲不辭；大功，舊傳之文，鄭以爲失次。《禮記》句讀，尤多詭奇；周公曰，豈不可，時人已昧其言；公罔之裘，言者不在此位，後世孰明其旨？此句讀之難辨也。禘本祭天，而追享亦稱禘；祧爲遷廟，而祖廟通謂之祧；昏禮，主人之稱，在前爲舅，在后爲壻；喪服，兄弟之號，或施同族，或稱外姻；十升爲斗，四升亦曰斗；計米稱秉，計禾亦稱秉；一社稷也，或爲地示之號，或爲配祭之人；一諸公也，《周官》則指上公，《儀禮》則爲三監；鄉或晐郊，而鄉里、郊里有別；肆通訓解，而豚解、體解有殊；罍、尊異物，更有罍尊；圭璧各形，復有圭璧。此名稱之難壹也。凡此四科，皆古文簡奧之說也。此三事也。有一制而數文異說者；如《周禮》禮神六玉，卽儀禮之方明；然《周禮》上璧下琮，《儀禮》則上圭下璧；此猶爲兩書也。至大宗伯之社稷，卽司服之社稷。一則在山川上，一則在山川下；則同一書而前後違牾已。有一文而數家異說者；今文、古文，往往差異，姑置勿談；卽同一師承，立說亦復不齊壹。故馬融《周官傳》，譏鄭衆獨以書序言成王既黜殷命，還歸在豐，作《周官》，則此《周官》也，失之矣。又譏賈逵以爲六鄉大夫則冢宰以下及六遂爲十五萬家，絚千里之地，其謬焉。鄭、賈、馬，淵源相接，說之歧舛如此；又何怪後世嘵嘵讙咋乎！有一人而前後異說者；同一四望之說，先鄭于大宗伯曰：日月星海；于小宗伯曰：道氣出入。一城方之說，後鄭于《書傳》注作二解：前解云，宜自七以殺；後解云，宜自九以殺；《周禮》注，《毛詩》箋，則又同後解。其佗游移不定，似此者多。凡此三科，皆所謂異説紛賾也。此四事也。夫以禮學奥博，益以四事，彌覺研覈之難；此所以有講誦師言，至於百萬，猶有不解者也。説禮所據，有明文，有師説。明文者，禮之本經，則《周禮》、《儀禮》，是也。師説有先後，先師説非無失違，後師説非無審諟，要其序不可亂也。《漢書·王莽傳》：莽上奏爵邑之制，曰：實考周爵五等，地四等，有明文；殷爵三等，有其説，無其文。所謂有明文者，爵五等，見《周官》；地四等，出《王制》。所謂有其説者，但有《春秋》公羊家説也。《禮緯》有殷爵三等之言；據鄭康成説，纖緯之出，當六國之亡，則王巨君亦得據之矣。然匡衡當元帝時，議立孔子世爲殷後，所據則《禮記》：孔子自稱殷人，而云先師所共傳。元帝乃以其語爲不經，夫《記》有明文，而曰不經，卽明《記》非經之比矣。蓋以《王制》爲明文，猶未善也。成帝時，梅福復援引《穀梁》，請封孔子之後；于是推迹古文，以《左氏》、《穀梁》、《世本》、《禮記》相明；遂下詔封孔子世爲殷紹嘉侯。是則以古文爲明文，而以師説輔之也。及許叔重作《五經異義》，時時引明文以決從違；故玉罍之説，石主之説，鸞和之説，雖出傳記，皆謂無明文，遂無以決之。獨説力征，並引《禮》戴説，古《周禮》説，乃云《五經》説各不同；是無明文可據。則又不以《周禮》爲明文，所以來康成之駮也。張融有言，以《周禮》孔子之言爲本，《穀梁》説及《小記》爲枝葉，

《石渠論》、《白虎通》爲證驗，其分別至明。固知師說短長，斷以經義；經義差牾，出以彌縫；師說紛岐，考其證左。此乃治經之通法，非獨治禮爲然。或者是末師而非往古，背傳記而信野言；或又曰，據明文何論家法；似皆失之。

董景道說經，《三禮》之義，皆遵鄭氏；著《禮通論》，非駮諸儒，演廣鄭旨。此由鄭學精博貫通，亦緣鄭氏以前，未有兼注《三禮》者，（以《周禮》、《儀禮》、小戴《禮記》爲《三禮》，亦自鄭始。《隋書·經籍志》《三禮目錄》一卷，鄭玄撰。）故舍鄭無所宗也。《周官》，舊有傳四篇，亡矣。《儀禮·喪服》有子夏傳；而十七篇有記者，十二篇。（《士冠》、《士昏》、《鄉飲酒》、《鄉射》、《燕禮》、《聘禮》、《公食大夫》、《覲禮》、《喪服》、《既夕》、《士虞》、《特牲饋食》。）《藝文志》所載《記》百三十一篇，明堂、陰陽、王史氏曲臺、后倉中庸說，明堂陰陽說等，以及今之《小戴記》四十九篇，《大戴記》二十九篇，皆傳訓章句之屬也。然或存，或亡。存者，又文義簡質，非注莫解；東漢說《周禮》者，鄭興及子衆、衞宏、賈逵、馬融，皆作《周禮解詁》；今惟鄭康成注，孤行百代。說《儀禮》者，僅馬季長注《喪服》經傳一篇，至全注十七篇，亦自鄭氏始。《禮記》雖有馬融、（見《東漢會要》。）盧植，今皆不傳；《禮記》釋文及疏云：鄭亦竝依盧、馬之本而爲注；然後之言小戴者，皆傳鄭氏。鄭又考正禮圖，存古遺制；是《三禮》之學，萃于北海。故《大戴記》，鄭所未注，則若存若亡，八十五篇，遂殘其半矣。由晉及唐，諸經所主，或有不同；至于

《詩》共宗毛，《禮》同遵鄭。即王肅、李譔之倫，有心異鄭，學終未昌；此必有由來矣。尋康成戒子書云：思述先聖之玄意，整百家之不齊。其《周禮序》，稱揚鄭、衞、賈、馬，謂其所變易，灼然如晦之見明；其所彌縫，奄然如合符復析。其自言注經之意，則曰：天下之事，以前驗後，其不合者，何可悉信？是故悉信亦非，不信亦非。此可知鄭君之雅達廣攬，博綜衆長矣。雖良玉有瑕，終爲良玉；後人或攻瘢索痏，抑補闕拾遺，終不硋其爲絕學也。若夫質于辭訓，通人頗譏其繁。《後漢書》本傳語。然觀鄭志答張逸云：文義自解，故不言之；凡說不解者耳，衆篇皆然。是知注文本簡，有時不得不繁。豈秦近君說《堯典》篇目二字，至十餘萬言之比哉？

今欲通《三禮》鄭學，又非假道於陸、孔、賈、杜四家之書無由。陸氏《經典釋文序錄》載當時所見《三禮》異本，自馬、盧、王肅外，凡二十餘家。而梁皇侃《禮記義疏》及《喪服義疏》，亦在錄中。自晉、宋逮于周、隋，傳禮業者，江左尤盛；其爲義疏者，南人賀循、賀瑒、庾蔚之、崔靈恩、沈重、范宣等，皇氏特其一耳。北人有徐遵明、李業興、李寶鼎、侯聰、熊安生等。唐初，孔穎達等奉敕修《正義》，時行世者，惟皇、熊二家，故據皇爲本而補之以熊。賈疏《周禮》，依《文獻通考》引董逌說，實據沈重義疏，兼據陳劭《周禮》異同評重疏；其疏《儀禮》則云：爲章疏者有二家：信都黃慶者，齊之盛德；李孟哲者，隋日碩儒。時之所尙，李則爲先；喪服章疏甚多，時人皆資黃氏。是則賈所本者，惟此二家。沈重亦有《儀禮義疏》，不審亦爲賈所據否？要之孔、賈皆因舊疏而致功，不盡爲己義也。《南史·何承天傳》稱先是《禮論》有八百卷，承天删減，并各以類相從，凡爲三百卷。又《徐勉傳》：徐勉受詔知撰五禮，大凡一百廿帙，一千一百七十六卷，八千二十九條。其後杜佑《通典》删取以爲《禮典》；其述歷代沿革者六十五卷，則向來禮論之菁英也。綜觀四家之書，陸氏《釋文》成于陳世，所載異本、異讀略備，六朝故誼賴此見其梗概；與後來顏師古定本，孔、賈二疏，開成石經，多有不同。讀《三禮》者，先辨音義，則此書其管籥也。孔疏雖依傍皇疏，然亦時用彈正，采摭舊文，詞富理博；說禮之家，鑽研莫盡。故淸世，諸經悉有新疏，獨禮記闕如者，亦以襄駕其上之難也。賈疏《周禮》，郅爲簡當，雖不無委曲遷就，而精粹居多；故孫氏新疏仍用者，十之七八也。《儀禮》疏有條不紊，選言既富，闡義亦周；對于經注，細心推勘，如遇不合，必求其致誤之由；其博不及孔，而精細則過之。《通典》新載議禮之文，大都縝密以栗；欲談典制而又工屬文，固非此莫宗已。唯王鳴盛譏其繁複，又言其書偶涉經處，每駁去古義，別搬新說；蓋唐中葉經學已亂，故佑多徇俗。王氏之言，疑非篤論耳。

六朝義疏，一經多至數十家，前所舉乃其著者。

自唐已後，歷宋至元，禮學之書，亦可謂多矣。舉其卓躒殊特，爲治《禮》者所必宜參稽，則亦可數也。自鄭氏爲《禮圖》，其後阮諶、夏侯、伏朗、張鎰、梁正繼作；宋初，聶崇義采舊圖而爲《三禮圖集註》，雖或疏舛，然言禮圖者，未能棄也。王安石《周禮新義》，于訓詁字義穿鑿實多；然亦發揮經旨，未可以彼託行新法而遂屏其書也。陳祥道《禮書》，多攻駁鄭學，而依據王氏新說爲多；然解釋名物，與圖合行，實唐、宋以來言禮者之總略也。王與之《周禮訂義》，萃宋人說《周禮》之精華；陳友仁《周禮集說》，亦賅洽；末附俞廷椿《復古編》，可見割裂經文之所自也。朱子《儀禮經傳通解》，欲以通禮之倫類；後之《禮書綱目》、《五禮通考》、《禮經釋例》，皆師放而爲之。其釐析經文，每一節後輒爲之標題；後之《儀禮鄭注句讀》、《儀禮章句》，亦皆師放而爲之。李如圭《儀禮集釋》，全載鄭注，旁輯舊訓。復作《儀禮釋宮》，以考古宮室之制；今之專考古名物而成一編，如《弁服釋例》之倫，固師李氏之意也。楊復《儀禮圖》，詳繪《禮經》各篇陳設之方位，功亦勤矣；後來張、黃諸圖，自當益加詳密；而楊氏創始之功，亦未可末殺也。衞湜《禮記集說》，博求諸家零篇碎簡，收拾略徧；即抵排鄭、孔而援據明白者，亦併入甄錄；或云微傷于繁，亦不硋爲說禮之淵棷也。敖繼公《儀禮集說》，自序云：此書舊有鄭康成注，疵多而醇少；予今輒删其不合于經者，而存其不謬者。是其書輕詆鄭注，意旨已明；故清世褚寅亮作《儀禮管見》，於敖說之故與鄭違而實背經訓者，一一訂正。《四庫目錄》乃云：敖書于鄭注有所去取，而無所攻擊，亶其然乎？元人陳澔，有所謂《禮記集說》者，自明永樂以來，科舉以之試士；或言其可取者甚少，由今觀之，蓋雖列于學官，而非禮家所重云。

清世禮家輩出，日趨精密；于衣服、宮室之度，冠、昏、喪、祭之儀，軍、賦、官祿之制，天文、地理之說，皆能攷求古義，羅縷言之。略舉其人，則崑山徐乾學健菴，鄞萬斯大充宗、斯同季野，濟陽張爾岐稷若，吳惠士奇天牧、子棟定宇，仁和杭世駿大宗，婺源江永愼修，休甯戴震東原，金匱秦蕙田味經，歙金榜輔之、程瑤田易疇，金壇段玉裁若膺，長洲褚寅亮搢升，吳江沈彤果堂，嘉定王鳴盛鳳喈，興化任大椿子植，曲阜孔廣森㢡軒，山陽丁晏儉卿，績谿胡匡衷樸齋、其孫培翬竹村，涇胡承珙墨莊，嘉定金曰追璞園，儀徵阮元伯元，甘泉焦循理堂，江都汪中容甫，歙凌廷堪次仲，武進張惠言皋文，侯官陳壽祺恭甫，南海曾釗勉士，江都淩曙曉樓，臨海金鶚秋史、洪頤煊筠軒、其弟震煊楙堂，德淸許宗彥周生，句容陳立卓人，遵義鄭珍子尹，番禺陳澧蘭甫，定海黃以周元同，瑞安孫詒讓仲容，先師德清俞君，儀徵劉君，此皆有成書，可以爲埻。則其攷釋經記，宣明古訓，往往超越漢、唐之儒，而亦有不分師說之病。至于篤守專家，按文究例，守唐人疏不破注之法者，亦鮮見其人也。羣書之中，搴其犖穎；則江氏《周禮疑義舉要》，融會鄭注而參以新說；惠氏《禮說》，于古音、古字，多所疏通，于詁，引漢制求其原委；則後之爲漢讀考、漢制考者，當以此爲先河也。戴氏始爲《考工記圖》；阮氏繼之，彌爲精核。及孫氏《周禮正義》出，而後此經古義靡不搜羅；後之攷周官者，未有能舍是者也。《儀禮》要籍，無過于凌氏之《禮經釋例》，胡氏之《儀禮釋宮》，張氏之《儀禮圖》。而尤精備者，則推胡氏之正義；其書四例：曰補注，曰申注，曰附注，曰訂注。蓋無所依違，期爲通學。惜全書未成；補之者，弟子江甯楊大堉，未能稱也。《禮記》，孔疏翔實，後儒未易加；故新疏獨闕。朱彬《訓纂》，義不師古；其餘短促，未足成爲巨編。至通論《三禮》之書，若《禮書綱目》、《白虎通疏證》、《禮箋》、《求古錄》、《禮說》、《禮學卮言》、《五禮通考》、《禮書通故》；此皆博綜經記，包含至富矣。其間家法分明，則宜數句容之陳；文辭廉悍，則無如臨海之金；析義詳密，則莫過定海之黃。洵能循是揅撢，寧有擿埴冥行之患哉？《大戴禮記》，以孔氏《補注》、孫氏《斠補》爲最善。

《三禮》中，《周禮》廣大，《儀禮》繁密，《禮記》紛錯，等之未有易治者。陳蘭甫謂：《儀禮》難讀，昔人讀法，略有數端：曰，分節；曰，繪圖；曰，釋例。又謂：讀《禮記》，當略仿劉向《別錄》之法，分類讀之，則用志不紛，易得門徑。孫仲容謂：《周禮》五篇，文繁事富；要以大宰八法爲綱領，衆職分陳，區畛靡越。蒙案二說皆是。然治《禮》次弟，竊謂當以辨字讀、析章句爲先務；次則審名義；次則求條例，次則括綱要；庶幾於力鮮，於思寡，省竹帛之浮辭，免煩碎之非誚乎！辨字讀、析章句，奈何？辨字者，經、記殊文，緣聲同而假借者，有之；緣字近而譌誤者，有之；緣字別而師說違異者，有之；先師說字，不與《說文》相應者，亦有之。視之作示，《士昏禮》今文。裸之作果，《大行人》故書。此聲同假借者。觗之爲觚，《駁五經異義》。焉之爲馬，《縫人》。此字近譌誤也。《士昏禮》當阿：阿，棟也；今文阿爲庪，庪非阿也。太宰：九貢，二曰嬪貢，謂絲枲也；故書嬪作賓，賓非嬪也。此字別而師說違異者也。《說文》：祀、禩同字；杜子春讀禩爲祀，是不以爲一字也。資、齎異字；鄭康成則云：資、齎同耳，其字以齊次爲聲，從貝變易；是以爲一字也。《說文》：豐，象形；而鄭云：从豆，曲聲。《說文》有股肱字，从月，殳聲；而《士虞禮》古文，有左股上，注曰：此字从肉殳，非殳矛之殳聲；是謂別有一股字爲脰字之異文也。《說文》據古文而作；然小祝置銘，今書或爲名；是銘爲古文也，而《說文》無銘字。《士昏禮》：北止，古文止作趾；是趾爲古文也，而《說文》無趾字。凡許說與經本、經說不相應者，類如此；或欲一概齊之，則非矣。辨讀者，斷句有殊，則指意因之而異。御史，掌贊書，句 數凡從政者；鄭司農讀，言掌贊書數；後鄭以爲不辭，故改之；蓋既以數字上屬，下句但云凡從政者，不成句，辭卽句。《荀子》云：辭也者，集異實之名以論一意也。所以必須改之也。何劭公譏學者，援引他經，失其句讀；在漢時尚有此，則今日尤宜加之意已。如《周禮》：州長，各掌其州之教治政令之法；教治政令，猶黨正云：政令教治，亦猶鄉大夫之政教禁令，族師之戒令政事也；而賈疏讀至教字爲句，別以治政令之法爲句，則不辭矣。《儀禮・大射儀》君與賓耦射節云：賓降取弓矢于堂西，諸公卿則適次；下文又云：公將射，則賓降適堂西，諸公卿取弓矢于次中。似賓與公卿有兩次取矣，不知節首二句，乃預說下文而分別之；當讀云：賓降取弓矢，逗 于堂西。句 諸公卿，逗 則適次。句 此明賓與公卿取矢之地不同，句讀明而義旨亦憭然矣。《記・檀弓篇》：孔子少孤，不知其墓，舊讀句。殯于五父之衢。句 人之見之者，皆以爲葬也。句 其愼也，蓋殯也。愼讀爲引，六字句。問于郰曼父之母，句 然後得合葬于防。此文依注，于情理有不可通。今依孫遂人、江愼修說更考之，則其文，當曰：孔子少孤，句 不知其墓殯于五父之衢；十字句。人之見之者，皆以爲葬也。句　問于郰曼父之母，逗　蓋殯也。句　然後得合葬于防，句　其愼也。句如此則情理允愜；不致如注疏之說，厚誣宣尼也。析章句者，發明章句，始于子夏。故《豳風·東山》之詩，篇義有一章、二章、三章、四章之明文。楚莊王稱：武王克商作頌，有其卒章其三、其六之目；以及《左氏》說《巧言》之卒章，《靜女》之四章。是古而自有篇章之分，子夏殆更闡顯之乎？故《三禮》亦有篇章之分。竇公獻書，乃《大司樂》章；是因《禮》有篇章之分也。鄭君《禮器》注，引《儀禮·既夕》文，而云《士喪禮》下篇陳器；是《儀禮》節目之分，不自賈疏始也。《禮記》，則《文王世子》有節末標目，如云文王之爲世子也，云教世子，云周公踐阼；《樂記》亦有子貢問樂之標目；是分章、分節，且標目以明之，皆古法也。故喪大功章，大夫之妾爲君之庶子，女子子嫁者、未嫁者，爲世父母、叔父母、姑姊妹二條，以傳文幷合顚倒，而舊說遂生誤解。鄭君旣斥爲不辭，而釐正傳文之次第，于是經義乃明。故知離析章句，乃治禮之始基也。審名稱，奈何？《荀子》曰：爵名從周，文名從禮；說者以爲爵名則五等諸侯及三百六十官，文名卽節文威儀，禮則周之《儀禮》；是治禮之事固當斤斤于正名。故傳曰：名者，人治之大者也，可不愼乎？然禮之用名，實不畫一，同異，兼單，共別狀所；棼然殽亂，則稽實定數之事無以施，故誦數之儒亦皆亂也。昔許君作《五經異義》引俗語：社神爲社公，以證其社爲上公之說；康成駁之曰：今人亦謂雷曰雷公，天曰天公，豈上公也。固知無雙之學，時復釀嘲；則辨名察號，不可不謹也。原《經》、《記》名稱之所由難辨者，或一名，而含義甚廣；或二名，而爲異無多；或冡常稱，而誼則大殊；或加微別，而辭終不溷；亦有詳此略彼，舉輕包重；通言、別言有判，對言、散言有分。然名以定事，事以檢名；察其所以然，則形名之與事物無所隱其理矣。今試舉二事言之：如禘禮，鄭、王異義，舛戾難定。依鄭義，則禘爲最大之祭之名，天人共之。故祭圜丘稱禘，夏正南郊稱禘，禘于大廟稱禘，卽地祇之祭方丘亦稱禘，人鬼之祭祫大于禘亦稱禘；南郊可稱禘，則北郊祭后土亦可稱禘；南郊祭上帝可稱禘，則明堂祭上帝亦可稱禘；三歲一禘，廟祀定制既稱禘，三年喪畢之終禘，卽吉禘亦可冡禘之稱；是禘之一名所包至廣。若王子雍之義，則據《爾雅》「禘，大祭；繹，又祭」連文，以爲皆祭宗廟之名；謂禘祭爲祭廟，非祭天。又以《祭法》說禘無圜丘之名，《周官》圜丘不名爲禘，故《大傳》言王者，禘其祖之所自出，以其祖配之；所謂祖，卽后稷；所自出，卽嚳也。（鄭義以所自出爲天，祖爲嚳。）由是譏鄭君亂禮之名實。今案二家之義，南北師儒，申彼絀此，自非詳察禮名，焉得有定論哉？又如兄弟、昆弟，本屬通言，而在《禮經》，則多析言之；蓋昆弟，專施于同父，其異父者，必加從父、從祖以爲別；而兄弟之稱，有時卽指昆弟，有時上兼大功之親。而《喪服傳》乃云：小功以下爲兄弟，是又專指小功以下也。又兄弟之稱，宜屬同輩；而《喪服》所稱，則尊卑不必與己同，同族異族皆然。故大功章，經云：大夫爲世父母、叔父母、昆弟、昆弟之子爲士者；記云：大夫于兄弟降一等；此兄弟卽包經所稱而言。《服問》云：公子之妻爲公子之外兄弟；注云：謂爲公子之外祖父母、從母緦麻；疏申之云：此等皆小功之服，凡小功者皆爲兄弟；以外族故稱外兄弟。是兄弟之稱，所晐極衆也。至兄弟、昆弟，有必不可溷者，如《喪服記》言夫之所爲兄弟服，妻降一等；此兄弟服三字連讀，非指人言，乃指服言，降一等之文又明有無服者。晉成粲乃改記文兄弟爲昆弟，又刪之所二字，以爲嫂叔大功之證。唐世遂爲嫂叔制小功服，又爲弟妻及夫兄亦小功。近世萬斯同、徐乾學並從粲說。不知大功章傳，明言夫之昆弟無服。《檀弓》言嫂叔之無服也，蓋推而遠之也。名義一亂，紕繆重貤。然則治禮者，舍深藏名號，何所首務乎？求條例，奈何？發凡言例，本《禮經》之舊法。《周禮》之列數陳事，條理粲然；此固凡之大者，雖不言凡，而義在晐括可知也。至其明言凡而屬通例者，如《屨人》云：凡四時之祭祀以宜服之；《牧人》云：凡時祀之牲，必用牷物；《司几筵》云：凡吉事變几，凶事仍几；《職方氏》云：凡邦國小大相維，王設其牧；《大行人》云：凡諸侯之卿，其禮各下其君二等，以下及其大夫士亦如之。此皆言凡之明文，使人循之而得其統貫者也。《儀禮》中經文言凡者，尙稀；至《記》之言凡者，則不可勝數。如《鄉飲酒禮記》云：凡奠者於左，將舉於右；凡旅不洗，不洗者不祭；《禮記·曲禮》云：凡爲人子之禮云云，凡與客入者云云，凡進食之禮云云，凡爲君使者云云；此皆《記》之言凡，果蒐集而排比之，卽可求《經》之倫類。鄭君注《禮》，大抵先就經以求例，復據例以通經，故經文所無，往往據例以補之；經文之誤，往往據例以正之。如《喪服》齊衰三月章，止言曾祖父母，而注兼高祖言之；又大夫爲宗子，注云：宗子旣不降其母，妻亦不降；此其據例補經也。如《大射儀》：小臣詔揖諸公卿大夫，諸公卿大夫西面北上；注云：上言大夫，誤衍耳；以大夫諸公卿面有異，下又特言揖大夫，大夫皆少進；故知此大夫、大夫四字皆誤衍。《聘禮》私覿節，士介請覿，擯者執上幣以出禮請受，賓固辭；注云：固衍字，當如面大夫也；以下士介面大夫但言賓辭，不言固，故知此固爲衍字；此其據例以正經也。陳蘭甫云：有鄭注發凡，而賈疏辨其同異者；有鄭注不云凡，而與發凡無異，疏申明爲凡例者；有注不發凡，而疏發凡者；有經是變例，注發凡，而疏申明之者；有疏不云凡，而無異發凡者。綜而論之：鄭、賈熟于經例，乃能作注、作疏；注精而簡，疏則詳而密，分析常例、變例，究其因由。近時則凌氏《禮經釋例》，善承其學，大有助于讀《禮經》者矣。案近儒推求《禮》例，自以凌氏爲巨擘。其餘補苴罅漏，精確不移者，亦不乏人。且如黄元同釋隋祭之例，陳蘭甫釋三大樂之例，孫仲頌釋九旗之例，此皆近師所爲；而彌縫密合，實有過于前人者。循此舊文，以讀《經》、《記》，展轉參照，通其倫類，不難矣。括綱要，奈何？《論語》：顏回請問禮目；鄭注云：欲知其要，蓋以三百三千卒難周備，故請問其要目。劉向校書，每一書已，向輒條其篇目，撮其指意，錄而奏之；是知記事提要，即用日少、畜德多之方也。《禮記》中，如《禮器》一篇，其撮論《禮》意，如云：禮時爲大，順次之，體次之，宜次之，稱次之；如云：禮有以多爲貴者，有以少爲貴者，有以大爲貴者，有以小爲貴者，有以高爲貴者，有以下爲貴者，有以文爲貴者，有以素爲貴者；如云：君子之于禮也，有所竭情盡愼，致其敬而誠若，有美而文而誠若，有直而行也，有曲而殺也，有經而等也，有順而討也，有摲而播也，有推而進也，有放而文也，有放而不致也，有順而摭也。此諸文者，皆能掇其大要，不爲繁說。其佗若《郊特牲》之括論冠、昏及祭，《大傳》之括論喪服，以及《冠義》以下諸篇，皆各就一禮，而陳其梗概者也。漢以來說經之書，簡要明晳者，殆無過《白虎通德論》；設主客之問，望似繁碎，其實簡明。若辯論之文，舉紛紜之說，而能使之有條秩者，尤不可勝數。

今舉鄭君魯禮禘祫志，及譙周論昏年，束晳論昏期之文，以示例：鄭君之論禘、祫也，先據《春秋》以考魯禮禘、祫之疏數，而後斷言之曰：儒家之說禘、祫也，通俗不同。學者競傳其聞，是用訩訩爭論，從數百年來矣。竊念《春秋》者，書天子諸侯中失之事，得禮則善，違禮則譏，可以發起是非。故據而述焉。從其禘、祫之先後，考其疏數之所由，而粗記注焉。魯禮三年之喪畢，則祫于大祖；明年春，禘于羣廟；僖也，宣也，八年皆有禘、祫祭；則《公羊傳》所云五年而再殷祭，祫在六年，明矣。《明堂位》曰：魯王禮也；以此相準況，可知也。案禘、祫之說，當以鄭君所推三年禘，五年祫之論爲定。此文簡當極矣。

譙允南之論昏年也，以《周禮》及《二戴記》、《穀梁》並有「男子三十娶，女子二十嫁」之明文，而與《左氏》、《國語》：「十五生子」，《喪服》「有爲夫長殤」之文，不合；漢、魏諸儒，紛紛異說：或謂天子下至庶人，同三十娶，二十嫁；或謂大夫、士以上，不拘年數；或謂男十六，女十四以上可嫁娶，三十、二十言其極法。故譙氏論之曰：國不可久無儲貳，故天子、諸侯十五而冠，十五而娶；娶必先冠，以夫婦之道，王教之本，不可以童子之道治之。十五爲成童，以次成人，欲人君之早有繼體，故因以爲節。《書》稱成王十五而冠，著在《金縢》。《周禮．媒氏》曰：令男三十而嫁，女二十而娶。《內則》云：女子十五而笄；說曰，許嫁也。是故男自二十以至三十，女自十五以至二十，皆得以嫁娶；先是則速，後是則晚。凡人嫁娶，或以賢淑，或以方類，豈但年數而已。若必差十年乃爲夫婦，是廢賢淑方類，苟比年數而已，禮何爲然哉？則三十而娶，二十而嫁，說嫁娶之限，蓋不得復過此爾。故舜年三十無室，《書》稱曰鰥。《周禮》云：女子年二十未有嫁者，仲春之月，奔者不禁。奔者，不待禮聘，因媒請嫁而已矣。此文說昏年無定，郅爲精塙，足以釋諸家之紛矣。束氏之論昏期也，以《周禮》：中春之月，令會男女；與《夏小正》：「二月綏多士女」之文合，而與《荀子》：「霜降逆女冰泮殺止」之文不合。故鄭、王二氏，各有所主；爲二家之學者，互相攻詰，未見閎通。故束氏論之曰：春秋二百四十年，魯女出嫁，夫人來歸，大夫逆女，天王娶后；自正月至十二月，悉不以得時、失時爲褒貶，何限于仲春、季秋以相非哉？若婚姻季秋，期盡仲春，則隱二年冬十月，夏之八月，未及季秋，伯姬歸于紀；周之季春，夏之正月也，桓九年春，季姜歸于京師；莊二十五年六月，夏之四月也，已過仲春，伯姬歸于杞；或出盛時之前，或在期盡之後，而經無貶文，三傳不譏，何哉？凡詩人之興，取義繁廣，或見譬類，或稱所見，不必皆可以定時候也。《周禮》：以仲春會男女之無夫家者，蓋一切相配合之時，而非常人之節。《曲禮》曰：男女非有行媒，不相知名；故曰月以告君，齋戒以告鬼神。若常人必在仲春，則其日月有常，不得前却，何復日月以告君乎？夫冠昏、笄嫁，男女之節；冠以二十爲限，而無春秋之期；笄以嫁而設，不以日月爲斷；何獨嫁娶當係于時月乎？王肅云：昏姻始于季秋，止于仲春，不言春不可以嫁也。而馬昭多引《春秋》以爲之證，反《詩》相難，錯矣。兩家俱失，義皆不通。通年聽婚，蓋古正禮也。杜君卿評之曰：婚姻之義，在于賢淑，四時通用，叶于《詩》、《禮》；安可以秋、冬之節，方爲好合之期？先賢以時月爲限，恐非至當；束氏之說，暢於禮矣。以上所舉三文，皆能以簡明之辭，定異同之說；《三禮》中似此者，難以悉陳；學者果能執其綱要，通此學不爲難矣。若夫孔、賈二疏，或因一二語而作疏至數千言；或括一禮之繁文，不過數百言；有時博洽，有時精約，皆使人由之而得其綱要者已。

有禮之意，有禮之具，有禮之文。何謂禮意？《郊特牲》曰：禮之所尊，尊其義也；失其義，陳其數，祝史之事也；故其數可陳也，其義難知也。傳記之言發明禮意者，所在而是。且如三年之喪，人道之至文者也；然自周衰禮廢，滕之父兄百官，不欲文公行喪，而曰：宗國魯先君莫之行，吾先君亦莫之行。卽孔子門人如宰我者，有可期之論；則異端之肆譏，如墨家。後儒之妄說，如杜預。何足責乎？然試觀《三年問》之論制喪之意，自非惷愚，未有不泣下沾襟者。其言曰：凡生天地之間者，有血氣之屬必有知；有知之屬，莫不知愛其類。今是大鳥獸，則失喪其羣匹，越月踰時焉，則必反巡過其故鄉；翔回焉，鳴號焉，躑躅焉，踟躕焉，然後乃能去之。小者至于燕雀，猶有啁噍之頃焉，然後乃能去之。故有血氣之屬者，莫知於人；故人于其親也，至死不窮。將由夫患邪淫之人與？則彼朝死而夕忘之，然而從之，則是曾鳥獸之不若也，夫焉能相與羣居而不亂乎？將由夫修飾之君子與？則三年之喪，二十五月而畢。若駟之過隙，然而遂之，則是無窮也。故先王焉爲之立中制節，壹使足以成文理，則釋之矣。觀此，則三年之喪，乃令賢者俯就，原非過情，而毀之者，不知禮意也。又如喪禮繁文，皆有所爲，或厭而欲去之，其極則反天下之心，天下不堪。然試觀《檀弓》載子游之言，則是喪禮有不可妄訾者。其言曰：有子與子游立，見孺子慕者。有子謂子游曰：予壹不知夫喪之踊也，予欲去之久矣；情在于斯，其是也夫。子游曰：禮有微情者，有以故興物者，有直情而徑行者，戎狄之道也。禮道則不然，人喜則斯陶，陶斯咏，咏斯猶，猶斯舞；慍斯戚，戚斯歎，歎斯辟，辟斯踊矣；品節斯，斯之謂禮。人死，斯惡之矣；無能也，斯倍之矣。是故制絞衾，設蔞翣，爲使人勿惡也；始死，脯醢之奠；將行，遣而行之；既葬而食之，未有見其饗之者也；自上世以來，未之有舍也，爲使人勿倍也。故子之所刺於禮者，亦非禮之訾也。觀此，則喪禮儀文，無不具有微意；後世雖不能盡行，而不可以是非古人也。自《傳》、《記》之後，師儒能言禮意者多矣，要以鄭君爲最精。如陳蘭甫所舉二條可見。卽孔、賈二疏推明《經》注之微旨者，亦復不少。此外先儒所論，能燕前疑；如何平叔之論嫂叔無服，云：男女相爲服，不有骨肉之親，則有尊卑之異；嫂叔親非骨肉，不異尊卑，恐有混交之失，推使無服也。元行沖之論父在爲母期，云：聖人制服降之理，豈不知母恩之深？但尊祖貴禰，欲其遠別禽獸，近異夷狄。此皆言簡而精，究洞聖人之微旨已。何謂禮具？《周禮》一經，數言辨其名物；凡吉凶、禮樂，自非物曲，固不足以行之。是故祭有祭器，喪有喪器，射有射器，賓有賓器；及其辨等威，成節文，則宮室、車旗、衣服、飲食，皆禮之所寓。雖玉帛、鐘鼓，非禮樂之至精，舍之則禮樂亦無所因而見。故曰：德儉而有度，登降有數，文物以紀之，聲明以發之。知此義也，則《三禮》名物，必當精究；辨是非而攷異同，然後禮意可得而明也。今夫堂、庭、房、室，古宮室之制，不與今同者也；冠、弁、帶、紱，古衣服之制，不與今同者也；飲、羞、珍、醬，古飲食之制，不與今同者也；几、席、尊、彝，古器用之制，不與今同者也；攷之未明，則禮文觸處窒礙矣。禮器制度，昉于漢初叔孫通；其有圖，則始于鄭氏。

後來學者，迭相增改，古制浸以茫昧。至《博古》、《集古》諸書出，大抵妄傳古名，或乃推尊贋器，益令學者疑矣。今宜據《經》、《記》之文，稽注、疏之言，考之聶氏舊圖，參以近師所繪；其不可强通者，疑以傳疑可也。茲舉一例：《周官》六尊中，有犧、象，《周禮》犧作獻。依先鄭說，則獻讀爲義；義尊，飾以翡翠；象尊，以象鳳皇。後鄭則云：義讀如沙，義尊，刻畫鳳皇；象尊，飾以象骨。阮諶《禮圖》：犧尊，飾以牛；象尊，飾以象；于尊腹之上，畫爲牛、象之形。此各殊異，本難質正。然參之雞彝、鳥彝、虎彝、蜼彝，皆是刻畫其形于彝腹，則犧、象，必非全刻牛、象之形，可比例而明矣。王肅乃云：太和中，魯郡于地中得齊大夫子尾送女器，有犧尊，以犧牛爲尊；然則象尊，尊爲象形也。聶崇義云：王肅以犧、象兩尊，并全刻牛、象之形，鑿背爲尊；今祭器內有作牛、象之形，背上各刻蓮華；坐又與尊不連。此與王義大同而小異。黄以周云：《說文》，犧訓宗廟之牲，亦爲牲之總名，不必定爲牛；古人禽亦稱犧，不特牛、羊、豕。昭二十二年：雄雞自憚其犧，服注：昭二十五年《左傳》云：三犧，雁、鶩、雉也。阮諶見犧字有从牛，遂謂飾以牛；王肅更以爲象形。于是僞器日出，而齊之子尾送女，有牛形之器，亦未必定爲義尊。且義尊以木爲之，不以金；《莊子》、《淮南》之文可據。後人作《博古圖》者，每沿阮、王兩說，見有牛形文，卽題爲義象尊，是未知周璞之爲鼠矣。案黄氏之言，最爲有識。凡據新掊之器以傅往古之名，必宜謹而言之也。若夫明堂之制，難證詭字于《攷工》；深衣之行，莫改明文于《戴記》；前師既無定論，承學又何訾焉。何謂禮文？節文度數之詳，是也。荀卿有言：禮者，以財物爲用，以貴賤爲文，以多少爲異，以隆殺爲要。文理繁，情用省，是禮之隆也。文理省，情用繁，是禮之殺也。文理、情用，相爲內外表裏，幷行而雜，是禮之中流也。故君子上致其隆，下盡其殺，而中處其中。由此言之：文有繁省，未有廢之者也。故曰至備，情文俱盡；其次，情文代勝；其上，復情以歸太一。然禮器言，禮之近人情，非其至；而《檀弓》以直情徑行爲夷狄之道。是則喪雖主哀，祭雖主敬，苟無禮物威儀以將之，哀敬之情亦無所顯示矣。夫七介以相見，不然，則已慤；三辭、三讓而至，不然，則已蹙；禮有擯詔，樂有相步，皆爲温藉重禮也。禮之失，則或專重儀文而忘其本意；故傳以爲譏。魯昭公如晉，自郊勞至于贈賄，無失禮。晉侯謂女叔齊曰：魯侯不亦善于禮乎？對曰：魯侯焉知禮？是儀也，非禮也。屑屑焉習儀以亟，言善于禮，不亦遠乎。趙簡子見子大叔，而問揖讓周旋之禮。子大叔亦以是儀非禮爲對，似儀文度數爲禮之粗迹者。顧劉子又言：動作、禮義、威儀之則，所以定命，傳以失儀而致誚者，不可悉數？是則人而無儀，亦不可以行禮矣。治禮學者，每苦儀文之煩碎，是故必佐之以圖，然後能明。鄭、賈作注、作疏時，蓋先繪圖。陳澧說。今則不可見。至宋而楊復作《儀禮圖》，清張惠言繼之。于是進退之度，揖讓之節，秩然可觀；循圖讀經，事半功倍矣。若夫拜有九拜，而魯人招稽首之責；祭有九祭，而慶封致氾祭之譏；或得或失，其辨微矣。後人不憭其儀，往往致誤。故《士冠禮》，冠者見母，母拜。《通典》以爲瀆亂人倫；而又云：九拜之儀，肅拜，今揖也；尊屬欣其備禮，念其成人，以揖示敬，非爽。不知母答拜子，猶之祭禮，主人之拜嗣子，禮本無嫌；肅拜爲婦人之正禮，凡言拜未有不跪者。誤始于先鄭，以肅拜爲但俯下首，君卿沿其謬耳。且婦人于丈夫，無不俠拜；故《士冠禮》注云：雖其子，猶俠拜；必以拜爲嫌，則俠拜尤重矣。是故禮例不明，則如治絲而棼，入山而迷塗。禮例明，則其經緯、塗徑，固井井不亂也。學者考之以圖，審之以例，則禮文同異，與夫詳略、降殺之故，始可了然于心；而先哲制禮之意，雖歷千載而猶有可窺見者，庶幾免于輕議禮之失也已。

誦《詩》者，不可以強言《禮》；《禮》之難言，久矣！後世之儒，或緣時世遷流，古制難復；或因節文繁碎，俗所憚行，遂致譏于古禮，抑又惑矣。《通典》四十八。議祭立尸曰：古之人樸質，中華與夷狄同；有祭立尸焉，有以人殉葬焉，有茹毛飲血焉，有巢居穴處焉，有不封不樹焉，有手摶食焉，有同姓婚娶焉，有不諱名焉。中華地中而氣正，人性和而才惠，繼生聖哲，漸革鄙風。今四夷諸國，地偏氣獷，則多仍舊；自周以前，天地、宗廟、社稷一切祭享，凡皆立尸；秦、漢以降，中華則無矣。或有是古者猶言祭尸禮重，亦可習之，斯豈非甚滯執者乎。杜氏自注，引後魏之先，及周時巴、梁間蠻夷。又唐世柳道州，人有祭尸之遺法，以證古之中華與夷狄同。又《邊防·典序》自注，文尤詳；厭繁不錄。夫立尸之禮久廢，誠難一旦復行；必欲援引蠻戎，自誣先世，不亦過歟？又七十四。賓禮序曰：自古至周，天下封建，故盛朝聘之禮，重賓主之儀。天子、諸侯、卿、大夫、士，禮數、服章，皆降殺以兩。秦皇帝蕩平九國，宇內一家；以田氏篡齊，六卿分晉，由是臣強君弱，終成上替下陵；所以尊君、抑臣，置列郡縣，易於臨統，便俗適時。滯儒常情，非今是古；《禮經》章句，名數尤繁，諸家解釋，注疏龐雜；方今不行之典，于時無用之儀，空事鑽研，競爲封執；與夫從宜之旨，不亦異乎？案君卿此言，良爲紕繆；于時無用，何害鑽研？徇俗惑經，是今非古，亦失平之甚矣。譏禮文煩碎者，蓋始于晏嬰；其沮齊景公封孔子，以爲孔子盛容飾，繁登降之禮，趨詳之節，累世不能殫其學，當年不能究其禮。晉世葛洪則云：冠、婚、飲、射，何煩碎之甚耶？好古官長，時或修之；至乃講試累月，猶有過誤，而欲以此爲生民之常事，至難行也。《抱朴子·省煩篇》。不知制禮之初，儀文已非盡人可曉。是故大祭祀、會同、朝覲，大史先與羣執事讀禮書而協事；祭之日，執書以次位，常辨事者攷焉；將幣之日，執書以詔王；是皆臨時攷讀執詔，猶懼其違，則其繁縟誠有甚者。至于春秋之際，孟僖子病不能相禮，而范武子不識殽烝；不待後世，而禮已欲廢矣。竊謂禮之儀文，古今不可強同；禮之名物，古今亦難齊壹。鼎、俎、籩、豆，今非飲食之宜；弁、冕、帶、裳，今非服用之物。高坐既設，何取席地之儀；單騎已行，焉用車戰之法？必謂禮具、禮文，事必如舊，蓋亦難已。若夫禮之意，如有不可盡亡者；《經解》曰：禮禁亂之所由生，猶坊止水之所自來也；故以舊坊爲無所用而壞之者，必有水敗；以舊禮爲無所用而去之者，必有亂患。《禮運》曰：禮義也者，人之大端也；所以講信、脩睦，而固人之筋骸之會，肌膚之束也；所以養生、送死，事鬼神之大端也；所以達天道、順人情之竇也；故唯聖人知禮之不可已也，故壞國、喪家、亡人，必先去其禮。烏虖！思深慮遠，情見乎辭矣。

賈公彥序《周禮》廢興，引馬融《傳》云：秦自孝公已下，用商君之法，其政酷烈，與《周官》相反。故始皇禁挾書，特疾惡，欲絕滅之，搜求焚燒之獨悉，是以隱藏百年。孝武帝始除挾書之律，開獻書之路，既出于山巖屋壁，復入于祕府；五家之儒，莫得見焉。五家，蓋謂高堂生、蕭奮、孟卿、后倉、戴德、戴聖，《六藝論》所謂高堂生及五傳弟子是也。至孝成皇帝，達才通人劉向子歆，校理祕書，始得列序，著於錄略；而亡其《冬官》一篇，以《考工記》足之。時衆儒並出，共排以爲非是。唯歆獨識，其年尚幼，務在廣覽博觀，又多銳精于《春秋》；末年，乃知其周公致太平之道迹具在斯。奈遭天下倉卒，兵革並起，疾疫喪荒，弟子死喪；徒有里人河南緱氏杜子春尚在。永平之初，年且九十，家于南山，能通其讀，頗識其說；鄭衆、賈逵，往受業焉。鄭康成序云：斯道也，文、武所以綱紀周國，君臨天下；周公定之，致隆平龍鳳之瑞。據馬、鄭二文以求《周禮》，乃知此經六典，精密無間，非西周不能行，非周公不能作。雖馬序廢興，獨遺河間獻王得《周官》事；然據《左傳》序疏云：漢武帝時，河間獻王獻《左氏》及《古文周官》；此則馬所云出于山巖屋壁，復入于祕府者，卽指獻王之本矣。《史記・封禪書》曰：羣儒采封禪《尚書》、《周官》、《王制》之望祀射牛事；此《周官》，非祕府之本則何乎？《周禮》，本古文之學，書旣晚出；西漢之世，師說甚希。故五經家，如張禹、包咸、周生烈、何休，不信《周禮》爲周公所作。表章之力，實賴子政、子駿二君。東漢之初，博士罷廢；章帝時，嘗與《古文尚書》、《毛詩》同置弟子；見《後漢紀》。而通人達士，如二鄭、衞、馬、賈、許，皆明理于典籍，是以其學大行。林孝存乃以爲武帝知《周官》末世瀆亂不驗之書，故作十論七難以排棄；何休亦以爲六國陰謀之書。此皆妄奮論難，排擠古經；非得鄭君，斯學將廢。唐趙匡、陸淳，復謂此經爲後人附益。宋、元諸儒，異論彌滋。至毛奇齡已知《大戴記・朝事》、《禮記・內則》，與《周禮》文同，又知竇公獻書卽《大司樂》章之事；乃巧爲攻難，謂《周禮》非聖經，非周公作，而亦不出于劉歆，出自戰國。此卽闇用何休、林碩之說，張載《横渠語錄》云：《周禮》是的當之書，然必有末世增入者。此改末世瀆亂爲末世增入，語稍溫藉耳。彌足以惑亂聽聞。所謂鄉曲之學，深可忿疾者，此也。汪中《周官徵文》云：考之於古，凡得六徵：《逸周書・職方篇》卽《夏官・職方氏》文；一也。《藝文志》：孝文時竇公獻其書；乃《周官・大宗伯》之《大司樂》章也；二也。《大戴記・朝事》載典瑞、大行人、小行人、司儀四職文；三也。《禮記・燕義》，夏官諸子職文；四也。《內則》食齊視春時以下，天官食醫職文；春宜羔豚以下，庖人職文；牛夜鳴則庮以下，內饔職文；五也。《詩・生民》傳：嘗之日，涖卜來歲之芟以下，春官肆師職文；六也。汪喜孫曰：《孟子・滕文公篇》：且志曰，喪祭從先祖；趙注《周禮》：小史掌邦國之志曰：喪祭之事，各從其先祖之法。據此，則李氏未獻以前，戰國時固有人稱述之者，不得謂此書源流無考。陳澧于汪中所舉六條外，又考得四條：《禮記・雜記》下贊大行曰云云，鄭注云：贊大行者，書說大行人之禮者名也；孔疏云：《周禮》有《大行人篇》，舊作《記》之前有人說書贊明大行人之事，謂之贊大行。《郊特牲》：縮酌用茅明酌也云云，孔疏云：此一節，記人總釋《周禮》司尊彝泲二齊及鬱鬯之事。《考工記》賈疏云：此記人所錄衆工，本擬亡篇六十而作。大司馬，中冬教大閱羣吏聽誓于陳前；鄭注云：《月令》：季秋，大子教于田獵以習五戎，司徒搢扑北面以誓之；此大閱禮實正歲之仲冬，而說季秋之政，於周爲中冬，爲《月令》者，失之矣。賈疏云：呂不韋以爲此經中冬，爲周之中冬，當夏之季秋，是失之矣。陳氏據此四條以補汪義。然又云：《逸周書・職方解》序言穆王所作，爲《周禮》在周公之後之明徵。又云：鄭君亦不悉信《周禮》，引《職方》荆州浸潁湛注：以潁宜屬豫州，在此非也；豫州浸波溠注：以溠宜屬荆州，在此非也；謂此爲鄭君明言經文之非。又謂哲蔟氏，掌覆夭鳥之巢，以方書十日之號，十有二辰之號，十有二月之號，十有二歲之號，十有八星之號，縣其巢上則去之；注云：其詳未聞；以爲鄭君不信此事，故云未聞；此事甚迂怪，不足信，亦不必辨。案陳氏於經蓋非醇儒，故雖明《周禮》爲周代典制，終不能信爲周公所作；不知《周書・職方》次《史記篇》之後，《史記》爲穆王之書，故作序者亦以《職方》爲穆王之書。然《周書》編次殽雜，序亦後人補作；孔晁知其不安，乃云穆王使有司鈔出之；要之皆不足據。荆州浸潁湛，豫州浸波溠；不獨潁溠互誤,卽湛水亦宜在豫,(鄭以爲未聞,《水經注》云:湛水出犨縣魚齒山西北,于汝水九曲北入汝。)波水亦宜在荆;(鄭以波爲滎播之播;馬融《廣成頌》云:浸以波溠;波水下流合于溠水,故溠水兼波水之稱,溠水與湛同入汝,而溠則在其南也。)然則經文二句互誤,乃傳寫之失,而非作經之過也。 至晳蔟所云:鄭云未聞;鄭所未聞者多矣,豈皆其所不信者乎?以此爲徵,彌復疏矣。 自汪、陳所舉外,《詩·毛傳》、《司馬法》二書,與此經同者至多;其它文制與羣經契合者,不可勝數。 俗儒不察,妄有詰難,巧說衺辭,使天下學者疑,過已!

排《周禮》者,尚可云本之漢人;至《儀禮》,則從無異論。 輓近乃有謬說二家出焉:其一直疑《儀禮》爲僞書也,說始于宋之樂史,以爲《儀禮》有可疑者五;其後徐積繼之。 而鄭樵作《儀禮辨》,尤爲憒亂,略謂:《儀禮》一書,當成王太平之日,周公損益三代之制,作爲冠婚喪祭之儀,朝聘饗射之禮,行于朝廷鄉黨之間,名曰《儀禮》,而樂寓焉。(此謂周公已名《儀禮》。)漢興,傳《儀禮》者,出于高堂生,士禮十七篇,古經五十六篇。 其十七篇與高堂生所傳士禮同,而字尤多略;今三十九篇乃逸禮。 案班固九流,劉歆七略,並不注《儀禮》,往往漢儒見高堂生所傳十七篇,遂模倣禮經而作之。(此謂今之《儀禮》迺模倣高堂生之士禮。)而范氏作《後漢書》云:《禮》古經與《周官經》,前世傳其書,未有名家者;中興以後,鄭衆、馬融爲《周官》作傳,並不及《儀禮》。(此又不知《儀禮》卽《禮經》,乃歧之爲二。)則《儀禮》一書,蓋晚出無疑。 故《聘禮》所記賓、介、饔、餼之物，禾、米、薪、芻之數，籩、豆、簠、簋之實，鉶、壺、鼎、甕之列，考于《周官》掌客之禮，皆不相合。《喪服》一篇，凡發「傳曰」以釋其義者，十有三；又有問者曰：「何以、何也？」之辭，蓋出于講師設爲問難以相解釋；此皆後儒之所增益明矣。案鄭氏不知《儀禮》之名出于後之題署；疑始于鄭君。古但名《禮》，或曰《禮經》，幷《記》言之，則曰《禮記》。漢世十七篇，以《士冠》、《士昏》、《士相見》等冠首，故全書冡其稱，曰《士禮》；鄭君稱之曰《曲禮》；見禮記目錄。此皆名目偶異。鄭則眩惑不辨，遽疑古經爲晚出，良可詫也！若《聘禮》，與掌客不盡相合，此由掌客一經，文多訛舛，且有誤中之誤；其禮例難通處，疏家雖強爲之說，終當在存疑之科；豈可據此駁文以譏《禮經》耶？又《喪服傳》，相傳以爲子夏所爲，以釋正經，其引傳曰者，乃子夏轉引舊傳以證己義；事出增益，何待煩言；幷疑正經，將無瞀惑？清世毛奇齡，竟謂《周禮》、《儀禮》，皆是戰國人書；其《昏禮辨正》、《喪禮吾說篇》、《祭禮通俗譜》，詆斥《儀禮》，而自作禮文。故閻若璩誚其私造典禮，此亦妄人而已，何足辨乎？其一以十七篇爲孔子所定，書本完具，無所謂闕也。說發于清之邵懿辰《禮經通論》，曰：漢初魯高堂生傳《禮經》十七篇，五傳至戴德、戴聖，分爲大戴、小戴之學，皆不言其有闕也；言僅存十七篇者，後人據漢《藝文志》及劉歆《七略》，因多《逸禮》三十九而言耳。夫高堂、后倉、二戴、慶普，不以十七篇爲不全者，非專已而守殘也，彼有所取證，證之所附之記焉耳。觀《昏義》曰：夫禮始于冠，本于昏，重于喪、祭，尊于朝、聘，和于鄉、射；故有《冠義》諸篇以釋之，而無一篇之義出于十七篇之外者，是冠、昏、喪、祭、朝、聘、鄉、射八者，約十七篇而言之也。更證之《禮運》，《禮運》嘗兩舉八者以語子游，皆孔子之言也，特射鄉訛爲射、御耳。一則曰，達於喪、祭、射、鄉、（今本作御。）冠、昏、朝、聘；再則曰，其行之以貨力、辭讓、飲食、冠、昏、喪、祭、射、鄉、（今本作御。）朝、聘。而其證之尤爲明確而可指者，通合于大戴十七篇之次序；自一至十六卽冠昏至朝聘，而《喪服》之通乎上下者，附焉。疑自高堂生、后倉以來，而聖門相傳篇序，固已如此也。孔子所爲定禮樂，獨取此十七篇以爲教，配六藝而垂萬世，則正以冠、昏、喪、祭、射、鄉、朝、聘，爲天下之達禮耳。皮錫瑞極贊邵說，犂然有當于人心。且舉《檀弓》云：恤由之喪，哀公使孺悲學《士喪禮》于孔子，《士喪禮》于是乎書；以爲《士喪》既出于孔子，餘篇亦出于孔子可知。案邵、皮二家，意在排擯《逸禮》，猶沿后倉等推《士禮》而致于天子之意。《鄭志》有云：《禮記》後人所集，據時而言；明乎此義，則《昏義》、《禮運》之言，甯知不出于大戴輩所竄入？且禮原作射御，邵氏輒易之以合其私，此與賄改蘭臺漆書之技，竟何異乎？《士喪》傳自孔子，不得以爲孔子所定，尤不得以證十七篇皆孔子所定；本師章氏駁之明矣。禮文不具，無可諱言；以十七篇爲備者，其見，與謂《尙書》二十九篇配二十八宿及北斗者等。

《漢書·藝文志》曰：《禮》古經者，出於魯淹中及孔氏，與十七（原作「學七十」，從劉敞說改。）篇文相似，多三十九篇。《論衡·佚文篇》曰：魯共王發孔子宅，得禮三百；上言武帝，武帝遣吏發取。又云：河內女子發老屋，得《佚禮》一篇。此謂《逸禮》所出有二，而與《漢志》微異。其獻之者，或以爲河間獻王；《漢書》本傳所謂禮、記，《禮》卽古文《經》，《記》卽古文《記》也。或以爲孔安國；劉歆《移太常博士》所言，是也。然《六藝論》云：後得孔氏壁中河間獻王古文《禮》五十六篇；其篇數與《漢志》合。蓋祕府所藏《逸禮》，原非一本，安國、獻王，通得獻之；唯河內女子所得之說，不知從來耳。《逸禮》既出於祕府，綴學之士保殘守缺，遂令其學與《尙書古文》、《春秋左傳》同見擯排人間。《禮》家獨有魯國桓公之學，與古文同，乃抑而未施。故劉歆親近，欲建立《逸禮》立于學官，而博士不肯置對。王莽於元始時，徵天下通《逸禮》者，亦未聞立之學官。蓋其學在西漢之末，已微而將絕矣。惟《小戴記》尙載其《奔喪》、《投壺》二篇，《雜記》中，有諸侯釁廟禮之文；而《大戴記》則亦有《投壺》，有《諸侯釁廟》，又有《諸侯遷廟》及《公冠》，而《保傅篇》又引學禮。自餘見于鄭君之

《禮》注、《詩》箋所引者，有《天子巡狩禮》、《中霤禮》、《烝嘗禮》、《軍禮》、《朝貢禮》、《禘于大廟禮》、《王居明堂禮》、《逸奔喪禮》；見于《說文》者，有《魯郊禮》；見于蔡邕集者，有《古大明堂之禮》；繆襲《皇覽》亦有《逸禮》之篇；苓落殘餘，猶堪寶貴。雖其中兼闕異代之禮，如《月令》注，引《王居明堂禮》曰：出十五里迎歲；鄭君以爲殷禮，周則近郊五十里。又四郊之兆里數，《逸禮》似本漢制而言；則亦間有後師增益。故鄭注《三禮》，雖云引用，實有從違。假使全書具存，要必有足以裨補禮制者。而俗儒苟襲漢世今文師之餘習，動詆異己之書爲僞，亦何爲哉？《逸禮》不知何時失之；朱子之言最是。吳澄謂唐初尚存，非也。

《家語·禮運篇》云：達於喪、祭、鄉、射、冠、昏、朝、聘；與《禮記·禮運篇》不同。此王肅所改，而邵懿辰本之，要皆不足據。此注補入《儀禮》異說條下。

《漢書·藝文志》，禮家之目，有《記》百卅一篇；自注云：七十子後學者所記也。又《明堂陰陽》三十三篇；自注云：古明堂之遺事。又《王史氏》廿一篇；自注云：七十子後學者。又《曲臺后倉》九篇，《中庸說》二篇，《明堂陰陽說》五篇；又云：《禮》古經及《明堂陰陽》、《王史氏記》所見，多天子諸侯卿大夫之制；雖不能備，猶瘉后倉等推士禮而致于天子之說。據此，是班氏所云：《記》及《明堂陰陽》、《王史氏》，皆古文也；其今世所傳《大小戴記》，《志》竟無一字及之。唯鄭君《三禮目錄》于《禮記》每篇下，必曰：此于《別錄》屬某。而《後漢書·橋玄傳》云：七世祖仁從戴德（當作聖。）學，著《禮記章句》四十九篇。此今本《禮記》篇數，塙由小戴所定；其所由著于《別錄》而不見于《藝文志》者，殆以其拾掇羣書，既已各著其本，則後出者，可從略也。鄭君《六藝論》既云：後得孔氏壁中河間獻王古文《禮》五十六篇，《記》百卅一篇，（《釋文序錄》。）又云：今《禮》行于世者，戴德、戴聖之學也。（此爲《儀禮》。）戴德傳《記》八十五篇，則《大戴禮》是也；戴聖傳《禮》（當作記。）四十九篇，則此《禮記》是也。案二戴傳《記》之文，皆冢上今《禮》之今字；則是兩記，皆屬今文，其與古文《記》百卅一篇，自不能強合。故《五經異義》引今《禮記》，卽謂之《今禮》。然禮家實見古文《經》、《記》，有所擇取，故《禮記目錄》《奔喪》下云：此于《別錄》屬喪服之禮矣，實逸《曲禮》（卽禮古經。）之正篇也。漢興，後得古文。而禮家又貪其說，因合于《禮記》耳。《投壺》下云：此于《別錄》屬吉禮，亦屬《曲禮》之正篇也。據此二文，是今《禮記》有采及古文之證。鄭《志》云：《禮記》後人所集，據時而言，或諸侯同天子，或天子與諸侯等，所施不同，故難據。《王制》之法，與周異者多，當以經爲正。答臨碩云：孟子當赧王之際，王制之作復在其後。（盧植則直謂《王制》，卽漢文帝令博士諸生所作之《王制》。）又《三禮目錄》《月令》下云：本《呂氏春秋》十二月紀之首章也；以禮家好事，鈔合之，後人因題之，名曰《禮記》，言周公所作；其中官名、時事多不合周法，此于《別錄》屬《明堂陰陽記》。此《明堂陰陽記》，蓋與《漢志》所說《明堂陰陽》不同。據此諸文，是今《禮記》不盡出于壁中古文之證。謹案《禮記》之起，蓋在孔子之前。《史記·孔子世家》云：書傳《禮記》自孔氏，乃折中夫子之意，非其實也。《文王世子》引《記》曰：虞、夏、商、周有師保，有疑丞；孔疏曰：作《記》之人，更言《記》曰：則是古有此《記》，作《記》者引之。《儀禮·喪服》疏衰期章，傳更引傳；賈疏曰：又云「傳曰」者，子夏引他舊傳，證成己義。由此言之，《禮》之傳記，更在宣尼之前，明矣。此如《大誓》未經聖定，而先有故；《穀梁》不親受師，而問之傳；《易》之《文言》，遠同于穆姜；《詩》之訓詁，合符于《左氏》。諸經宜有舊傳，亦不止《禮記》而已。若夫今之《禮記》，則自舊記而外，有本之孔子及七十子者，有七十子後學所爲者，有秦、漢先師所附益者。是故或采古文《經》、《記》，或采百家之書，或出後師所益。古文《經》、《記》，略如前舉。采百家之書者，則如《大戴》，取《曾子》十八篇之十篇，取《荀子》：《問五義》、《三本》、《勸學》、《宥坐》數篇，取《賈子》：《保傅》諸篇，取《孔子》：《三朝記》七篇；《小戴》，則《三年問》、《哀公問》諸篇，取諸《荀子》，《中庸》、《表記》、《坊記》、《緇衣》，取諸《子思子》，劉瓛云：《緇衣》、公孫尼作；是又一說。《樂記》，取諸《公孫尼子》；此二戴雜集他書以說《禮》，非盡古文之《記》也。其出後師所益，如《大戴·公冠》載孝昭冠辭；而《小戴》記《王制》之言：周尺八寸，乃六國變亂法度之謬言；《禮器》之言：或素或青，乃趙高鹿馬愚民之遺習；《記》出增益，亦有顯徵矣。古書殘闕，得此兩《記》，勝于求野已多。至孫炎爲注，以類相從；魏徵《類禮》，取便尋討；顛倒古籍，失其本眞，亦無取焉。

右上篇

漢唐玄學論

哲學之稱，非吾土所固有；假藉稱謂，有名實乖牾之嫌；故從舊稱，曰：玄學。肇自羲畫，下戾爰茲，言玄理者，衆矣。今但論漢、唐，中包六代；所以爲此斷限者，亦以此時玄學較難攷論耳。西京言玄學者，絕稀。蓋公之流，縳意治道。楊王孫所貴，亦唯裸葬一事，本之黃、老，其實至淺；而言論之玄妙，又無聞焉。至於黃生，與轅固爭辯湯武革命，乃法家之言，與玄理初不相涉。此時道家言論可供甄采者，良堇堇也。西京儒者，以董仲舒、劉向爲著。仲舒卽陰陽之流裔，亦讖緯之先驅，蔽固已深，無聞勝義。更生所長，徒在編定羣書，題目優劣。若《說苑》、《新序》，特一時記錄，以供談論；如《呂覽》，《淮南子》鈔《意林》之爲，自栩高言，尠矣。然則董、劉，雖號鴻儒，亦未聞於斯道也。此事造端，定在哀、平之世。雖楊雄《法言》、桓譚《新論》，多是常言，而《法言》屛除巫史，《新論》文質論覈，皆有廓淸埃霧之功；惜未能自持一義。故謂：楊子足繼孟、荀，桓君山堪比素丞相；則又尊寵逾量爾。東漢作者，斷推王充。《論衡》之作，取鬼神、陰陽及凡虛言、讕語，摧毀無餘。自西京而降，至此時而有此作，正如久行荆棘，忽得康衢，歡忭寧有量耶！

然窺其淵源所自，大抵推衍楊、桓，則亦非獨刱之解也。且破敵善矣，而無自立之能；陳列衆言，加之評隲已耳。然其於玄理，終不可謂之無功云。東漢言玄理之文，單篇散言，以延篤《仁孝論》最爲明白；自餘王符、崔寔、仲長統、徐幹、荀悅諸人所言，仍在治道，旁皇乎儒法之間；論極精微者，不可數覯也。綜論東漢諸賢，識雖未遠，而持論必辨，指事必切。夫持論辨，則無膚理；指事切，則無游詞。膚理、游詞去，而後可與言玄理。上觀西漢，下視魏、晉，斯時也，誠如潦水已盡，寒潭將清；浮雲欲消，白日回耀已。眞以玄理著見者，其在魏氏乎！試尋《國志》、《晉書》、《世說新語》，所載諸家論議，大率探本老、莊，時或獨甄儒術；其餘依傍名、墨，扶弱輔微；談說紛紜，而綱維可曉；酬酢往復，而持論有方；則當時諸子之所能，後世所難企者也。嵇、阮、王弼諸人，本原老、莊以立論，既異漢世儒生之固，亦與黃、老不同；此道家之一變也。而裴頠《崇有論》，特與道家異撰；然持說堅確，亦有不可磨滅者。又劉劭《人物志》，則名家之餘波；魯勝《墨辯序》，實墨氏之嗣響；九流絕緒，至此一緐，異已！書籍有眞僞，學術但論是非。今之檢覈僞書者，往往幷其中藏而一概末殺之，甚無謂也。論吾土中世玄學之書，以三僞書爲最懿。其思想突駕前人，而啓闢後來之途徑者，不可忽也。魏、晉間，著作最大者，無如《列子》、僞《古文尚書》、《孔叢子》三書。《列子》之言，從不見漢人稱道，而忽見於金行之世；雖未必卽爲處度所造，然其言皇子不信火浣布，乃依約魏文帝故事；知成書必在正始後矣。其書建理立論，乃以融通佛、老之爲，陳義極其閎遠。然亦言太易，言神仙，與王、何之倫又異。相其論旨，可稱爲中國之婆羅門。而依託重言，眞名不顯，惜夫！僞《古文尚書》，行之垂二千年，直至淸儒惠、閻二君，始確斷爲僞作。然其中精理名言，紛紜揮霍，未可庋置而不談也。作者迄不定其爲何人；或言王肅，而僞傳與肅齟齬者甚衆；師說以爲鄭冲爲之，亦難質言也。「人心惟危」四語，出僞書《大禹謨》；宋世儒者，則以爲堯、舜相傳之心法；近人則以爲不過剽襲荀卿。要之謂心法者，推之過隆；謂剽襲者，傷於大直；若以爲僞作者思想敏銳，直湊單微，亦非溢量之譽也。書意與荀卿本意實不盡同，試取兩書對繹自知。《孔叢子》者，或疑爲子雍所造，較之《尚書》出自肅手者，略爲的當。其中最精一言云：「心之精神是謂聖」，蓋本之伏生《書傳》。宋世楊慈湖最重之，以此下開心學一派；其關係亦奇矣！借如論者之言，僞《書》、《孔叢子》皆出肅手，則子雍非廑經儒，又爲玄學鉅子；此足以對抗康成，平其宿忿者也。僧佑所撰集之《弘明集》，雖浮屠之籍，而亦有所獨創，仍宜目爲此土之言；唯其附會老、莊，多爲粉飾佛乘，不能如《列子》之自成一家。然觀支道林解莊生，別立消搖之訓；慧遠雖名僧大德，迺為《詩》、《禮》之經師；雷次宗經術，在晉宋間最為卓爾，亦佛之徒也。雷之經術，即受遠公。是知爾時儒術、玄言，并與浮屠相齊和；是故論中世玄學，不得舍《弘明》而不談。六朝佛、老之爭，至為激烈。如周顒、顧歡，以佛、老高下相傾，語多矜伐。顧以夷夏為說，類於唐宋之闢佛，今世頑固者之詆泰西，亦陋見也。況歡又自附黃巾米道者乎！然謂之無關於玄理，則又奚可？梁世范縝，作《神滅》之論，此為佛說入中土後，儒生對彼首發難端。反之者，挾帝王之威勢，務以必勝為歸。然果持佛說以衡量之，則范固謗佛；反范者，亦未必即得佛旨也。蓋范所云神滅，是斷見之流；而言神不滅者，亦墮於常見。佛說所以獨據玄言上流者，正以離去邊見耳；一墮邊見，雖勝義，亦終成土苴而已矣！且范氏之說，亦自王充、阮瞻來；更上推之，則太史公云：「學者多言無鬼神」；又上推之，《祭義》明言：「鬼神即魂魄，魂魄即形神。」是吾土至言，本主張無鬼之論；范則代表儒生，以樘柱異教，宜無罪焉爾。自魏氏以來，訓釋儒言，頗變漢代經師拘守家法之習，一也；參以玄言，二也；受浮屠之漸染，三也；自下新義，四也。故經說紛紜，極於宋、明，而實濫觴於魏、晉。今舉其能下新義者，如下三書：王氏之《易》，大抵自季長轉變，故亦以費《易》為名。其明於庶物，察於人倫，實駕前人之上；是以六代列學，與鄭並行；至唐遂巋然獨在，非無因也。觀其《易略例》、《明象》、《明爻》諸篇，其思慮綱維，秩然不紊，殆有非周末諸子傭傭者所可庶幾！即《易注》中，推迹人事治亂之由，如：說《睽》上九，說《履》六三，精密無比；不審英年早秀，何由照知事理如彼其明！信所謂天挺異資，不同常律者乎！干氏之《易》，又與王氏殊科。雖遠本京房，世應游歸，初無深義；然說序卦：有天地然後萬物生，則力駁老氏：有物混成，先天地生之說；至比王、何之流爲讒說殄行。說雜卦之末，不以反對次序之理，則與《易》終未濟之理脗合。此在當時，亦不失爲說經一家也。皇氏《論語義疏》所集，多晉末舊說，自來經生持佛理以解儒書者，殆莫先於是書也。其中所用名言，多由佛籍轉化。至宋人：虛靈不滅等言語，又《義疏》之雲礽已。其說聖人無夢與釣弋，皆非本事，純由示現而爲。此直刻畫瞿曇，唐突洙泗矣！然美言絡驛，終屬異書。唐世學術中衰，而玄言尤爲稀簡。三教並立，實則皆無異觀。浮屠之倫，舍昌明自教，掊擊他宗外，殆無餘暇。其於和會衆說，自立門庭，有所未能。假令舍棄梵言，彰立殊義，彌不敢已。今論唐氏玄學，於此悉從刪焉。儒術在唐，凡有二類：一則抄撮、義疏，不能自作精詣之言。其稍有異材者，若徐曠，嘗從沈重受業，不數日而舍去；乃曰：「先生所說皆紙上語耳！若奥境，彼有所未見。」相其議論，蓋有意於玄妙深微；惜書無傳，卒無以測其所詣之深淺耳。次爲陸德明，本一經生，然嘗與道士劉進善、浮屠慧乘，對議三教，隨方立義，偏析其要。此則經儒亦非無能述玄理者；惜其言絕不傳於後，今無述焉。一則攻難先儒，自名其學。始王績以其兄通比仲尼；通倣古作《六經》，又爲《中說》以擬《論語》；當時不爲諸儒稱道。蓋學術初濫，而篤厚之風，獨未能一旦泯絕也。武德時，王玄度注《尚書》、《毛詩》，抵排孔、鄭，幾立學官。開元時，元行沖爲魏徵《類禮》作疏，《小戴記》危遭廢斥。自是唐之儒業，亦漸變矣。故有啖助、趙匡、陸淳說《春秋》，施士匄說《詩》，仲子陵、袁彝、韋彤說《禮》，蔡廣成說《易》，強蒙說《論語》；皆自名其學，詆斥舊聞，而名理甚疏；宋祁譏之，曰：「誣且固」，亦焉用苟攻前人爲也？王通《中說》，蓋有善言，而多夸飾，卽其讜論，猶是老生常談。流波及于韓愈、柳宗元、劉禹錫、呂溫之倫，文章華采郅優，而持論不可檢覈以形名之學。韓氏蓋常言性，然三品之說，出于漆雕開、世碩、公孫尼；而王充亦嘗祖述之；何名勝義乎？猥以虛言，上比孟、荀，談何容易耶！唐世治道家之言者：王績牀頭，但有三玄，猶是晉、宋舊風；孫思邈亦廑以老、莊爲說。其餘號稱道士有學者，如吳筠、司馬承禎，皆受學於潘師正；師正自言受陶弘景正一之法，是五斗米道也。筠、承禎，乃時述老、莊微言，特自所發明者，絕無耳。惟有張游朝，通莊、列，能爲《象罔》、《白馬證》諸篇；蓋既精玄理，又擅辯學者，此在唐世，眞難能而可貴也。大抵吾土玄學，多論人生，而少談宇宙。至世界成立，萬物由來，心行緣起，益尠論述。《易》中稍露萌芽，其餘衆籍，並此句蘖亦不存焉。中古彌復簡略；《莊子》載冉有問孔子曰：「未有天地可知耶？」孔子曰：「可，古猶今也。」此爲殊勝妙義。蓋窮詰世界根源，卽墮邪見。故中世理家，於斯亦斬截葛藤焉。嘗謂方外哲學，思精，每過華土先賢；識大，則不逮遠已！此中國玄學與外國哲學之別也。漢、唐之學，罕言理氣。而宋人則視爲進塾之語；中世玄學，既不迷宇宙之根源，而宋世如朱子，且曰：「天之上更有何物？」當時歎以爲奇妙，不悟其思智之紛紜，議論之支離，皆坐此。唐以前，無是也。此中古玄學、近世玄學之別也。